Première édition 1985 par Stanley Thornes (Publishers) Ltd.
Educa House, Old Station Drive,
Leckhampton, CHELTENHAM, Glos. GL53 ODN
Grande-Bretagne

L'EXPRESS

AINSI VA LA FRANCE

Choix de textes
présentés par Ross Steele
et Jacqueline Gaillard

Stanley Thornes (Publishers) Ltd

L'EXPRESS

AINSI VA LA FRANCE

PRÉFACE

« L 'Express » est l'hebdomadaire français de format *newsmagazine* qui a la plus grande diffusion en France et à l'étranger. Ce magazine très réputé reflète ainsi chaque semaine les attitudes et les préoccupations d'une majorité de Français et permet de suivre l'évolution des comportements des Français et des Françaises dans leur vie de tous les jours.

L'Express : Ainsi va la France offre au lecteur une sélection d'articles, d'interviews et de sondages d'opinion parus dans « L'Express » depuis 1980. Afin de donner une image aussi authentique que possible de la diversité des courants qui traversent la société française actuelle, nous avons réparti les articles dans les sections suivantes : *Tour de France, Portraits de Français, Styles de vie, Vacances et loisirs, Temps libres* et *Le changement*. Le thème du changement dans la nouvelle société postindustrielle et informatisée qu'est la France forme le fil conducteur du livre.

Les quarante-cinq textes retenus ont été écrits par trente-deux journalistes dans une langue très contemporaine. A travers la variété des styles (allant de l'« écrit » au « très parlé ») employés par les auteurs, les lecteurs rencontreront de nombreuses expressions actuelles, représentatives des changements linguistiques nés de l'évolution sociale. Bien que « L'Express » vise un public cultivé, cette diversité stylistique rend certains textes très abordables dès la fin de la deuxième année d'étude approfondie de la langue française.

Chaque article est accompagné d'un important appareil pédagogique qui se divise en deux parties : « Notes » et « Questions et Activités ». Dans la première partie, les rubriques *Pour comprendre les connotations culturelles* et *Pour comprendre les mots* ont pour objectif de fournir aux étudiant(e)s les informations nécessaires pour éclairer le contexte socioculturel et les niveaux sémantiques de chaque texte. Dans la seconde partie, nous proposons différentes activités parmi lesquelles le professeur et ses étudiant(e)s pourront choisir celles qui conviennent à leurs objectifs :

(i) améliorer leur compréhension du français écrit.

Les étudiants y vérifieront leur compréhension du texte en répondant, soit par oral, soit par écrit, aux questions posées dans *De quoi s'agit-il ?*

(ii) perfectionner leur pratique du français parlé.

Les questions qui figurent dans *Vers la communication orale* sont liées au sujet du texte mais invitent à des réponses personnelles. Les étudiant(e)s exprimeront leur point de vue à l'aide du vocabulaire et de la syntaxe du texte.

Les *Activités de groupe* incitent les étudiant(e)s à mettre au point des stratégies communicatives dans un processus interactionnel. Parfois, il s'agit d'activités où les étudiant(e)s adopteront le comportement d'un personnage dans une situation liée au sujet du texte. Parfois, des enquêtes et des débats sont proposés afin que les étudiant(e)s s'exercent à articuler un raisonnement et à réagir aux propos de leurs interlocuteurs et interlocutrices.

(iii) améliorer leur expression écrite.

Les activités de rédaction suggérées dans *Travail écrit* sont surtout fonctionnelles. Ce sont des lettres, des rapports, des comptes rendus, des publicités, des descriptions et des narrations qui permettront le réemploi de la langue du texte.

Le professeur et ses étudiant(e)s sont donc libres de décider de l'ordre dans lequel ils vont étudier les textes et de faire leur propre choix parmi les activités proposées. Ce choix se fera selon les intérêts de la classe et les objectifs du cours : analyse de la société française contemporaine, perfectionnement du français écrit et parlé, études interculturelles.

L'Express : Ainsi va la France favorisera donc l'étude de la langue française en tant qu'outil moderne de communication dans une dynamique interculturelle.

**Ross Steele et
Jacqueline Gaillard** ∎

SOMMAIRE

CUISINE
Est-ce encore en France que l'on mange le mieux ? (p. 52).

VOYAGES
Suivez les guides à travers la France ! (p. 2).

SOCIÉTÉ
Une nouvelle France se profile à l'horizon (p. 24).

L'EXPRESS

CULTURE

Les sondages
révèlent que nous
lisons moins...
Deux professionnels
commentent...
(p. 112).

LINGUISTIQUE

A nouvelle
génération, nouveau
langage (p. 147).

VACANCES

Bronzer ne suffit
plus ! (p. 90).

PAS DE CALAIS

LA MANCHE

Lille

Dieppe   Amiens
Cherbourg
Le Havre   Saint-Quentin   Sedan
       Rouen
   Caen   Beauvais
              Seine   PARIS   Reims
Brest   Versailles   Verdun   Metz
Saint-Brieuc   Nancy
       Saint-Malo   Chartres   Troyes   Strasbourg
Douarnenez   Fontainebleau   Melun   Marne   Colmar
Quimper   Rennes   Mulhouse
   Lorient   Le Mans   Orléans   Belfort
                                 Loire
Nantes   Angers   Dijon
Saint-Nazare   Tours   Besançon
                      Bourges
                 Châteauroux   Le Creusot
       Poitiers   Mâcon
OCÉAN   La Rochelle   Montluçon   Rhône
ATLANTIQUE   Royan   Limoges   Vichy   Roanne   Lyon   A
       Cognac   Angoulême   Clermont-   Chambéry   L
                         Ferrand   Saint-Étienne   Grenoble   P
                 Périgueux   MASSIF   E
Bordeaux   Brive   Le Puy   Valence   S
Arcachon   Dordogne   CENTRAL   Gap
                 Cahors
              Agen   Millau   Alès
       Garonne   Montauban   Nîmes   Avignon
Bayonne   Montpellier   Aix-en-   Nice
Biarritz   Pau   Tarbes   Carcassonne   Béziers   Provence   Cannes
   Lourdes   Narbonne   Marseille   Toulon
       P Y R É N É E S   Perpignan   GOLFE DU LION

FRANCE

CORSE

CAP CORSE

Bastia

Ajaccio

Porto-Vecchio

Tour de France

Guides : voyageons français

Moins de Mexique et moins de Grèce cet été :
la France aussi vaut le voyage.
Suivez les guides. Ils ne manquent pas.

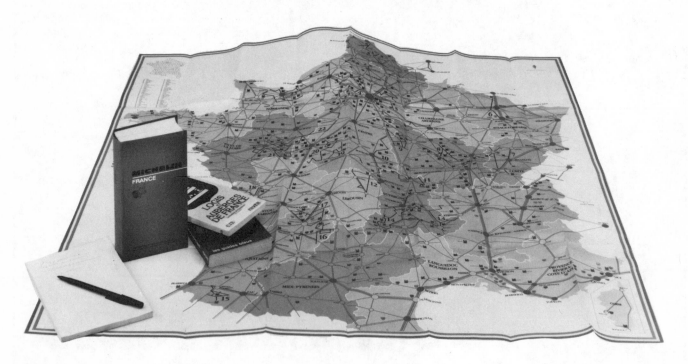

Le touriste hexagonal n'utilise que trop peu les guides pour découvrir son pays.

« Un peu d'Histoire », comme ils disent chez Michelin. C'est en 1553 que parurent, chez un certain Charles Etienne, « Les Chemins de France », l'ancêtre de tous nos guides. Et c'est à peu près à la même époque, en 1558, que Joachim du Bellay publia, dans « Les Regrets », au retour d'un long séjour décevant à Rome, les vers célèbres : « Plus me plaît le séjour qu'ont bâti mes aïeux (...) / Plus mon Loire gaulois que le Tibre latin / Plus mon petit Liré que le mont Palatin / Et plus que l'air marin la douceur angevine. »

En 1983, il est, certes, plus économique de retrouver son petit Liré (village natal de du Bellay) que d'aller à Rome. Les Français, contrôle des changes oblige, devraient redécouvrir leur pays, et les éditeurs de guides y comptent bien, en regardant avec tristesse leurs piles de « Chine », leurs « Etats-Unis », leurs « Japon », leurs « Grèce », etc. Cette heureuse reconversion n'est pas sûre du tout. Car les réflexes du touriste hexagonal sont totalement différents de ceux des voyageurs intercontinentaux, qui veulent tout savoir à l'avance et préparent leurs périples à l'aide de plusieurs livres. Et, comme le dit Raymond Chabaud, responsable de la librairie L'Astrolabe à Paris : « Les Français ne s'intéressent pas à leurs monuments. Quand on va à Mexico, on fait un détour par Teotihuacán, à 50 kilomètres. Rares sont ceux qui, passant par Auxerre, font l'effort d'aller à Vézelay. »

Catherine Domain, libraire connue de tous les routards, tient, depuis 1971, la plus ancienne et la plus petite librairie de voyages de la capitale. Dans ses 7 m² surchargés de guides anciens ou nouveaux, certains introuvables, un dixième de ses rayons est consacré à la France. Elle explique : « Nos compatriotes se contentent de peu. Le Michelin rouge, pour connaître les bons restaurants ou les hôtels pas chers, leur suffit. Ils achètent des cartes, mais pas de guides, et, arrivés sur place, ils iront chercher des prospectus gratuits au syndicat d'initiative. » Il est probable aussi que les Français, qui détiennent le record du monde des résidences secondaires, croient connaître leur pays comme leur poche ou se le font raconter sur place par un parent, un ami cultivé. Cela ne fait pas l'affaire des éditeurs.

Adélaïde Barbey, directrice des fameux Guides bleus d'Hachette, reconnaît : « On part pour l'étranger avec un esprit de découverte, et en France, avec un esprit de vacances. » Les grands concurrents des Guides bleus sont, pour la France, les guides régionaux Michelin verts. On les trouve partout, à côté des cartes, dans les supermarchés et les stations-service, peu chers et fort maniables.

Une clientèle insaisissable

La notion même d'itinéraire est bousculée par les autoroutes, et le T.g.v. n'incline guère à la flânerie. Pourtant, le marché existe, mais la clientèle touristique est devenue multiple, insaisissable dans ses goûts et ses mœurs. Aussi le salut viendra-t-il peut-être d'une nouvelle génération de guides dits d'auteur, dont Gault et Millau ont été les heureux précurseurs : 150 000 exemplaires du guide « France ».

Jacques-Louis Delpal, 49 ans, est un cinglé de tourisme qui, depuis vingt ans, arpente la France pour rédiger, seul, des guides pas comme les autres. Illustrés de très belles photos en couleurs, remplis d'anecdotes et de tableaux statistiques, ils appartiennent à la catégorie des guides de chevet. Déjà parus : l'Alsace, la Corse, le Languedoc-Roussillon, Paris (Nathan).

Autre solution, les guides thématiques, où Bordas a fait une percée remarquable avec ses Guides de la pêche, du littoral et de la nature. Pierre Horay a publié un guide des monastères. Solar et la Société générale, un intéressant « Guide du tourisme technique », pour visiter des usines quand on est fatigué des cathédrales.

De la même manière que les radios libres menacent les radios d'audience nationale, il n'est pas rare que de petits éditeurs de province pallient les déficiences des gros en s'adressant à une clientèle de passionnés. Par exemple, les éditions Privat, à Toulouse, couvrent toute leur région : à la découverte du Périgord, de la Bigorre ou du nord Aveyron. A Rennes, le journal « Ouest France » édite des guides et des monographies sur la Bretagne, et aussi sur la Provence, la Normandie, etc.

La pêche, la chasse, la marche, tous les sports possibles et imaginables — du ski à la planche à voile — font l'objet de guides rédigés, en général, par des amateurs passionnés pour ces éditeurs décentralisés. En fait, les touristes français n'en font qu'à leur tête, et il faudrait peut-être, pour ces 53 millions d'individus imprévisibles, 53 millions de guides.

JEAN-DIDIER WOLFROMM et FRANCINE RIVAUD ■

Notes, Questions et Activités

Pour comprendre les connotations culturelles

Michelin : la compagnie de pneus Michelin publie des guides touristiques pour les régions de France et les pays étrangers. Ces guides ont une couverture verte et donnent beaucoup d'importance à l'histoire dans la présentation des sites touristiques et des monuments. La compagnie publie aussi un guide des hôtels et des restaurants qui a une couverture rouge.

Joachim du Bellay (1522-1560) : poète français qui dans un livre de poèmes intitulé « Les Regrets » exprime sa nostalgie de la beauté du paysage français et de son village natal, Liré, situé au bord de la Loire. « J'aime davantage la maison que mes ancêtres ont bâtie... (J'aime) davantage la Loire française que le Tibre de Rome... davantage mon petit village, Liré, que le mont Palatin (à Rome)... et davantage la douceur d'Anjou (au bord de la Loire) que l'air de la mer. »

contrôle des changes oblige : en raison du contrôle des changes. Pour essayer de rétablir l'économie française, le gouvernement a pris diverses mesures. Il a notamment limité l'argent que les Français pouvaient emporter à l'étranger afin de les encourager à passer leurs vacances en France.

hexagonal : *ici*, en France. La France est souvent appelée l'Hexagone.

Auxerre : ville sur la route principale menant de Paris vers le Midi. La basilique de Vézelay, exemple célèbre de l'art roman, se trouve près d'Auxerre.

le syndicat d'initiative : bureau de tourisme où les visiteurs peuvent obtenir des informations sur une ville ou une région.

la résidence secondaire : une maison que l'on possède en dehors de la ville et où l'on passe les week-ends et les vacances.

les Guides bleus : la maison d'édition Hachette publie une série de guides ayant une couverture bleue et donnant des informations très détaillées.

le T.g.v. : le Train à grande vitesse (voir p. 132).

Gault et Millau : deux critiques gastronomiques parisiens, Gault et Millau, sont devenus très célèbres grâce à un guide des restaurants. Ils écrivent également des guides touristiques qui portent leur nom. Le nom des auteurs des Guides Michelin et des Guides bleus est considéré comme étant sans importance.

les radios libres : stations de radio qui n'ont pas une grande puissance d'émission et qui fonctionnent pour un public particulier (voir p. 25).

Pour comprendre les mots

vaut le voyage : expression utilisée dans le Guide Michelin pour indiquer qu'un endroit est très intéressant à visiter.

ils ne manquent pas : ils sont très nombreux.

décevant : triste, qui n'est pas satisfaisant.

y comptent bien : voudraient en profiter.

périple (m) : voyage touristique.

routard (m) : jeune qui fait un voyage avec peu d'argent, par exemple en faisant de l'auto-stop.

rayon (m) : étagère sur laquelle sont posés les livres.

sur place : quand ils s'y trouvent.

cela ne fait pas l'affaire des éditeurs : cela empêche les éditeurs de vendre beaucoup de guides.

maniable : commode, pratique.

itinéraire (m) : chemin pour aller d'un endroit à un autre. En vacances, on prend souvent un chemin moins direct.

bousculé : changé.

flânerie (f) : promenade lente et agréable.

3

marché (m) : *ici*, un public qui achète des guides.

insaisissable : flou, imprécis.

salut (m) : *ici*, ce qui va sauver la situation.

cinglé (m) *fam.* : *ici*, fanatique.

arpenter : traverser dans tous les sens.

de chevet : *ici*, qu'on aime lire au lit avant de s'endormir.

faire une percée remarquable : avoir un grand succès.

littoral (m) : bord de la mer.

pallier les déficiences des gros : remplacer les grands éditeurs.

décentralisé : *ici*, en province. Les grands éditeurs sont à Paris.

n'en faire qu'à sa tête : suivre sa propre inclination, ses propres goûts.

imprévisible : *ici*, dont on ne peut pas connaître le comportement à l'avance.

faire l'objet de : *ici*, être le sujet de.

De quoi s'agit-il?

1. Quels sont les principaux guides en France ?

2. Quelle est la différence entre ces guides et les guides publiés par des éditeurs de province ?

3. Est-ce que les Français qui voyagent à l'étranger et ceux qui voyagent en France ont la même attitude envers les guides ? Pourquoi ?

4. Pourquoi existe-t-il un choix de plus en plus grand de guides à acheter ?

Vers la communication orale

1. Comment souhaiteriez-vous visiter une ville ou une région ou un pays ? Achetez-vous un guide touristique avant de partir ? Quel genre de guide choisissez-vous ?

2. Vous allez partir en voyage. Vous préparez un itinéraire. Présentez l'itinéraire à un(e) étudiant(e) et dites pourquoi vous l'avez choisi.

3. Vous choisissez une région que vous voulez visiter en France. Qu'est-ce que vous voulez voir ? Comment allez-vous vous souvenir de vos impressions de voyage ?

Activité de groupe

Un projet de vacances

Personnages : un groupe d'ami(e)s. (Définissez chaque membre du groupe avec précision : âge, sexe, milieu social, goûts, etc.)

Situation : Vous avez décidé de partir en vacances ensemble pendant un mois et demi. En vous aidant des indications ci-dessous, exposez vos préférences concernant :

   a. le (ou les) pays;

   b. le type de vacances : voyage culturel, voyage gastronomique, vacances reposantes, sportives, etc.;

   c. l'itinéraire à suivre, le moyen de transport utilisé et le mode d'hébergement.

Lieu	**Hébergement**
• le pays dans lequel vous habitez	• à l'hôtel (demi-pension, pension complète)
• un pays étranger	• comme hôte payant (chez l'habitant)
• deux ou plusieurs pays étrangers aux frontières communes	• dans une auberge de jeunesse
• un tour du monde	• dans un camping

Moyen de transport
- en auto-stop
- en voiture de location
- en train
- en car
- en voyage organisé

Chacun essaie de convaincre les autres en expliquant les raisons de son choix. Vous arrivez progressivement à vous mettre d'accord sur une formule de vacances.

Travail écrit

Un nouveau guide va être publié. Vous êtes chargé(e) de présenter la ville dans laquelle vous habitez.

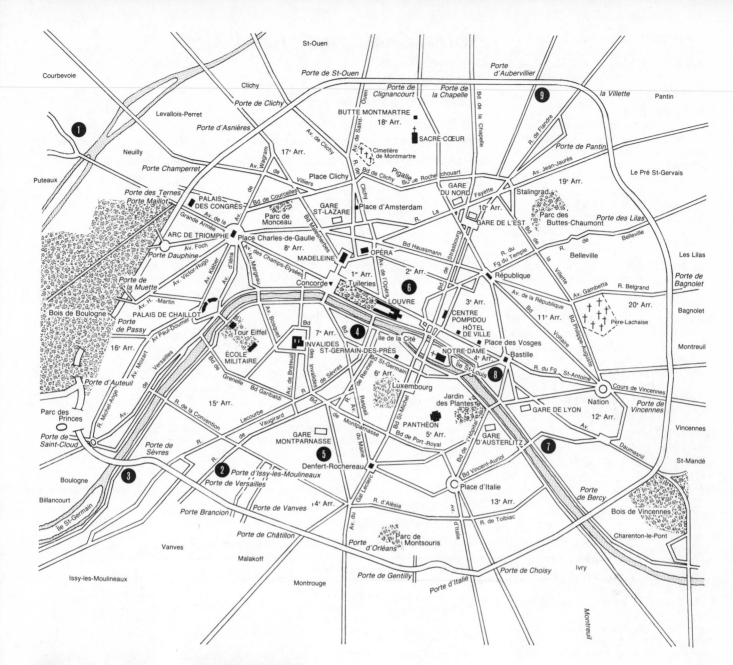

Paris 1989

Grand chambardement dans la ville des lumières !

La Défense ①

Ce « Manhattan français » sera achevé vers 1988. Il comprendra : 1 550 000 m² de bureaux, près de 9 000 logements et le centre commercial géant des Quatre-Temps, ouvert depuis un an.

La « Tête Défense », à l'extrémité du quartier, abritera notamment un centre de la communication et un ministère.

Le parc de Vaugirard ②

A la place des abattoirs de chevaux démolis en 1978, un parc de la taille du parc Monceau (6 hectares) est en cours d'aménagement, dont la moitié est déjà plantée. Le XVᵉ arrondissement se trouvait particulièrement sous-équipé en espaces verts.

La zone d'aménagement de Javel ③

35 hectares en bord de Seine, dont 22 achetés à Citroën par la Ville de Paris. Le siège social de la firme déménage dans un an, et la moitié des terrains sont déjà libérés. Sont prévus :

— Un hôpital de 500 lits.

— 60 000 m² de bureaux et 2 500 logements.

— Un parc de 13 hectares allant vers la Seine, avec des terrasses pour piétons.

Le musée d'Orsay ④

Transformation de l'ex-gare d'Orsay en musée du XIXᵉ siècle. Le projet conserve, outre la façade, l'immense nef intérieure avec sa charpente métallique. Les côtés sont aménagés en petites salles d'exposition.

Ce musée couvrira la période 1850-1914. Coût total : un milliard de Francs. Inauguration en 1985. Il sera relié par une passerelle pour piétons au « Grand Louvre ».

Le quartier Guilleminot ⑤

Trois mille logements seront construits d'ici à 1987 par sept équipes d'architectes, derrière la gare Montparnasse.

Le clou de cette opération : la future place des Cinq-Martyrs, aussi vaste que la place Pereire (XVIIᵉ).

Un jardin de 15 000 m² sera aménagé devant l'église Notre-Dame-du-Travail.

Les Halles ⑥

La plaque tournante de Paris grâce au R.e.r. Nord-Sud et Est-Ouest.
— En travaux : les trois immeubles (hôtel, logements, boutiques).
— En sous-sol, à la place du « trou » actuel : piscine olympique, aquarium, auditorium, gymnase, vidéothèque et discothèque, commerces.
— En surface : un jardin de 5 ha planté de 800 arbres, une grande place en ellipse devant Saint-Eustache.

Bercy ⑦

Le Palais international des sports de 17 000 places sera inauguré en 1983. Il n'occupera que 5 des 40 hectares de l'ancienne Halle aux vins de Bercy. Les entrepôts vinicoles seront regroupés à l'est du quartier.

L'Arsenal et la Bastille ⑧

Un port de plaisance pour 200 bateaux sera réalisé sur le bassin de l'Arsenal, près d'un jardin. Ce port — achevé en 1983 — sera relié au canal Saint-Martin et ouvert par écluse sur la Seine.

A côté, à la place de l'ancienne gare de la Bastille, sera construit un opéra populaire de 4 000 places. Objectif : l'inaugurer pour le bicentenaire de la Révolution française.

La Villette ⑨

Projet sur les 55 hectares des anciens abattoirs comprenant :
— Le musée national des Sciences et des Industries : 30 000 m² d'expositions permanentes (trois fois Beaubourg). Le bâtiment, éclairé par des coupoles transparentes, est entouré d'eau. La façade sud s'ouvre sur le parc par des serres bioclimatiques. Ouverture en 1985.
— Un immense parc, dont le tracé fera l'objet d'un concours international. Coût du parc et du musée : 3,2 milliards de Francs.
— Le long du boulevard Jean-Jaurès (XIXᵉ), une Cité de la Musique, avec musée, auditorium de 2 500 places, ateliers électro-acoustiques et conservatoire national. ∎

Notes, Questions et Activités

Pour comprendre les mots

chambardement (m) : bouleversement.

aménager : transformer ou moderniser un endroit ou un bâtiment.

Zone (f) **d'aménagement** : endroit que l'on projette de transformer ou de moderniser.

le R.e.r. (le Réseau express régional) : nom du métro rapide de la banlieue parisienne.

De quoi s'agit-il ?

1. Quels changements ces projets apporteront-ils à Paris ?

2. Comparez ces projets. Ont-ils des points communs ? Lesquels ?

Vers la communication orale

1. Connaissez-vous Paris ? Situez sur le plan de Paris les monuments et les endroits suivants et dites de quelle époque ils datent : la Cathédrale Notre-Dame de Paris ; la Sainte-Chapelle ; l'Ecole Militaire ; les Invalides ; le Louvre ; la Place de la Concorde ; l'Arc de Triomphe de l'Etoile ; le Panthéon ; l'Opéra de Paris ; la Tour Eiffel ; le Bois de Boulogne ; la Tour Montparnasse ; Beaubourg (le Centre national d'art et de culture Georges-Pompidou).

2. Dessinez la ville du futur telle que vous la concevez. Vous la décrivez dans son ensemble, puis vous décrivez les différents bâtiments en précisant à quoi ils sont destinés.

Activité de groupe
Un débat au conseil municipal

Le conseil municipal de votre ville se réunit pour décider d'un plan d'aménagement d'un vieux quartier de la ville. Vous êtes membre du conseil et vous devez proposer, comme les autres membres, un projet pour ce vieux quartier. Indiquez la durée des travaux, le coût, les conséquences sur la vie du quartier et des habitants.

Travail écrit

Vous écrivez une lettre au maire de votre ville pour réclamer l'aménagement d'équipements sportifs et d'espaces verts.

L'Arc de Triomphe de la Défense

Miracle ! le projet danois pour la Défense suscite un enthousiasme unanime.

Les trains qui arrivent à l'heure n'intéressent personne, dit-on. Sauf, justement, quand l'événement est exceptionnel. A cet égard, le résultat du Concours international d'architecture pour la « tête Défense », où doivent s'installer les ministères de l'Urbanisme et du Logement, de l'Environnement et le futur Carrefour de la communication, est un événement sans précédent : depuis dix ans, projets, concours et diatribes se succèdent sans résultat. La perspective historique du Louvre à l'Etoile doit-elle être ouverte ou fermée ? L'Arc de Triomphe doit-il être chapeauté par un « geste » architectural de prestige, ou protégé ?

De grands noms de l'architecture internationale, l'Américain Pei notamment, et de plus obscurs ont conçu des projets définitifs, aussitôt relégués aux oubliettes. La semaine dernière, le président de la République a entériné le choix du jury international, qui, parmi 424 candidats, avait préféré un architecte danois à peu près inconnu en France. Son projet suscite pour l'instant une réaction unanime.

Le projet de Johan Otto von Spreckelsen s'intitule en toute simplicité « Arc de Triomphe de l'humanité ». Au bout de l'alignement Carrousel-Obélisque-Etoile, il pose un portique cubique de 105 mètres de côté, deux fois plus haut que l'Arc de Triomphe de l'Etoile. Mais les arches sont délicatement dessinées en biseau et, finesse suprême, le bâtiment est subtilement décalé, un peu en biais sur l'axe. « Comme la Cour Carrée du Louvre ou l'escalier de la place d'Espagne à Rome, explique von Spreckelsen. C'est un mouvement exactement calculé qui est un geste d'accueil, de bienvenue... » Au niveau du sol, l'architecte danois sème en sus quelques bâtiments légers de forme encore indécise. « Des nuages », dit-il, évoquant ses brumes nordiques.

« C'est du sublime poétique, une

Johan Otto von Spreckelsen et son portique pour la « tête Défense ».

cathédrale monumentale et pourtant proche de la vie quotidienne », dit l'architecte Antoine Grumbach. Et l'architecte Roland Castro s'exclame : « C'est l'évidence et la simplicité. Une fenêtre ouverte sur l'horizon. »

L'auteur de ladite merveille est lui aussi surprenant. Agé de 54 ans, il a jusque-là construit sa propre maison et quatre églises au Danemark. Il est, en fait, professeur à l'Académie des beaux-arts de Copenhague. Sa force est d'avoir séduit le jury, où siégeait notamment Richard Rogers, coauteur de Beaubourg, l'Américain Richard Meier, le Japonais Kurokawa, avec une esquisse plus poétique que précise.

« La preuve est faite qu'une idée forte et juste, exprimée avec très peu de moyens, peut s'imposer dans les concours internationaux. »

La deuxième leçon de ce choix idyllique est la révélation de la santé de la jeune architecture française : le deuxième projet sélectionné par le jury — un mur-écran de 80 mètres de hauteur — était signé par deux Français, Viguier et Jodry. Un autre prix va aux jeunes Parisiens : Jean Nouvelle, Pierre Soria et l'équipe d'Architecture-Studio, qui avaient, eux, conçu une gigantesque grille pour « mettre le ciel au carré ».

MICHÈLE GEORGES ■

Notes, Questions et Activités

La Défense : nouveau centre d'affaires de Paris, à l'ouest de l'Arc de Triomphe de l'Etoile, où l'on a construit des tours et des immeubles de bureaux.

La perspective historique du Louvre à l'Etoile : sur la rive droite de la Seine, la ville de Paris s'est développée de l'est vers l'ouest. Après le Louvre et l'Arc de Triomphe du Carrousel, les jardins des Tuileries, l'Obélisque au milieu de la Place de la Concorde et les Champs-Elysées qui mènent à l'Arc de Triomphe de l'Etoile constituent la vue la plus célèbre de Paris. L'Arc de Triomphe de la Défense prolonge cette vue après l'Etoile.

Beaubourg : c'est ainsi que l'on désigne souvent le Centre national d'art et de culture Georges-Pompidou inauguré en 1978 et dont l'architecture est très moderne.

Pour comprendre les mots

chapeauté : *ici,* surmonté. Un quatrième monument risquerait de déséquilibrer cette perspective.

protégé : *ici,* ne pas être dominé par un autre monument.

relégués aux oubliettes *fam.* : condamnés à l'oubli.

entériner : approuver.

en biseau : en biais, obliquement.

décalé : déplacé de côté par rapport à l'axe.

semer : mettre, placer sans ordre.

séduit : charmé, conquis.

avec peu de moyens : *ici,* très simplement.

s'imposer dans : *ici,* gagner.

mettre le ciel au carré : à travers l'immense grille, le ciel prendra des formes géométriques.

De quoi s'agit-il ?

1. Pourquoi était-il difficile de décider ce que l'on allait construire pour la « tête Défense » ?

2. Pourquoi le projet de l'« Arc de Triomphe de l'humanité » est-il accepté avec enthousiasme ?

Vers la communication orale

1. Comparez un bâtiment ancien et un bâtiment contemporain (ou des monuments). En quoi sont-ils différents ? Expliquez pourquoi.

2. Quel environnement préférez-vous dans une ville ? Préférez-vous habiter un nouveau quartier ou un quartier ancien ? Pourquoi ? Ou préférez-vous habiter la campagne ?

Activité de groupe

Un concours d'architecture

La classe se divise en deux groupes. L'un des groupes est constitué par les participants au concours d'architecture et l'autre par les membres du jury. Chaque participant choisit un monument (ou un bâtiment) célèbre de l'une des capitales du monde et explique au jury pourquoi le monument est original et pourquoi il attire un si grand nombre de touristes. Chaque participant illustre son commentaire par des photos. Ensuite le jury décide quel monument doit gagner le prix du monument le plus original du monde.

Travail écrit

Faites une courte description d'un projet architectural pour votre ville, d'un monument ou d'un bâtiment que vous aimez.

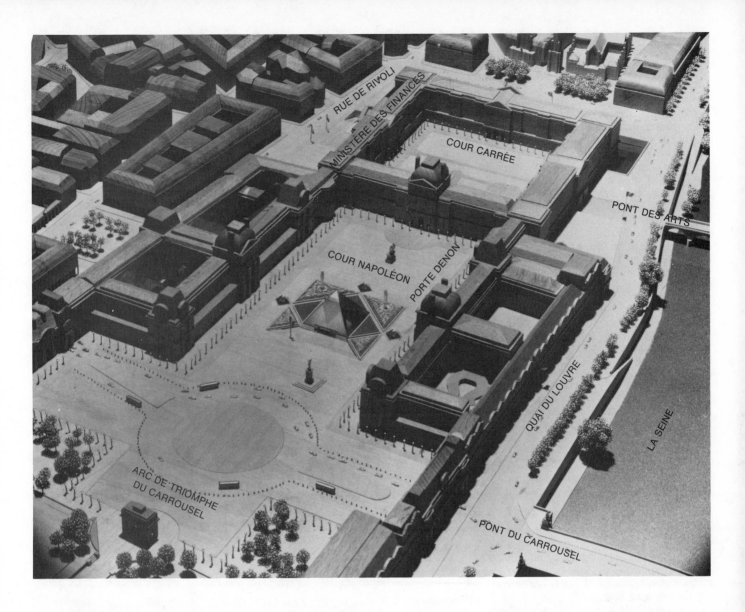

RUE DE RIVOLI

MINISTÈRE DES FINANCES

COUR CARRÉE

PONT DES ARTS

COUR NAPOLÉON

PORTE DENON

QUAI DU LOUVRE

LA SEINE

ARC DE TRIOMPHE DU CARROUSEL

PONT DU CARROUSEL

La pyramide du Louvre

Une pyramide en verre pour la cour Napoléon ?

Si la proposition de l'architecte Ieoh Ming Pei est acceptée par le président de la République, une pyramide de verre se dressera à partir de 1987 dans la cour Napoléon, au Louvre. Elle couronnera le projet pour le Grand Louvre qu'Emile Biasini, qui en est le responsable, a demandé au célèbre bâtisseur américain d'origine chinoise.

Les solutions qu'il préconise découlent de la situation nouvelle créée par le prochain départ du ministère des Finances. Incommode mais inévitable tant que le musée ne disposait pas des pavillons de la rue de Rivoli, l'excentrement de l'entrée principale (porte Denon) devient ab-

surde dès lors que le Louvre retrouve sa symétrie. En déplaçant l'entrée dans la cour Napoléon, on rendra toutes les parties du Louvre également accessibles au public. En effet, certaines sont peu visitées parce que trop éloignées : le Louvre est le plus grand musée du monde, et aussi le plus étendu — un bon kilomètre de galeries à parcourir.

Lieu tout désigné pour l'accueil (vestiaires, cafétérias, restaurants, centres d'orientation et de vente), la cour Napoléon est encore appelée à résoudre un autre problème. Dans la plupart des musées modernes, 60 % de l'espace sont consacrés aux galeries d'exposition et 40 % aux services (réserves, laboratoires, salles de res-

tauration, bibliothèques, bureaux, etc.). Au Louvre, ce rapport est de 80 et 20 %. Pour augmenter l'espace dévolu aux services sans porter atteinte au caractère palatial et à la fonction d'exposition de l'architecture existante, Pei a choisi de les loger sous la cour Napoléon.

Celle-ci, qui n'est aujourd'hui qu'un assez sinistre terrain vague, long de 220 mètres et large de 130, serait donc aménagée jusqu'à 7 mètres de profondeur. Et ce complexe serait relié souterrainement à un vaste parking enfoui, au-delà de l'arc du Carrousel, sous la terrasse (qu'on reconstituerait) conçue par Le Nôtre pour le château des Tuileries. Cela libérerait ainsi les

9

abords du Louvre des innombrables cars et automobiles qui en défigurent la vue et l'approche.

Il fallait rendre visible la nouvelle entrée sans occulter l'architecture du Louvre. « Pas question d'entrer en conflit avec trois siècles de classicisme à la française, ni de pasticher une tradition qui va de Lescot à Lefuel, dit Pei. Il faut ici quelque chose qui ait une présence architecturale, mais aussi qui soit un peu moins que de l'architecture. Quelque chose qui tienne de la sculpture, du paysagisme. Au fond, je me suis plus inspiré de Le Nôtre que de Le Vau. J'ai voulu traiter la cour Napoléon comme un parterre, faire entrer la nature dans un ordre géométrique. Seulement, mes éléments à moi, ce sont l'eau et la lumière. »

Elégante reformulation de la Haute Antiquité

Au milieu de la cour, une composition de bassins (trois calmes, quatre animés). Et, au centre, une pyramide dont la fine armature de métal sera étudiée par l'Aérospatiale et le revêtement de verre (80 % transparent, 20 % réfléchissant) demandé à Saint-Gobain. Bien qu'elle culmine à près de 20 mètres, sa forme lui permettra d'occuper moins d'espace que ne le ferait, par exemple, un cube. Symbole, signal, la pyramide sera aussi un puits de lumière qui accompagnera le visiteur sous terre. « Ça ne sera pas une entrée de métro », dit Pei. Le jour, ses côtés (inclinés à 51 degrés, comme ceux de sa grande sœur égyptienne de Gizeh) piégeront le ciel. La nuit, elle s'illuminera comme une gigantesque lanterne, ôtant enfin à ce coin de Paris son aspect de désert lugubre. En outre, elle sera escortée, au nord, à l'est et au sud, par trois mini-pyramides abritant l'entrée des escalators menant aux trois principaux pavillons (Richelieu, Sully, Denon).

Elégante mais fonctionnelle, reformulation d'un des plus vénérables monuments de la Haute Antiquité par des technologies d'avant-garde, la pyramide de Pei se distinguerait de son prestigieux décor sans le contredire. Incongru à Paris, comme le prétendent certains membres de la Commission des Monuments historiques, ce rappel pharaonique ? Il y a pourtant, à deux pas, un précédent plutôt rassurant : l'obélisque de la Concorde.

PIERRE SCHNEIDER ■

Notes, Questions et Activités

Pour comprendre les connotations culturelles

Ieoh Ming Pei (né en 1917) : architecte américain qui a dessiné, entre autres bâtiments très connus, la nouvelle aile est de la *National Gallery* de Washington.

le Grand Louvre : l'ensemble des pavillons (bâtiments) qui composent le Louvre se situe entre la Seine et la rue de Rivoli. Résidence des rois au seizième et au dix-septième siècles, le Louvre est devenu un musée en 1793. Les pavillons de la rue de Rivoli qu'occupent les bureaux du ministère des Finances doivent redevenir des salles d'exposition du musée du Louvre quand le ministère quittera ces lieux.

la porte Denon : l'entrée actuelle du musée qui se trouve à la porte Denon dans le pavillon du côté de la Seine n'est pas au centre du Louvre parce que les pavillons de la rue de Rivoli sont occupés par le ministère des Finances.

l'Arc de Triomphe du Carrousel : construit par Napoléon Ier pour célébrer ses victoires militaires de 1805. Les empereurs Napoléon Ier et Napoléon III qui ont habité le palais des Tuileries ont agrandi le Louvre.

le palais (château) des Tuileries : en 1563, Catherine de Médicis a donné l'ordre à l'architecte Philibert Delorme de commencer la construction du château des Tuileries à 500 mètres du Louvre. Le château est relié au vieux Louvre par la galerie du bord de l'eau. En 1871, la Commune a incendié cette résidence de Napoléon III qui n'a pas été reconstruite. Cela permet une perspective majestueuse depuis l'Arc du Carrousel à travers le jardin des Tuileries jusqu'à l'Obélisque et l'Arc de Triomphe de l'Etoile.

Pierre Lescot (1510-1578) : architecte à qui le roi François 1er a demandé en 1546 de construire le nouveau palais du Louvre.

Hector-Martin Lefuel (1810-1881) : architecte à qui Napoléon III a demandé de terminer la construction du Louvre.

André Le Nôtre (1613-1700) : dessinateur de jardins, il a créé le « jardin à la française » composé d'allées et de parterres symétriques et de bassins avec des fontaines. Il a dessiné le jardin des Tuileries.

Louis Le Vau (1612-1670) : architecte de Louis XIV, il a construit une partie du Louvre et le château de Versailles.

l'Aérospatiale : société française qui construit des avions.

Saint-Gobain : société française qui fabrique du verre.

la Commission des Monuments historiques : comité qui a la responsabilité de la sauvegarde et de l'entretien des monuments historiques.

l'Obélisque : au milieu de la place de la Concorde se dresse l'Obélisque, vieux de trente-trois siècles et couvert d'hiéroglyphes. Il a été offert en 1829 au roi Charles X par le vice-roi d'Egypte.

Pour comprendre les mots

susciter une controverse : provoquer une discussion, une polémique.

couronner : terminer avec éclat.

préconiser : recommander.

découler de : être la conséquence de.

incommode : peu pratique.

dès lors que : à partir du moment où.

le Louvre... symétrie : le musée occupera les deux ailes symétriques.

étendu : vaste.

parcourir : traverser.

accueil (m) : *ici*, endroit où les visiteurs arrivent.

vente (f) : *ici*, vente des billets d'entrée, des cartes postales, des reproductions, etc.

dévolu : réservé.

porter atteinte à : endommager.

palatial : typique d'un palais.

terrain (m) **vague** : en ville, terrain sans construction.

aménager : transformer, moderniser.

enfoui : caché, sous terre.

conçu : créé.

abords (m pl) : environs.

car (m) : autobus de tourisme.

occulter : cacher, rompre avec l'harmonie de.

pasticher : imiter.

tenir de : avoir les qualités de.

paysagisme (m) : dessin de jardins et de parcs.

au fond : en réalité.

traiter : considérer.

parterre (m) : partie d'un jardin plantée de fleurs.

bassin (m) : pièce d'eau.

armature (f) : structure.

revêtement (m) : ce qui recouvre la structure.

culminer à : être en haut de.

puits (m) : source.

entrée (f) **de métro** : la lumière du jour ne pénètre pas dans l'entrée des stations de métro.

piéger le ciel : attraper la lumière du ciel.

ôter : enlever.

lugubre : triste et sombre.

sans le contredire : sans s'y opposer.

incongru : mal adapté.

pharaonique : de l'époque des Pharaons d'Egypte.

à deux pas : très près.

De quoi s'agit-il ?

1. Pourquoi le musée n'occupe-t-il pas tous les pavillons du Louvre ?

2. Quelles difficultés ont été ainsi créées pour l'entrée et l'accueil des visiteurs ?

3. Pourquoi certaines galeries du musée sont-elles peu visitées ?

4. Comment le projet de l'architecte Pei propose-t-il de résoudre ces problèmes ?

5. Quels sont les principaux dangers que ce projet devait éviter ?

6. Quels sont les avantages de ce projet ?

7. Comment peut-on répondre aux critiques qui disent que cette pyramide est incongrue à Paris ?

Vers la communication orale

1. Quel genre de musée aimez-vous visiter ? Quelles expositions avez-vous particulièrement appréciées ?

2. Qu'est-ce qui, à votre avis, est plus important dans un musée : l'exposition des œuvres, l'accueil, les services ? Justifiez votre réponse.

3. Etes-vous en faveur de l'aménagement de bâtiments anciens ou de leur démolition afin de construire un bâtiment neuf ? Expliquez pourquoi.

4. Quels sont les risques que l'on court en modernisant un bâtiment historique ?

5. Quand on aménage un bâtiment historique, est-il préférable d'en imiter le style architectural ou de choisir un style très différent ? Justifiez votre réponse.

Activités de groupe   *Symétrie de la pierre ou transparence du verre*
Trouvez des photos de musées célèbres. Comparez l'architecture d'un musée ancien comme le Louvre et l'architecture d'un musée moderne comme le Centre Georges-Pompidou. Quel type d'architecture préférez-vous ?

Un musée national
On a décidé de construire un musée pour exposer les objets qui caractérisent le mieux votre pays.

   a. Quelles œuvres et quels objets allez-vous choisir d'exposer dans ce musée ?

   b. Quel style d'architecture allez-vous adopter pour le bâtiment ?

   c. Comment allez-vous aménager l'intérieur du musée ? Prévoyez des galeries, des salles, des emplacements pour les services.

Une pyramide controversée
Personnages : a) un architecte;   b) des responsables du musée du Louvre;   c) deux membres de la Commission des Monuments historiques;   d) deux touristes;   e) deux Parisiens.

Situation : Dans un débat organisé au Louvre, l'architecte, auteur du projet de la pyramide, défend son projet contre les attaques de deux Parisiens, d'un des membres de la Commission et d'un des responsables du musée. Il est soutenu par le second membre de la Commission, d'autres responsables du musée et deux touristes.

Travail écrit   Vous écrivez à Monsieur Emile Biasini, responsable du projet pour le Grand Louvre, soit pour approuver soit pour critiquer la pyramide de verre.

Marseille et Bordeaux : deux sondages

Quels sont les avantages et les inconvénients de ces deux villes ?

A l'occasion des élections municipales de mars 1983, *L'Express* s'est associé à Radio Monte-Carlo et à Gallup-Faits et Opinions pour présenter un sondage qui "photographie" l'opinion des habitants des grandes villes. Voici deux grandes villes : Marseille et Bordeaux.

Vivre à Marseille

Vivre à Marseille, est-ce, dans l'ensemble, plutôt agréable ou plutôt désagréable ?

Plutôt agréable	68 %
Plutôt désagréable	30
Sans réponse	2

Si vous aviez le choix, aimeriez-vous mieux rester à Marseille ou aller vivre ailleurs ?

Rester à Marseille.....................	53 %
Aller vivre ailleurs.....................	46
Sans réponse.....................	1

Dans quelle région souhaiteriez-vous vivre : celle-ci ou une autre ? (Question posée à ceux qui souhaiteraient aller vivre ailleurs qu'à Marseille.)

Aimeraient vivre ailleurs qu'à Marseille	46 %
du total des Marseillais,	
dont : la même région......................	20 %
une autre région	26

Quelle autre région ?

Méditerranée, Côte d'Azur	12 %
Sud-Est...	5
Etranger	3
Paris	1
Région parisienne, Bassin parisien..............................	1
Ouest ou Sud-Ouest	1
Autres régions................................	3
	26 %
du total des Marseillais	

Avenir ou déclin

A votre avis, Marseille est-elle plutôt une ville d'avenir ou plutôt une ville sur le déclin ?

Ville d'avenir	45%
Ville sur le déclin	39
Sans réponse..	16

Notre-Dame-de-la-Garde dominant Marseille. Au premier plan, le vieux port et ses bateaux. Bien qu'ils se plaignent de l'insécurité, du nombre d'immigrés et des problèmes de la circulation, 68 % des Marseillais jugent leur ville agréable et souhaitent y rester.

L'équipement

Diriez-vous que votre ville est bien équipée ou pas bien équipée dans les domaines suivants :

	Bien équipée	Pas bien équipée	Sans réponse
Ecoles, collèges et lycées	59 %	25 %	16 %
Universités...................................	47	29	24
Crèches	34	31	35
Hôpitaux, dispensaires et centres de soins....	80	16	4
Installations sportives	39	46	15
Théâtre, opéra	52	34	14
Cinémas	79	12	9
Commerces et centres commerciaux	90	9	1
Espaces verts	47	51	2
Parkings et stationnements	26	69	5
Transports en commun	65	32	3
Voies d'accès à la ville, autoroutes ou périphériques.........	55	38	7
Logements sociaux	35	39	26
Maisons de retraite	26	37	37

Marseille : ce qui va bien, ce qui va mal

Pour chacun des points ci-dessous mentionnés, dites si, à Marseille, cela va plutôt bien ou plutôt mal ?

	Plutôt bien	Plutôt mal	Sans réponse
Conditions de circulation..................	14 %	84 %	2 %
Propreté des rues et des trottoirs	18	82	—
Bruit..	23	76	1
Emploi	10	80	10
Sécurité des personnes et des biens	12	85	3
Présence des travailleurs immigrés.......	15	78	7
Montant des impôts locaux	15	78	7
Rapports avec l'administration locale.....	49	37	14
Aide sociale	40	31	29
Possibilités de logement	27	60	13
Animation de la ville (sportive, culturelle, commerciale).........................	45	44	11

Les problèmes à venir

En pensant à ce que devra faire la municipalité de Marseille dans les six prochaines années, voulez-vous classer de 1 (le plus important) à 4 (le moins important) les quatre points suivants :

Problème le plus important :
Augmenter la sécurité .... 52 %
Développer l'activité économique, les industries, le commerce 26
Améliorer les services sociaux 12
Rendre la vie plus gaie 10

Vivre à Bordeaux

Vivre à Bordeaux, est-ce, dans l'ensemble, plutôt agréable ou plutôt désagréable ?

Plutôt agréable .... **84 %**
Plutôt désagréable **14**
Sans réponse 2

Si vous aviez le choix, aimeriez-vous rester à Bordeaux ou aller vivre ailleurs ?

Rester à Bordeaux .... **62 %**
Aller vivre ailleurs **36**
Sans réponse 2

Dans quelle région souhaiteriez-vous vivre : celle-ci ou une autre ? (Question posée à ceux qui souhaiteraient aller vivre ailleurs qu'à Bordeaux.)

Aimeraient vivre ailleurs qu'à Bordeaux..... 36 %
du total des Bordelais,
dont : la même région...................... 11
une autre région 25

Quelle autre région ?

Méditerranée, Côte d'Azur .... **7 %**
Sud-Ouest **5**
Sud-Est **3**
Ouest **3**
Etranger **3**
Paris **2**
Région parisienne, Bassin parisien .. **1**
Autres régions.............................. **1**
                                                        25 %
du total des Bordelais

Avenir ou déclin

A votre avis, est-ce que Bordeaux est plutôt une ville d'avenir ou plutôt une ville sur le déclin ?

Ville d'avenir .... **65 %**
Ville sur le déclin **23**
Sans réponse 12

L'équipement

Diriez-vous que votre ville est bien équipée ou pas bien équipée dans les domaines suivants :

	Bien équipée	Pas bien équipée	Sans réponse
Ecoles, collèges et lycées	62 %	16 %	22 %
Universités...	72	9	19
Crèches	25	29	46
Hôpitaux, dispensaires et centres de soins....	85	11	4
Installations sportives	49	30	21
Théâtres, opéra	54	29	17
Cinémas	84	8	8
Commerces et centres commerciaux	93	5	2
Espaces verts	53	43	4
Parkings et stationnements	31	60	9
Transports en commun	71	21	8
Voies d'accès à la ville, autoroutes ou périphériques.............	77	14	9
Logements sociaux	27	36	37
Maisons de retraite....................................	20	30	50

Bordeaux : ce qui va bien, ce qui va mal

Pour chacun des points ci-dessous mentionnés, dites si, à Bordeaux, cela va plutôt bien ou plutôt mal ?

	Plutôt bien	Plutôt mal	Sans réponse
Conditions de circulation.............................	27 %	68 %	5 %
Propreté des rues et des trottoirs..................	16	83	1
Bruit..	46	51	3
Emploi	6	84	10
Sécurité des personnes et des biens	24	69	7
Présence des travailleurs immigrés...............	37	46	17
Montant des impôts locaux	18	70	12
Rapports avec l'administration locale............	57	25	18
Aide sociale	36	22	42
Possibilités de logement	29	51	20
Animation de la ville (sportive, culturelle, commerciale)..............	66	24	10

Les problèmes à venir

En pensant à ce que devra faire la municipalité de Bordeaux dans les six prochaines années, voulez-vous classer de 1 (le plus important) à 4 (le moins important) les quatre points suivants :

Problème le plus important :

Développer l'activité économique, les industries, le commerce	46 %
Augmenter la sécurité..	26
Améliorer les services sociaux	17
Rendre la vie plus gaie	11

Enquête réalisée par Gallup-Faits et Opinions du 25 au 31 janvier 1983, auprès d'un échantillon de 396 personnes âgées de 18 ans et plus, représentatif de la population de Bordeaux. Méthode des quotas.

Statue dominant les allées de Tourny à Bordeaux.

Notes, Questions et Activités

Pour comprendre les connotations culturelles

Marseille : ville principale du Midi, Marseille se trouve à l'embouchure du Rhône. C'est la deuxième ville de France et le premier port de France et de la Méditerranée.

Bordeaux : située sur l'estuaire de la Gironde, la ville de Bordeaux est moins grande que la ville de Marseille. La richesse de Bordeaux provient de son port, de son industrie aérospatiale et des célèbres vignobles de la région.

Pour comprendre les mots

crèche (f) : établissement qui accueille les enfants de moins de trois ans pendant que les parents travaillent.

logements (m) **sociaux** : logements pour les personnes qui ont de faibles revenus, par exemple les H.l.m. (habitations à loyer modéré).

maison de retraite (f) : maison pour les personnes âgées.

Vers la communication orale

1. Comparez, pour chaque question, les réponses données par les habitants de Marseille et de Bordeaux.

2. Dans quelle ville les habitants semblent-ils les plus contents ? Pourquoi ?

3. Dans laquelle de ces deux villes aimeriez-vous vivre ? Pourquoi ?

4. Si vous étiez élu(e) maire de votre ville, quel serait votre programme d'action ? Voyez-vous d'autres problèmes plus importants que ceux indiqués dans le sondage ? Quelles seraient vos priorités pour améliorer la qualité de la vie des habitants ?

Activités de groupe

Un sondage d'opinion

Situation : Deux enquêteurs effectuent un sondage. Basez votre sondage sur celui qui vous est donné.

La classe est divisée en deux groupes. Dans chaque groupe un enquêteur demande aux membres du groupe de répondre à chaque question du sondage au sujet de leur propre ville. Les enquêteurs annoncent les résultats de leur sondage en les comparant aux résultats des villes françaises.

Campagne électorale et élections municipales

On est en période de campagne électorale. On se prépare à l'élection des conseillers municipaux.

Situation : Les habitants de la ville expriment leurs revendications ou leurs plaintes (demandes de biens d'équipement, plaintes concernant les conditions de circulation, le bruit, etc., craintes concernant l'avenir...). Les candidats leur répondent. Ils veulent convaincre les électeurs de l'intérêt et de l'efficacité de leur programme pour la ville. Utilisez le vocabulaire du sondage.

Travail écrit

Rédigez des tracts pour soutenir un(e) candidat(e) aux élections municipales en utilisant les thèmes présentés dans le sondage.

Bretons : le rêve américain

A Roudouallec, les villageois se souviennent du temps où ils partaient faire fortune en Amérique.

Jeanne Hemery avec son petit-fils Christian, diplômé de Kings Point.

Entre Quimper et Pontivy, Roudouallec regroupe ses quelques centaines de maisons de part et d'autre de la départementale 1. A priori, une commune comme les autres : avec son église, sa mairie et son café-tabac. Et pourtant... Insolite dans ce village de 961 habitants, un panonceau attire l'œil : Agence générale d'Air France. C'est que, ici, commander un billet pour New York n'a rien d'exceptionnel. Roudouallec est peuplé d'« Américains ». Ainsi dans la région surnomme-t-on ces Bretons qui, de génération en génération, s'en sont allés chercher du travail aux Etats-Unis, y ont vécu dix, vingt ou trente ans, avant de revenir au pays, une fois l'expérience terminée.

Une musette pleine de pièces d'argent

Le premier qui ait osé traverser l'Atlantique se nommait Nicolas Legrand. Cela se passait en 1881. Parti à pied de Roudouallec jusqu'à Morlaix, il y prit un bateau (à voile) pour Le Havre. Puis ce fut l'aventure... D'autant qu'il ne savait ni lire ni écrire. A son retour, plusieurs années plus tard, il déversa, dit-on, sur la table familiale une musette pleine de pièces d'argent. Le rêve américain était amorcé. Et la légende de Nicolas Legrand se propage toujours dans la rue principale de la bourgade.

A 89 ans, Mme Marianne Gérard s'en souvient. Elle aussi s'est expatriée à l'âge de 16 ans. Son retour ne date que d'il y a cinq ans.

« Que pouvait évoquer pour vous le mot Amérique, en 1909 ? ». Avec un délicieux petit accent pêché dans le Massachusetts, elle répond : « Rien... Un nom que des oncles avaient employé... Où ils étaient allés... Mais c'était surtout un moyen de gagner sa vie. Un moyen honorable. Parce que Paris était exclu, considéré pour une jeune fille comme un lieu de perdition...

— Mais l'accueil, la langue, que vous ne possédiez pas ?

— On se débrouillait. D'autres Bretons nous accueillaient, nous préparaient le terrain. Et, une fois en place, nous faisions de même pour ceux qui débarquaient après nous. On parlait autant breton qu'américain. »

Nulle ostentation dans les récits. Nul souvenir spectaculaire non plus dans les demeures ou le train de vie de ces retraités « made in U.S.A. ».

Parfois, un détail témoigne de leur vie passée. Mais si petit... Un rocking-chair, par exemple. Une certaine prédilection pour les bow-windows. Et la coutume de vous offrir un « Manhattan », cocktail à base de bourbon et de Martini sur lequel on pique une cerise.

Il y a bien la « Maison-Blanche » de Mme Jeanne Hemery... Mais c'est une façon gentille de taquiner sa propriétaire. Il s'agit, en fait, d'une modeste villa précédée d'un balcon. Après trente-quatre ans passés dans le New Jersey, puis à New York, Mme Hemery s'y repose en faisant du crochet et en attendant des nouvelles de ses petits-enfants, dont l'aîné, Christian, est « gradué de Kings Point ». Aux Etats-Unis, elle a connu comme les autres une vie de travail. Ouvrière dans une fonderie d'abord, dans une usine de caoutchouc ensuite, puis serveuse à La Crêpe Suzette, dans la 46e Rue, entre la 8e et la 9e Avenue. Et, lorsqu'on lâche devant elle l'expression « faire fortune », elle soupire, amusée : « Vous savez, nous faisions surtout le travail que les Américains refusaient. Souvent, nous gagnions, certes, à l'heure ce qu'en une journée il nous aurait été difficile de gagner ici... C'est tout. J'ai pu m'offrir ma première voiture, une Chevrolet, en 1948. Quant à l'argent mis de côté et envoyé en France avant la guerre, il avait beaucoup diminué de valeur après. Là où j'aurais pu m'acheter trois maisons, il ne me restait que le prix d'un ou deux chevaux. »

Mathurin Le Bris, lui, a davantage fait bande à part. Sans pour autant manquer de les aider, lorsqu'il croisait d'autres Bretons en difficulté, il s'est littéralement assimilé à la vie américaine. De 1928 à 1976, il a pratiqué tous les métiers de l'hôtellerie et de la restauration. De bus-boy (garçon) à maître d'hôtel. De plus, très itinérant, il est allé de San Francisco à Reno, d'un club de golf dans l'Ontario au restaurant d'une chambre de commerce en Arizona. Il fit également la guerre du Pacifique, d'où il sortit décoré et sergent.

Des traces de nostalgie ? Point ou presque. Une fois seulement elle apparaîtra. L'homme qui parle se nomme Louis Du Coat. Maître traceur dans le bâtiment, il descend, aujourd'hui, de son tracteur avec l'air de sortir d'un récit de John Steinbeck : il est redevenu cultivateur dans les environs de Roudouallec. Devant une carte des Etats-Unis épinglée dans sa cuisine, il se souvient encore de ses chantiers et de sa vie quotidienne : « Il m'est même arrivé, la loi m'y obligeait, d'être membre d'un jury lors d'un procès. Je touchais une indemnité de 35 dollars par semaine. C'était en 1954... » Et puis, comme en confidence : « Dans mes rêves, je suis toujours là-bas. »

Depuis une quinzaine d'années, toutefois, l'envie américaine s'est transformée chez les habitants de Roudouallec. D'abord, les quotas d'immigration ont changé. Et puis, comme l'expriment clairement les derniers « expatriés » volontaires, « il est de plus en plus difficile d'y mettre de l'argent de côté ». Marcel Autret, 44 ans, fait partie de ceux-là. Avec son pécule, il monte un relais gastronomique. Les jeunes qui s'y rencontrent parlent de charters et n'obtiennent plus que des visas de touriste. Les anciens s'y réunissent, parsemant leurs conversations d'anglais et de breton.

Les noms newyorkais de leurs étapes reviennent en refrain : Café Chambord, Le Provençal, Café des sports, Le Tunnel... On fait fête à M. et Mme André Colin. Elle est de Roudouallec. Elle a rencontré son mari sur le bateau qui, en février 1930, les conduisait à l'aventure. Ils devinrent restaurateurs. Et, de retour, M. Colin, qui est du Havre, a préféré Roudouallec pour s'y retirer. Pourquoi pas Gourin, qui n'est qu'à 9 km, et où la colonie américaine est aussi importante ?

« Bah ! Gourin, c'est un chef-lieu de canton. Avec ses près de 6 000 citoyens, c'est déjà Washington. Roudouallec, c'est l'Amérique. »

MICHEL DELAIN ∎

Notes, Questions et Activités

Pour comprendre les connotations culturelles

Bretons : habitants de la Bretagne. Cette région bordée par l'océan Atlantique était très pauvre. C'est la raison pour laquelle beaucoup de Bretons ont dû partir pour chercher du travail.

Quimper : ville de la côte sud de la Bretagne.

la départementale 1 : la route départementale numéro 1. On attribue des numéros aux routes nationales et départementales en France.

Le Havre : grand port situé à l'embouchure de la Seine d'où partent les bateaux pour l'Amérique.

se débrouiller : trouver un moyen pour réussir. C'est le fameux « système D » que les Français aiment utiliser quand ils sont en difficulté.

John Steinbeck (1902–1968) : romancier américain.

un chef-lieu de canton : ville principale d'un canton. Sur le plan administratif, un département est divisé en cantons qui sont divisés en communes.

Pour comprendre les mots

insolite : on ne trouve pas souvent dans un petit village un signe indiquant un bureau d'Air France.

revenir au pays : rentrer dans son village natal.

déverser : *ici,* ouvrir.

musette (f) : sac que l'on porte sur son épaule.

amorcer : commencer.

bourgade (f) : village.

pêcher un accent : adopter un accent.

lieu (m) **de perdition** : endroit de mauvaise réputation.

faire de même : faire la même chose.

ostentation (f) **dans les récits** : vanité excessive quand ils parlent de leur séjour américain.

demeure (f) : maison.

train (m) **de vie** : façon de vivre.

retraité (m) : personne qui ne travaille plus à cause de son âge et qui a pris sa retraite.

taquiner : se moquer de.

fonderie : usine où l'on fond des métaux.

lâcher l'expression : prononcer.

mettre de l'argent de côté : économiser de l'argent.

faire bande à part : agir seul, pour soi-même.

point ou presque : il n'y en a pas ou presque pas.

dans le bâtiment : dans la construction de bâtiments.

cultivateur (m) : agriculteur.

pécule (m) : l'argent qu'on a économisé.

monter un relais gastronomique : établir un restaurant.

parsemant... breton : utilisant des mots anglais et bretons dans leurs conversations.

De quoi s'agit-il ?

1. Qu'est-ce que ces habitants de Roudouallec sont partis faire aux Etats-Unis ?

2. Pourquoi y a-t-il une agence générale d'Air France dans ce petit village ?

3. Pourquoi le « rêve américain » s'est-il développé à Roudouallec ?

4. Qu'est-ce qui facilitait l'arrivée des nouveaux Bretons en Amérique ?

5. Comment était la vie de ces Bretons pendant leur séjour aux Etats-Unis ?

6. Pourquoi ces Bretons sont-ils revenus à Roudouallec ?

Vers la communication orale

1. Qu'est-ce qui a donné naissance au « rêve américain » chez les Européens ? Comment ce « rêve » a-t-il contribué à l'histoire des Etats-Unis ? Est-ce qu'il existe aujourd'hui un « rêve » similaire au « rêve américain » ? Pourquoi ?

2. Vous devez quitter votre pays. Dans quel pays allez-vous vivre ? Qu'est-ce que vous y ferez pour gagner votre vie ?

3. Avez-vous envie de faire fortune ? Imaginez un moyen de faire fortune et expliquez les difficultés que vous pourriez rencontrer avant de réussir.

Activité de groupe

Vivre à l'étranger

Personnages : a) un(e) journaliste;   b) plusieurs familles françaises (parents et enfants).

Situation : Un(e) journaliste fait une enquête sur les Français rentrant de l'étranger. Il (Elle) interroge plusieurs familles françaises parties il y a plusieurs années pour faire fortune à l'étranger. Leurs expériences ont été très différentes. Certaines ont échoué, d'autres ont plutôt réussi mais n'ont pas supporté l'éloignement, d'autres ont réussi et viennent passer régulièrement leurs vacances en France.

Les étudiant(e)s choisissent leur rôle. Le (La) journaliste pose des questions précises sur le lieu où ils (elles) ont vécu, sur leurs travaux, leurs espoirs, leurs difficultés, leurs rapports avec les gens du pays, etc.

Travail écrit

Vous êtes parti(e) travailler à l'étranger. Vous tenez un journal dans lequel vous écrivez vos expériences.

Babel :
bleu-blanc-rouge

A côté de sa tradition de terre d'accueil aux exilés, la France a toujours eu besoin des étrangers pour son développement.

Un immigré face à la triste réalité.

« Tout homme a deux patries : la sienne et puis la France. » La tradition de l'accueil aux exilés politiques naît avec la Révolution de 1789, qui intègre le Prussien Anacharsis Cloots et l'Américain Thomas Paine, députés à la Convention (1792). Depuis, tous les régimes, sauf celui de Vichy, ont maintenu le principe du droit d'asile, et, en 1983, vivent sur le sol français 116 000 réfugiés politiques : dissidents russes, commerçants cambodgiens chassés par les Khmers rouges, Chiliens attendant la chute de Pinochet, ils représentent la couche « noble » de l'immigration, celle qui fait honneur à la générosité de la France. Leurs communautés, dans la plupart des cas paisibles, mènent, à côté des Français, une vie sans histoire. Auréolé par la persécution, l'exilé est accepté.

L'opinion a donc ses bons et ses mauvais étrangers. Elle n'est pas peu fière, non sans raison, d'être le peuple qui a accueilli les Russes blancs en 1919, les antifascistes italiens en 1926, les antinazis allemands en 1933, et avec eux les Juifs fuyant Hitler, les républicains espagnols en 1939, les harkis algériens chassés par le F.l.n. en 1962, les Tchèques, les Hongrois, les Polonais de Solidarnosc, venus après l'écrasement de leur révolution, et, par dizaines de milliers, les réfugiés du Sud-Est asiatique.

Mais, dans ce même pays, un slogan très ancien, « La France aux Français », reparaît sur nos murs, quand la crise et la peur du lendemain semblent inviter une société ouverte à se refermer sur elle-même. Tantôt rampante, tantôt explosant en ratonnades, la xénophobie trouve sa cible favorite dans le groupe compact des travailleurs étrangers. Un prolétariat, hier dominé par des Polonais, des Italiens, des Portugais, aujourd'hui en majorité africain et maghrébin, fait les frais de cette haine canalisée, tour à tour exploitée par l'extrême droite et par le Parti communiste.

La multiplication des étrangers est un moteur de l'angoisse. En 1800, une France de 25 millions d'habitants recensait 100 000 étrangers. Ils sont 1 400 000 en 1919 ; 3 millions en 1931, au sein d'une population qui se maintient, grâce à leur présence, au chiffre longtemps indépassable de 40 millions. Un sur douze. En 1981 (dernière statistique officielle), avec 4 200 000 étrangers sur 53,8 millions d'habitants, le pourcentage de 1931 est inchangé. Autour des étrangers pauvres, dans les zones où on les relègue, un cercle de peur : ils prennent le pain des Français, ils volent. Paris, Lyon et Marseille ont chacun fabriqué un Harlem, où deux sentiments d'insécurité voisinent, car ce sous-prolétariat, traité en classe dangereuse, est lui-même effrayé par son environnement.

L'immigration selon les besoins des employeurs

On oublie volontiers les services rendus. La France, jusqu'à la remontée très récente du chômage, a souffert pendant un siècle d'une pénurie de main-d'œuvre. Privée de l'apport étranger, l'agriculture française aurait manqué de bras, jusqu'à la mécanisation des années 50. Sans les Polonais et les Italiens, la France du fer et du charbon aurait été en panne. Sans les Algériens et les Africains, le miracle de l'industrie automobile n'aurait pas eu lieu. Quand les Bretonnes n'ont plus voulu servir, les beaux quartiers sont allés chercher en Espagne et au Portugal leurs gens de maison. A son insu, Neuilly suivait une tradition déjà ancienne : l'immigration organisée, planifiée selon les besoins des employeurs. En 1908 déjà, la Fédération des sociétés agricoles du Nord-Ouest négocie avec un député polonais la venue d'un convoi de 4 000 ouvriers agricoles, encadrés par leurs prêtres, garants de leur docilité. A côté des gros fermiers, les usiniers. Les Houillères du Nord, le Comité des Forges de Lorraine expédient, pendant trente ans, leurs agents au fin fond de la Sicile et de l'Est européen.

L'Etat n'agit pas autrement. Pendant la Grande Guerre, il puise dans le vivier colonial, et 200 000 Annamites et Africains travaillent dans les usines d'armement. Ceux-là seront renvoyés après la victoire, mais la saignée de 14-18 contraint la France à chercher encore et toujours à l'étranger les hommes qui lui manquent. Certains parviennent à faire venir leur famille.

Le patronat ne partage pas les préjugés populaires. Du début du siècle jusqu'à la crise actuelle, un flot presque continu de travailleurs étrangers a été affecté aux métiers durs et sans qualification. En 1900, c'est l'affaire des Belges et des Espagnols, qui représentent les deux tiers du prolétariat immigré. Tandis que leur nombre croît, sauf dans la période 1932-1939, où l'on en renvoie 1 million — sans vaincre la crise — les travailleurs étrangers, progressivement plus basanés, restent cantonnés dans les tâches sans gloire.

Au recensement de 1975, sur 203 990 Espagnols actifs, il y a 29 885 domestiques et 85 membres de professions libérales ; sur 331 030 Algériens, 222 500 O.s., 65 avocats, experts-comptables et médecins.

Séparés par la langue, les mœurs, et la religion

Seul le prolétariat a dû ouvrir ses rangs aux immigrés. Sa xénophobie endémique s'explique par la cohabitation avec des étrangers de plus en plus étrangers, séparés de lui par la langue, les mœurs, la religion. En 1946, il y avait, parmi les travailleurs étrangers, 200 000 Polonais et 331 000 Algériens. Quand l'islam devient la deuxième confession pratiquée en France, quand l'Afrique francophone quitte ses bidonvilles pour nos Zup, le mur s'élève encore entre l'aristocratie ouvrière française et le sous-prolétariat étranger. Barrières de classe, barrières de race : la reconnaissance du droit à la différence n'est pas acquise dans un pays épris de sa culture.

Entre chez nous qui veut... L'opinion ne veut pas savoir que l'immigration est réglementée, elle préfère les révélations sur les filières du travail clandestin. A côté des travailleurs protégés par des contrats et des conventions avec leur pays d'origine, un sous-prolétariat plus démuni se dirige vers la France. Pendant trente ans, les entreprises ont réclamé des O.s., elles n'en ont plus l'usage, mais les migrants, attirés par un mirage, découvriront sur place leur erreur.

Le paysage social de la France des années 80 est bouleversé par une association menaçante pour les travailleurs les plus frustes : chômage et automation. Jamais la France n'avait connu, dans son passé, un chômage durable, et son patronat doit répondre au défi de la crise en rationalisant l'appareil de production. L'énergie peu coûteuse, la main-d'œuvre à bon marché venue d'ailleurs, c'est le passé. Les O.s. en grève de Citroën et de Renault mènent un combat d'arrière-garde : ils appartiennent à une catégorie professionnelle en voie de disparition.

La France partage avec les grands pays industriels d'Europe la responsabilité d'avoir fait venir des travailleurs liés à une formule aujourd'hui dépassée. Ses traditions propres lui dictent son devoir. Il lui incombe de faire leur place dans la nouvelle société, où les services remplacent les gros bataillons des usines, aux 4 millions et demi d'étrangers qui lui ont fait confiance.

FRED KUPFERMAN ∎

Notes, Questions et Activités

Pour comprendre les connotations culturelles

bleu-blanc-rouge : les couleurs du drapeau français (le tricolore).

Vichy : nom du gouvernement français établi dans la ville de Vichy et qui a collaboré avec les autorités allemandes pendant l'occupation nazie de la France (1940–1944).

Pinochet : le général Pinochet est devenu Président du Chili après l'assassinat de son adversaire, le Président Allende, en 1973.

le F.l.n. : le Front de libération nationale qui a mené la guerre pour l'indépendance de l'Algérie.

Solidarnosc : syndicat dirigé par Lech Walesa qui luttait pour une plus grande liberté d'expression en Pologne. Le gouvernement communiste l'a interdit.

les réfugiés du Sud-Est asiatique : en particulier, des Vietnamiens.

Maghrébin(e) : du Maghreb (le Maroc, la Tunisie et l'Algérie).

Harlem : quartier des Noirs à New-York.

les beaux quartiers : les quartiers de la ville où habitent les gens riches. A Paris, ce sont le seizième arrondissement et Neuilly.

la Grande Guerre : la première guerre mondiale (1914–1918).

la saignée de 14–18 : un grand nombre de Français sont morts pendant la première guerre mondiale.

le vivier colonial : *ici,* les populations des colonies françaises à travers le monde.

O.s. : ouvrier(s) spécialisé(s). Ce sont, en fait, des ouvriers qui n'ont pas de qualifications précises.

l'Afrique francophone : *ici,* les Africains habitant les anciennes colonies françaises.

Zup : zone à urbaniser en priorité. Nouveaux quartiers de logements modestes pour les ouvriers.

Citroën; Renault : *ici,* les usines où l'on fabrique les voitures Citroën et Renault.

Pour comprendre les mots

droit (m) **d'asile** : le droit de vivre en liberté.

sans histoire : calme, sans incident.

auréolé : ennobli ; considéré comme un saint.

crise (f) : *ici,* la crise économique.

rampant(e) : servile.

ratonnade (f) : attaque brutale contre des étrangers.

faire les frais : souffrir.

recenser : compter.

reléguer : envoyer à l'écart.

voisiner : exister ensemble.

pénurie (f) : manque très grave.

privée de l'apport étranger : sans la contribution des étrangers.

miracle (m) : *ici,* la réussite spectaculaire.

servir : *ici,* travailler comme domestique.

député (m) : personne élue au Parlement.

encadré par : accompagné de.

au fin fond : aux frontières les plus lointaines.

patronat (m) : les patrons (directeurs) des industries.

flot (m) : *ici,* arrivée massive.

croître : augmenter.

basané : ayant la peau brune.

bidonville (f) : quartier au bord d'une ville où les conditions de vie sont misérables et insalubres.

épris : *ici,* qui a une profonde admiration.

entre qui veut : toute personne qui le désire peut entrer chez nous.

réglementé : contrôlé.

xénophobie (f) : hostilité envers les étrangers.

endémique : comme une maladie qui se manifeste d'une façon constante.

filières (f pl) **du travail clandestin** : moyens de trouver un travail qui n'est pas déclaré officiellement.

démuni : pauvre.

entreprise (f) : firme, usine.

sur place : en arrivant ici.

fruste : pauvre, sans éducation.

main-d'œuvre (f) : les travailleurs.

liés à une formule : selon un système.

il lui incombe : c'est son devoir.

services (m pl) : *ici,* les emplois dans les bureaux et dans le secteur tertiaire.

De quoi s'agit-il ?

1. Pourquoi les exilés politiques sont-ils acceptés plus favorablement que les travailleurs immigrés ?

2. Pourquoi la France est-elle fière d'avoir accueilli beaucoup d'exilés politiques ?

3. Qu'est-ce qui peut provoquer la xénophobie ?

4. Quel type de travail faisait en général la main-d'œuvre étrangère ?

5. Comment les travailleurs immigrés ont-ils contribué au développement de la France ?

6. Qu'est-ce qui provoque pendant les années 80 des changements dans la situation des travailleurs immigrés en France ?

Vers la communication orale

1. A votre avis, un pays doit-il accueillir tous les réfugiés politiques ? Pourquoi ?

2. A votre avis, un pays qui fait venir des travailleurs immigrés a-t-il des responsabilités envers eux ?

3. Croyez-vous qu'il existe de bons et de mauvais étrangers ?

4. Comment l'arrivée d'immigrants a-t-elle contribué à changer le mode de vie dans votre pays ? Donnez des exemples précis.

5. Quelles seraient vos réactions si des travailleurs immigrés s'installaient à côté de chez vous ? Comment pourriez-vous les aider à s'adapter à leur nouvelle vie ?

6. Pourquoi l'idée du « droit à la différence » est-elle difficile à faire accepter ? Discutez des exemples de « différence », comme des gens séparés par la langue, les mœurs, la religion, etc.

Activité de groupe   *Une demande d'immigration*

Personnages : a) deux employés de l'Office national d'immigration;   b) une famille.

Situation : Les deux fonctionnaires interviewent une famille qui a fait une demande pour immigrer en France.

Travail écrit   Vous souhaitez passer un an en France. Vous écrivez au Consulat de France afin d'obtenir les papiers et les autorisations nécessaires. Vous expliquez les raisons de votre séjour.

Portraits de Français

1973-1983 :

Français, comme vous avez changé

Dix années de crise ont changé la société française. Les effets de ce bouleversement commencent juste à se faire sentir.

L es photos sont à peine jaunies. C'était hier, il y a dix ans. Le premier choc pétrolier. Le 6 octobre 1973, l'Egypte et la Syrie attaquent Israël. Le 17, les pays du Golfe bloquent leurs livraisons de pétrole aux Etats-Unis et aux Pays-Bas et, le 23 novembre, le cartel des pays producteurs annonce le doublement des tarifs de l'or noir. Sans doute les Français ignoraient-ils alors, comme la plupart des Occidentaux, que ces événements embrasant le Proche et le Moyen-Orient allaient si durablement et si profondément modifier leur genre de vie.

Premier coup porté à des sociétés qui se croyaient en croissance illimitée. Premiers craquements de machines économiques programmées pour l'opulence continue. Après avoir si longtemps goûté aux fruits généreux de l'expansion, les Français redécouvraient une expression oubliée : la crise. Pendant une décennie, dans leurs journaux, comme une litanie, elle allait symboliser tous leurs maux.

Encore quelques photos. A la Une des quotidiens, des clichés illustreront, durant tout l'été 1973, les rebondissements d'un conflit qui allait maintenir l'opinion française sous tension : Lip, 500 emplois en jeu. Par contre, les 7 500 suppressions d'emploi annoncées par Peugeot-Talbot, au cours de l'été 1983, ont provoqué un émoi bien moindre. Banalisation du chômage. Il y a dix ans, certains oracles n'annonçaient-ils pas que, le cap des 500 000 chômeurs franchi, l'explosion sociale était inévitable ? Il le sera, sans heurts, un an plus tard, à l'aube du septennat de Valéry Giscard d'Estaing. Celui-ci démarrera, comme celui de François Mitterrand, sur les airs du changement. Des refrains bien vite enterrés,

tant il est vrai que, comme l'a écrit le sociologue Michel Crozier, « on ne change pas une société par décrets ».

Si la vie des Français a sensiblement évolué au sein de l'entreprise avec une transformation des rapports humains, cette évolution doit plus à l'arrivée massive des femmes dans la vie active, et surtout à divers postes de commande, qu'aux quelques propositions de réforme de l'ancien ministre Pierre Sudreau. Rappelez-vous. Depuis 1974, année où Françoise Giroud est nommée secrétaire d'Etat à la Condition féminine, les Françaises ont successivement investi tous les bastions masculins : carrière préfectorale, présidence de cour d'appel, conduite de locomotive, commandement militaire, jusqu'au grade de général...

Les statisticiens peuvent bien aligner les chiffres, les journalistes égrener les faits, ils seront bien en peine de mesurer l'influence de tels phénomènes — crise, féminisation de la vie professionnelle — sur le mode de vie et sur le comportement des Français.

Déjà, la haute technologie qui campe au coin des rues modifie les

> Vie familiale ébranlée, sécurité sociale en faillite, retraites moins généreuses, « papy boom »... Les Français exorcisent les perspectives angoissantes et les inquiétudes grâce au P.m.u. et au Loto.

habitudes quotidiennes. Le premier distributeur de billets de banque est installé en 1973. Grâce à des centaines de guichets automatiques, ce sont 12 milliards de Francs qui, en 1982, ont été prélevés. L'ordinateur qui récolte promptement des impôts de plus en plus lourds, a bien du mal à faire les comptes d'une Sécurité sociale en faillite. En moins de dix ans, l'Etat-protecteur n'a-t-il pas connu son apogée, puis son déclin ? Retraites moins généreuses et surtout plus coûteuses, alors que la France découvre, sous l'effet conjugué de la démographie et des départs anticipés de la vie active, un nouveau phénomène : le « papy boom ». Addition salée et perspectives angoissantes aussi pour l'assurance-chômage et la protection de la santé. Inquiétudes souvent exorcisées grâce à des rêves de fortune : le Français joue, toujours plus. Au P.m.u., mais surtout au Loto, créé en 1976 (7 milliards de Francs d'enjeux en 1970, plus de 25 milliards en 1980).

Dernière facette de ce kaléidoscope : une vie familiale ébranlée. On se marie beaucoup moins qu'il y a dix ans, on divorce deux fois plus. Aussi les naissances hors mariage progressent-elles sensiblement (61 000 en 1971, 102 000 en 1981).

De Pompidou à Mitterrand, du premier choc pétrolier à la dévaluation du franc, du premier fast-food aux nouvelles radios libres, en dix ans, la France a bien changé. Histoire féconde, riche en mutations. Celles-ci ne furent pas sans influence sur le comportement des Français. Eux aussi ont beaucoup changé. Comment ont-ils réagi à une décennie de crise ? Quel est l'effet de cette longue récession sur leurs attitudes et leurs modes de vie?   PATRICK ARNOUX ■

Notes, Questions et Activités

Pour comprendre les connotations culturelles

le golfe : le Golfe persique.

Lip : usine de montres qui a été une des premières grosses entreprises à faire faillite. Elle employait 500 personnes et diverses solutions ont été proposées pour sauver l'entreprise. Les employés ont refusé d'accepter d'être licenciés et se sont constitués en groupe d'autogestion pour que l'usine ne ferme pas.

Peugeot-Talbot : les entreprises de construction automobile Peugeot et Talbot ont été obligées de se regrouper pour faire face à la crise automobile. Pour survivre, elles ont licencié une partie du personnel.

le septennat : le Président de la République est élu pour une période de sept ans.

Valéry Giscard d'Estaing : Président de la République de 1974 à 1981.

François Mitterrand : élu Président de la République en 1981.

la Condition féminine : département créé par le gouvernement pour améliorer la situation de la femme dans la société.

la carrière préfectorale : être nommé(e) préfet, principal fonctionnaire représentant l'Etat dans les régions et les départements.

la cour d'appel : tribunal chargé de juger les appels faits contre les décisions d'un tribunal de première instance.

la Sécurité sociale : organisme d'Etat qui rembourse les frais de maladie et qui paie les pensions et les allocations de chômage.

P.m.u. : le « pari mutuel urbain », nom du tiercé. Pour gagner le tiercé il faut avoir choisi les trois chevaux qui arriveront les premiers.

le Loto : jeu de loterie.

Georges Pompidou : Président de la République de 1969 à 1974.

radios libres : en 1982, le gouvernement a autorisé la création de radios libres appartenant à des communautés. Jusqu'à cette date, les seules stations de radio autorisées étaient des radios d'Etat.

Pour comprendre les mots

à peine jaunies : très peu jaunies par le temps, récentes.

livraison (f) : action d'apporter, de livrer.

cartel (m) : association.

or noir (m) : pétrole.

genre (m) **de vie** : style de vie.

porter un coup : donner un choc.

croissance (f) : développement.

goûter à : apprécier.

décennie (f) : période de dix ans.

à la Une : à la première page.

émoi (m) : émotion.

banalisation (f) : généralisation.

chômage (m) : manque de travail.

franchir le cap : dépasser la limite.

heurt (m) : conflit.

à l'aube (f) : *ici,* au début.

démarrer : commencer.

enterrer : *ici,* abandonner.

au sein de : à l'intérieur de.

poste (m) : fonction, emploi.

investir : *ici,* occuper.

25

égrener : *ici,* présenter.

être en peine de : avoir des difficultés à.

camper au coin des rues : *ici,* s'installer partout.

grâce à : au moyen de.

prélever : *ici,* retirer.

récolter : *ici,* collecter.

avoir du mal à : avoir des difficultés à.

en faillite : *ici,* qui a des difficultés financières.

apogée (f) : sommet.

retraite (f) : pension accordée aux personnes qui s'arrêtent de travailler à 55 ou 60 ans.

addition (f) **salée** *fam.* : coût très élevé.

angoissant : inquiétant.

assurance-chômage (f) : indemnisation accordée aux chômeurs.

exorciser : chasser.

ébranlé : qui a reçu un choc.

hors mariage : quand les parents ne sont pas mariés.

mutation (f) : changement.

De quoi s'agit il ?

1. Quel est l'événement de 1973 qui a provoqué la crise ?

2. La vie des Français dans les entreprises a-t-elle évoluée ? Quelles sont les causes de cette évolution ?

3. Qu'est-ce qui modifie les habitudes quotidiennes des Français ?

4. Pourquoi le rôle de l'Etat qui protège les citoyens contre les incertitudes de la vie va-t-il diminuer ?

5. Pour quelles raisons les Français jouent-ils davantage au P.m.u. et au Loto ?

6. Comment la vie familiale a-t-elle évolué pendant cette décennie de crise ?

Vers la communication orale

1. Quels changements ont eu lieu dans votre pays pendant ces dix années ?

2. Comment ces changements ont-ils influencé les attitudes et les styles de vie ?

3. Est-ce que des changements comparables ont eu lieu depuis 1983 ?

Activité de groupe

Attitudes et styles de vie
Recherchez dans la presse de votre pays des photos qui révèlent l'évolution des attitudes et des styles de vie. Classez les documents selon la chronologie ou selon les thèmes, discutez-les en petits groupes, puis faites un compte rendu global.

Travail écrit

Mettez à la forme affirmative cette phrase du dernier paragraphe: « Celles-ci ne furent pas sans influence sur le comportement des Français. » Ensuite, faites le résumé des mutations provoquées par la crise économique.

La forme d'abord

Qu'est-ce qui se cache derrière le boom du corps ?

L'obsession du bien-être a détrôné celle du standing. Une nouvelle trinité « forme-beauté-santé » règne sur la société. Etre bien dans sa peau devient plus important qu'être riche. Voilà sans doute l'une des révolutions les plus sensibles de la décennie. Un chiffre le souligne : le nombre de Français faisant de la gymnastique ou du footing a doublé en dix ans.

Cette explosion revêt les formes les plus diverses, du jogging au marathon, de l'aérobic aux arts martiaux, sans oublier la renaissance de la bicyclette. Sport en solitaire, exercice en commun, détente en musique, le succès est général. Les nouveaux sportifs ne sont pas amoureux des records. Chez eux, l'esprit de compétition a cédé la place à une notion plus hédoniste : se faire plaisir, voilà la règle. Aux sports d'hiver, les épreuves pour l'obtention de chamois font moins d'adeptes que le ski hors piste.

Le nouveau culte de la forme exige des sacrifices : c'est l'un des postes du budget des ménages qui augmente le plus. En revanche, on assiste à une diminution régulière des achats de vêtements.

Le boom du corps constitue sans doute le signe le plus visible des modifications en profondeur dans les relations que les Français entretiennent avec eux-mêmes, avec les autres et avec leur environnement immédiat. Ce n'est pas le seul.

Hier encore le visuel était prédominant. Aujourd'hui, les autres sens opèrent une lente reconquête. Le toucher, l'odorat, l'ouïe réclament leur part de bonheur. Les objets de la vie quotidienne accompagnent et amplifient ce mouvement. Ils ne sont plus simplement fonctionnels, mais doivent aussi procurer une forme de plaisir sensuel. Le choix d'un vêtement est de plus en plus déterminé par la qualité de l'étoffe et le confort que procure la coupe.

L'automobile elle-même s'est transformée : la conjugaison des impératifs de sécurité, de l'émergence de nouveaux matériaux et de la pénurie d'énergie a produit des voitures plus amicales au corps.

L'émancipation corporelle ne s'arrête pas à l'épanouissement des sens connus. Elle a défriché une nouvelle variété de sensations : équilibre, posture, mouvement, sensibilité thermique... Une nouvelle familiarité qui diversifie la conscience corporelle.

Une autre révolution vient souligner le triomphe du corps, la révolution sexuelle. Les adeptes du libéralisme sexuel ne sont plus des pionniers belliqueux. Au cours des dix dernières années, ils ont cessé de faire la guerre, leur combat perdant progressivement sa charge de transgression et de contestation en faveur d'une recherche plus sereine et plus naturelle. ∎

Sportifs amateurs pendant un stage de tennis : Le budget familial consacré au sport est en hausse.

Notes, Questions et Activités

forme (f) : forme physique.

être en forme : se sentir bien.

bien-être (m) : sensation de se sentir bien.

détrôner : *ici,* remplacer.

standing (m) : situation sociale.

être bien dans sa peau *fam.* : se sentir bien, se sentir à l'aise.

sensible : *ici,* évident, important.

revêtir : *ici,* prendre, avoir.

détente (f) : repos, relaxation.

épreuve (f) : examen.

chamois (m) : *ici,* médaille donnée à des skieurs qui ont atteint un certain niveau.

ski (m) **hors piste** : de longues promenades à ski dans la neige profonde.

poste (m) : *ici,* partie.

ménage (m) : *ici,* famille.

en revanche : à l'opposé.

assister à : *ici,* constater.

entretenir : *ici,* avoir.

le toucher (m)**, l'odorat** (m)**, l'ouïe** (f) : trois des cinq sens.

étoffe (f) : tissu.

procurer : donner.

coupe (f) : forme du vêtement.

émergence (f) : apparition.

matériaux (m pl) : matières.

pénurie (f) : manque.

épanouissement (m) : développement, satisfaction.

défricher : *ici,* découvrir.

belliqueux : agressif.

charge (f) : *ici,* poids.

serein : calme.

De quoi s'agit-il ?

1. Qu'est-ce qui a changé dans le style de vie des Français ?

2. Donnez des exemples de ce nouveau comportement.

3. Est-ce que ce comportement a une influence sur d'autres aspects de la vie des Français ?

Vers la communication orale

1. Pour vous, « être bien dans sa peau », est-ce important ?

2. Quand vous n'êtes pas « en forme », que faites-vous pour y remédier ?

3. Quelle part de votre temps et de votre argent consacrez-vous aux activités de détente ?

4. Votre forme physique modifie-t-elle vos relations avec les autres ? Comment ?

Activité de groupe

Choix d'un emploi

Personnages : un groupe d'ami(e)s.

Situation : Un des membres du groupe décide de quitter son travail qui lui prend trop de temps pour un autre travail, moins bien payé, mais qui lui laissera du temps libre pour des activités de détente. Chaque membre du groupe donne son avis sur cette décision et explique pourquoi, en utilisant des exemples précis.

Travail écrit

Vous décrivez l'un des changements de comportement les plus évidents dans votre pays.

En avant la musique

Les mélomanes français sont de plus en plus nombreux. Ils aiment écouter mais aussi jouer et chanter.

Les Français, en dix ans, se sont découvert une passion pour la musique. Cette révolution mélodieuse se lit d'abord dans les statistiques. En 1976, un ménage sur dix possédait une chaîne haute fidélité ; aujourd'hui, on compte une chaîne pour trois foyers. La vente des cassettes a été multipliée par vingt en dix ans. Le nombre des auditeurs réguliers de France Musique a augmenté de 50 % en un an. Les nouveaux mélomanes se recrutent tout particulièrement parmi les jeunes et les ouvriers spécialisés. La musique a un rôle croissant dans les films comme dans les chansons.

Mais les Français ne se contentent pas d'écouter de la musique ou de la lire. Mieux, ils la font. En 1970, trois millions de personnes possédaient un instrument de musique. En 1983, leur nombre atteint cinq millions...

A cet engouement s'ajoute un autre phénomène marquant : la vogue des chorales. Le raz de marée du chant « convivial », en groupe, illustre une révolution musicale de masse, une recherche émotionnelle que les spécialistes baptisent « bio-socio-émotivité ». Le chant n'est plus l'apanage des jeunes filles de bonne famille ou des dévotes. Il passionne toutes les couches de la population. Chanter procure en effet de multiples satisfactions : rencontres renouvelées, plaisir sensuel d'émettre des sons, modification du rapport avec soi-même et avec les autres. ■

Notes, Questions et Activités

Pour comprendre les connotations culturelles

France Musique : station de radio qui offre essentiellement des programmes de musique classique.

les ouvriers spécialisés (O.s.) : ouvriers sans qualifications précises, qui font les travaux les moins spécialisés.

Pour comprendre les mots

ménage (m) : famille.

chaîne (f) **haute fidélité** : appareil stéréophonique.

foyer (m) : famille.

auditeur (m) : personne qui écoute la radio.

mélomane (m ou f) : personne passionnée de musique.

croissant : qui augmente.

atteindre : arriver à.

engouement (m) : passion.

marquant : remarquable.

vogue (f) : mode, popularité.

raz (m) **de marée** : *ici*, développement énorme.

dévote (f) : personne attachée aux pratiques religieuses.

couche (f) : catégorie.

émettre : produire.

rapport (m) : relation, lien.

De quoi s'agit-il ?

1. Qu'est-ce qui révèle la nouvelle passion des Français pour la musique ?

2. Cette passion est-elle passive ou active ?

3. Pourquoi les chorales sont-elles devenues très populaires ?

Vers la communication orale

1. Quel genre de musique préférez-vous ?

2. Où préférez-vous écouter la musique ?

3. Jouez-vous d'un instrument de musique ?

4. Faites-vous partie d'une chorale ou d'un orchestre ? Quelles satisfactions cette activité vous procure-t-elle ?

Activité de groupe
Une réunion publique
Personnages : les habitants du quartier.

Situation : Dans votre quartier, la municipalité projette d'organiser des activités musicales. Une réunion a lieu pour faire des propositions et décider celles qui seront adoptées.

Travail écrit
Vos voisins ont formé un petit orchestre et jouent souvent tard le soir avec des amis. Vous leur écrivez pour leur demander de jouer à des heures raisonnables ou de trouver un autre local.

L'autorité déboulonnée

A la table familiale, au travail, dans la rue, partout, l'autorité fait place à l'autonomie.

L'autorité est une valeur en baisse. Dans toutes les cellules de la société, de la famille à l'armée, de l'entreprise à l'administration. Sanctionnée plus souvent qu'elle n'est confortée par les nouvelles lois, elle se dilue ou, plutôt, change de forme.

Dans la famille, d'abord. En 1974, un Français sur deux (exactement 53 %) estimait que le père de famille devait commander chez lui. En 1982, un Français sur trois seulement (35 %) partage cette conviction. Le pouvoir n'est plus ce qu'il était. La loi l'a d'abord partagé entre les deux époux. Elle l'a rogné lorsqu'elle a accordé la majorité aux enfants dès 18 ans. Elle a modifié les règles du jeu en assouplissant le divorce (1975). Le « petit mariage » — expression plus gracieuse que celle de concubinage — a acquis droit de cité et respectabilité, la Sécurité sociale elle-même en prenant acte, en 1978, lorsqu'elle a reconnu des droits aux concubins. Toute cette évolution du droit recouvre un changement des mœurs : à l'autorité d'un seul s'est substituée peu à peu l'influence de plusieurs.

L'entreprise n'est pas épargnée par cette évolution. Cadres et patrons séquestrés, chefs d'entreprise condamnés par les tribunaux, autant de signes d'un phénomène profond : le respect de la hiérarchie n'est plus un tabou. La leçon a été entendue : dans bien des firmes, on préfère, aujourd'hui, une organisation souple, finement ramifiée, au modèle autoritaire et centralisé d'antan. Les agents de maîtrise qui réussissent à s'imposer le doivent moins, désormais, à leurs galons qu'à leur savoir-faire et à leur personnalité.

Ce phénomène de dilution est sensible à tous les niveaux de la société. Les mots d'ordre des centrales syndicales, qui contrôlent moins étroitement leur base, sont moins écoutés. Le code de la route est moins respecté. Les ordonnances médicales, elles-mêmes, ne sont plus scrupuleusement suivies. La mode n'est plus imposée par les seuls « grands » : à côté du style dicté par les collections foisonnent des modes nées dans la rue, de tout et de rien. Une manière de se dérober à la règle, de rester libre de son choix. Il s'agit moins de contester l'autorité établie comme en 1968, que d'y échapper. Pour préserver son autonomie. Bref, l'autorité est désormais moins combattue qu'inefficace, moins refusée que délaissée. ∎

Avec la majorité à 18 ans, les jeunes d'aujourd'hui échappent plus tôt à l'autorité parentale.

Notes, Questions et Activités

Pour comprendre les connotations culturelles

la majorité à 18 ans : le 5 juillet 1974, le Parlement français a voté une loi fixant à 18 ans l'âge auquel une personne devient responsable devant la loi et a le droit de vote. Auparavant la majorité était fixée à l'âge de 21 ans.

la Sécurité sociale : voir « Connotations » p. 25.

les cadres : personnel appartenant à la catégorie supérieure des employés et occupant des postes de responsabilité dans une entreprise. On distingue entre les cadres supérieurs, qui sont chargés de hautes responsabilités, et les cadres moyens, qui sont chargés de responsabilités moins importantes.

les agents de maîtrise : techniciens qui forment les employés d'une entreprise.

une centrale syndicale : un syndicat national qui défend les intérêts des travailleurs comme la C.g.t. (Confédération générale du travail).

1968 : en mai 1968, une révolte des étudiants français contre les autorités universitaires s'est transformée en une grève générale de tous les travailleurs pour protester contre les structures rigides de l'organisation sociale et du pouvoir.

Pour comprendre les mots

déboulonné : *ici,* renversé.

en baisse : en diminution.

conforter : renforcer.

époux (m pl) : le mari et la femme.

rogner : diminuer.

règle (f) **du jeu** : convention.

assouplir : faciliter.

concubinage (m) : état d'un couple vivant comme mari et femme sans être marié.

acquérir droit de cité : être admis.

prendre acte : reconnaître.

mœurs (f pl) : coutumes, habitudes.

séquestré : *ici,* enfermé dans un bureau par les employés.

ramifié : divisé.

antan : autrefois.

galon (m) : *ici,* grade, titre.

mot (m) **d'ordre** : instruction stricte, règlement.

base (f) : les adhérents du syndicat.

ordonnance (f) **médicale** : prescription, feuille où le médecin indique les médicaments à acheter.

« grands » : *ici,* grands couturiers.

foisonner : abonder.

se dérober : échapper.

délaisser : abandonner.

De quoi s'agit-il ?

1. Quels changements concernant l'autorité ont eu lieu a) dans la famille et b) dans l'entreprise ?

2. Donnez d'autres exemples de la dilution de l'autorité dans la société.

3. Pourquoi essaie-t-on d'échapper à l'autorité aujourd'hui ?

Vers la communication orale

1. A votre avis doit-il y avoir un « chef de famille » ? Pourquoi ?

2. Pourquoi les gens se marient-ils de moins en moins ?

3. En quoi une organisation souple est-elle préférable pour une entreprise ?

4. Faites-vous une différence entre le respect du code de la route et celui des ordonnances médicales ? Justifiez votre opinion.

Activité de groupe *Une crise familiale*
Personnages : a) parents (le père, la mère, la grand-mère); b) enfants (Corinne 19 ans, Paul 17 ans).

Situation : Paul annonce qu'il souhaite quitter la maison, abandonner ses études et aller habiter dans une autre ville. Ses parents et sa sœur essaient de le dissuader.

Travail écrit Selon le journaliste, les « modes nées dans la rue » sont une expression de liberté. Dites ce que vous pensez de cette réflexion.

Le prêt-à-porter social

Il devient de plus en plus difficile de distinguer les classes sociales d'après les signes extérieurs.

La nouvelle mosaïque sociale prend corps, lentement, sûrement. Reléguant chaque fois un peu plus l'imagerie populaire qui faisait hier de l'avocat d'affaires un membre éminent de la « grande bourgeoisie », de l'employé de banque un « petit-bourgeois », du chauffeur-livreur un « travailleur ». Il était aisé, au fond, autrefois, de déceler au premier coup d'œil qui était ingénieur, cadre moyen, ouvrier spécialisé. Chacun portait son uniforme, les marques de sa condition. Tâche infiniment plus délicate aujourd'hui. Explication simple : l'éventail des styles de vie s'est resserré avant l'éventail des salaires.

Une étude récente portant sur les modes de vie des jeunes femmes (21-35 ans) de milieu populaire fait ainsi apparaître de surprenantes similitudes avec ceux qui sont affichés par des femmes plus aisées : chez les unes comme chez les autres, le nombre de voitures est à peu près identique ; la machine à laver la vaisselle d'un F-4 de Bagnolet ne diffère pas de celle d'un hôtel particulier de Neuilly ; la durée comme le type de vacances se ressemblent de plus en plus. Ne demeure, au fond, qu'un seul véritable facteur d'inégalité sociale : l'habitat. Pour le reste, les petits signes extérieurs (voiture, vêtement), qui faisaient hier la différence, deviennent de plus en plus flous. Ce nouveau nivellement touche d'ailleurs le domaine de l'imaginaire, la pensée, la parole. Le feuilleton « Dallas », le magazine « Paris-Match » recrutent aussi bien leurs fans chez les cadres que chez les ouvriers. Les idées émises, les mots employés, les tournures de phrase utilisées dans une conversation, une interview, ne permettent plus de distinguer avec certitude qui est encore « bourgeois » et qui est « prolétaire » ; et seule l'intonation permet de localiser un peu mieux qui est des « beaux quartiers » et qui n'en est pas.

En clair, la population française voit se créer une immense classe moyenne, au sein de laquelle, paradoxalement, cette égalisation s'opère par la diversité. En ce sens que le Français de 1983 ne s'identifie plus aux « puissants », comme avait l'habitude de le faire le Français traditionnel. Il emprunte à côté, en haut, en bas de la pyramide. Il ne se contente plus de choisir un seul modèle, il les embrasse tous. ∎

Notes, Questions et Activités

Pour comprendre les connotations culturelles

un cadre moyen : voir « Connotations » p. 31.

un ouvrier spécialisé : voir « Connotations » p. 29.

un F-4 : un appartement de quatre pièces.

Bagnolet : quartier populaire situé à l'est de Paris.

un hôtel particulier : grande maison de style ancien habitée par une famille riche.

Neuilly : quartier très riche à l'ouest de Paris.

« Dallas » : feuilleton télévisé américain qui a eu un grand succès en France.

les « beaux quartiers » : les quartiers résidentiels élégants et riches.

Pour comprendre les mots

prêt-à-porter (m) : vêtements fabriqués en série (à la différence des vêtements fabriqués sur mesure).

mosaïque (f) : ensemble d'éléments différents.

prendre corps : prendre forme.

reléguer : *ici*, rendre faible.

chauffeur-livreur (m) : employé qui apporte la marchandise.

aisé : *ici*, facile.

au fond : en réalité.

déceler : découvrir.

au premier coup d'œil : à première vue.

éventail (m) : différence.

se resserrer : diminuer.

de milieu populaire : de la classe ouvrière.

afficher : *ici*, montrer en public.

aisé : *ici*, riche.

demeurer : rester.

habitat (m) : logement.

flou : incertain.

nivellement (m) : égalisation.

tournure (f) **de phrase** : expression.

au sein de : dans.

s'opère : *ici*, se produit.

embrasser : prendre.

De quoi s'agit-il ?

1. Pourquoi est-il plus difficile aujourd'hui de différencier les classes sociales par le style de vie ?

2. Quelles sont les similitudes et les différences dans le mode de vie en milieu populaire et en milieu aisé ?

3. Quels sont les modèles qui inspirent aujourd'hui le comportement de la classe moyenne ?

Vers la communication orale

1. Quelle est votre image a) d'un membre de la grande bourgeoisie; b) d'un membre de la petite bourgeoisie; c) d'un travailleur ?

2. Peut-on remarquer des différences entre ces trois personnes quand on les rencontre dans la rue ?

3. Qu'est-ce qui distingue les « beaux quartiers », les quartiers de la classe moyenne et les quartiers populaires ?

4. Comment peut-on passer d'une catégorie sociale à une autre ?

Activités de groupe

Un voyage dans le temps
Une machine à remonter le temps met successivement en présence des avocats d'affaires, des employés de banque et des livreurs vivant à des époques différentes. Les étudiants jouent des rôles différents et décrivent une journée typique de leur vie.

La publicité et les classes sociales
Apportez en classe des magazines qui s'adressent à des publics différents. Relevez dans des publicités des signes qui indiquent une classe sociale et discutez du style de vie présenté dans chaque magazine.

Travail écrit

« La population française voit se créer une immense classe moyenne », écrit le journaliste. La même évolution se produit-elle dans votre pays ?

Les trois familles de la France

L'observation des diverses attitudes des Français
révèle que la France est divisée... en trois.

La famille des critiques

Cette famille comprend deux groupes, d'importance égale, mais bien différents : les « dynamiques » et les « exaspérés ».

Les « dynamiques » : 10 %

Groupe le plus aisé, le plus haut placé dans l'échelle sociale (il est en majorité composé de cadres et de membres des professions libérales), il présente la plus forte proportion de Français ayant une activité professionnelle. Il ne comprend ni les plus jeunes ni les plus vieux. De tous les groupes, c'est celui qui a le sentiment de vivre le plus vite. Les « dynamiques » s'intéressent à tout, se sentent le plus stimulés et ressentent le plus d'émotions positives. Leur travail les intéresse plus que ce n'est le cas pour les autres. Ils disposent de beaucoup d'économies, ne restreignent pas leur consommation, mais hésitent devant des achats importants. Individuellement, ils sont heureux, mais tout va mal autour d'eux : « Les gens sont très mécontents. » De tous les autres, ce sont eux qui se montrent le moins fiers d'être français, n'ayant pas confiance dans l'avenir ni dans la monnaie. Ce sont les plus hostiles aux syndicats.

Seuls, ils pensent en majorité (70 %) que les revenus doivent être proportionnés aux efforts personnels, et non aux besoins. Ils portent le jugement le plus sévère sur la capacité de la France (comparée à ses voisins) à « gérer la crise ».

Les « exaspérés » : 10 %

Bien différent du précédent, ce groupe comprend cependant des Français appartenant aux mêmes tranches d'âge. Beaucoup plus féminin, il compte de nombreux ouvriers. Les « exaspérés » vivent vite, mais voudraient aller tout doucement. Essoufflés dans la course de l'existence, ils se sentent privés de tout : considération, argent, loisirs. Ils se plaignent de devoir rogner sur tout, même sur les plus innocents plaisirs de la vie : faire un cadeau, recevoir des amis, se préparer un bon petit plat ou aller au restaurant. Ayant deux fois plus de traites à payer que les autres, ils n'ont donc rien économisé une fois le mois écoulé. Ils redoutent le plus de perdre leur emploi et pensent qu'il leur faudrait au moins un an pour en retrouver un.

Ça n'est pas pour autant que le groupe place sa confiance dans l'action des syndicats : leur rôle lui paraît néfaste et il n'en attend rien. Mais il est le plus « prêt » à faire grève et se distingue par le fait d'être seul à penser fortement que la suppression des privilèges pourrait améliorer sa condition. Il est « ouvert » aux formules les plus radicales pour supprimer le chômage (renvoyer les immigrés chez eux, faire la chasse aux faux chômeurs). Il est composé pour moitié de travailleurs manuels.

La famille des impliqués

Composée en majorité de gens qui travaillent et se sentent concernés par les changements de la société, elle se divise en deux groupes, les « vigilants » et les « insouciants ».

Les « vigilants » : 20 %

Un groupe plutôt féminin, actif, principalement composé d'employés, de cadres moyens et d'ouvriers de 25 à 50 ans. Il se sait dans une situation personnelle difficile (il est endetté), mais, malgré tout, se considère un peu plus favorisé que la moyenne. Il fait tout ce qu'il peut pour s'en sortir : c'est lui qui renâcle le moins aux économies, surtout d'énergie. Les « yeux ouverts », il s'intéresse à l'actualité politique, économique et sociale, en France et à l'étranger. Mais il n'a guère le sentiment que son action individuelle lui permette vraiment d'améliorer sa situation. Il fonde sa confiance dans les syndicats : toutes leurs revendications lui apparaissent importantes, mais plus encore celles qui sont relatives à la participation des salariés dans la conduite des entreprises. Il est prêt à approuver des mouvements de grève, voire à y participer.

Les « insouciants » : 22 %

Frère illégitime du premier, ce groupe, qui présente à peu près la même composition sociale et politique, apparaît très voisin — encore que plus jeune dans l'ensemble. Partageant les préoccupations et les bonheurs de la moyenne des Français, il se distingue du groupe des « vigilants » par une ignorance totale des économies. Les « insouciants » n'ont ni plus ni moins d'argent devant eux que les autres, mais ils savent se débrouiller sans trop d'efforts. Ils partagent la même confiance dans les syndicats et dans la légitimité de leurs revendications.

La famille des spectateurs

Les « paisibles » : 24 %

Les plus nombreux, mais aussi les plus âgés, parmi lesquels on compte le plus de retraités. Ce groupe vit le plus lentement, mais aimerait aller un peu plus vite. Il contraste fortement avec tous les autres : tout va bien pour lui dans tous les domaines. Il profite de tous les plaisirs de l'existence et a le sentiment que les « choses vont comme il veut ». Aussi les « paisibles » sont-ils attachés à leur bonheur, à leur bien-être personnel. Ils ont des économies, continuent à en faire et se classent parmi les plus favorisés par rapport à la moyenne des Français.

Deux groupes plutôt passifs et attentistes, mais également bien différents : les « paisibles » et les « délaissés ».

Les « délaissés » : 14 %

Le plus féminin de tous les groupes. Il compte, comme le précédent, beaucoup de retraités et de personnes âgées, mais aussi un nombre important d'agriculteurs et d'ouvriers. Il y a quelques années, on aurait parlé des « laissés-pour-compte de l'expansion ». Catégorie la moins cultivée (70 % de ses membres n'ont pas dépassé le stade de l'école primaire), c'est celle qui voudrait vivre le plus lentement, bien qu'elle mène déjà une existence au ralenti. On a l'impression que la vie se déroule à côté des « délaissés » ou qu'ils en sont exclus. Ils s'ennuient beaucoup, ne s'intéressent à rien et n'ont pas connu d'instants de bonheur.

Avec celui des « exaspérés », c'est le seul groupe à se considérer comme défavorisé par rapport à la moyenne des Français. Il a le sentiment de ne rien pouvoir faire pour améliorer sa situation. Il ne porte aucun jugement sur la façon dont la France gère la crise. Il est, avec celui des « paisibles », le plus hostile à la grève, mais pas plus que les autres ne juge illégitimes les revendications des syndicats.

Les préoccupations

Pour vous et votre famille, quelles sont les préoccupations les plus importantes à l'heure actuelle ? *	
Le chômage, l'emploi, la sécurité de l'emploi	**34 %**
Les problèmes financiers personnels (19 %) familiaux (6) (remboursements d'emprunts, etc.)	**25**
Les problèmes économiques liés à l'inflation et à la vie chère	**23**
La santé. La maladie. La mort	**20**
L'avenir des enfants	**15**
La guerre (4 %). Les tensions internationales (10).............	**14**
Votre avenir personnel	**10**
Des problèmes intimes personnels	**10**
Des problèmes familiaux personnels.....................	**7**
Autres (la violence, l'insécurité : 6 % ; l'éducation des enfants : 6 ; l'avenir de la France : 6 ; les loisirs : 5 ; etc.).....................	**25**
Ne se prononcent pas	**6**

Les bons et les mauvais moments

Vous est-il arrivé récemment, c'est-à-dire depuis trois mois...*	
d'offrir un cadeau à l'un de vos proches............................	**64 %**
d'aller au cinéma, au théâtre ou au stade	**37**
de lire un livre	**64**
d'acheter un billet de loto ou de tiercé	**41**
de recevoir chez vous des amis ou de la famille................	**90**
de faire une promenade en voiture	**78**
d'aller au restaurant en famille ou avec des amis	**55**
de décider à l'improviste de vous offrir quelque chose	**46**
de faire du sport	**33**
d'avoir un accrochage en voiture	**6**
d'être victime d'un vol...	**6**
de ne pas vous sentir en sécurité dans la rue	**19**
d'avoir besoin de voir un médecin......................................	**55**
de vous faire « rouler » en faisant un achat.......................	**22**
d'avoir à payer une dépense à laquelle vous ne vous attendiez pas du tout telle que : un dépannage de voiture, de télé, amende, impôt, etc	**41**

(Suite à la page 38)

Les centres d'intérêt

(*) Total supérieur à 100 % en raison de réponses multiples possibles.

Enquête effectuée par Gallup-Faits et Opinions, du 15 au 30 septembre 1982, auprès d'un échantillonnage national de 1 000 personnes représentatif de la population française, âgée de 18 ans et plus, selon la méthode des quotas.

Notes, Questions et Activités

Pour comprendre les connotations culturelles

les cadres : voir « Connotations » p. 31.

les professions libérales : professions où l'on ne dépend pas d'un patron, par exemple les professions de médecin, d'avocat, d'architecte, etc.

les syndicats : organisations qui défendent les intérêts des travailleurs.

le revenu ou les revenus : argent que l'on gagne; s'y ajoutent les rentes, les actions, etc.

les salariés : les travailleurs qui reçoivent un salaire.

Pour comprendre les mots
La famille des critiques

aisé : riche.

échelle (f) **sociale** : hiérarchie sociale.

ressentir : éprouver.

disposer de : avoir.

économies (f pl) : argent en réserve.

restreindre : limiter.

fier : content, satisfait.

« gérer la crise » : faire face à la crise économique.

tranche (f) : *ici,* catégorie.

doucement : calmement, lentement.

essoufflé : *ici,* fatigué, épuisé.

course (f) : l'action de courir, de faire des efforts pour avancer.

privé de : sans.

rogner sur qqch. : diminuer les dépenses sur qqch.

un bon petit plat : nourriture que l'on aime.

traite (f) : somme à payer régulièrement pour rembourser une dette.

écouler : passer.

redouter : avoir très peur.

pour autant : pour cela.

néfaste : très mauvais.

faire grève : cesser le travail.

faire la chasse : poursuivre.

La famille des impliqués

insouciant (m) : personne qui ne prend pas la vie au sérieux.

être endetté : avoir des dettes.

s'en sortir : sortir d'une situation difficile.

renâcler le moins à qqch. : accepter le plus volontiers qqch.

fonder : baser.

revendication (f) : demande.

entreprise (f) : firme, société.

voire : et même.

voisin : proche.

encore que : quoique.

se débrouiller : *ici,* trouver une solution à leurs problèmes d'argent.

La famille des spectateurs

attentiste : qui attend que quelque chose se passe.

paisible : tranquille.

délaissé : abandonné.

retraité (m) : personne qui **a** cessé de travailler à 55 ans ou 60 ans et qui reçoit une pension.

bien-être (m) : *ici,* confort.

laissé-pour-compte (m) : victime, personne rejetée.

stade (m) : niveau.

au ralenti : au rythme lent.

se dérouler : se passer.

défavorisé : désavantagé.

Le sondage

emprunts (m pl) : argent prêté par une banque.

proches (m pl) : membres de la famille.

stade (m) : terrain de sport.

à l'improviste : sans y avoir réfléchi auparavant.

accrochage (m) : accident léger.

se faire « rouler » : être trompé(e) sur le prix ou sur la qualité.

dépannage (m) : réparation.

amende (f) : somme d'argent à payer pour ne pas avoir respecté le règlement.

De quoi s'agit-il ?

1. Quel est le groupe le plus défavorisé ?

2. Quel est le groupe dans lequel il y a le plus de retraités ?

3. Quel est le groupe le plus aisé ?

4. Quel est le groupe le plus prêt à faire la grève ?

5. Quel est le groupe en faveur de la participation des salariés dans les entreprises ?

6. Quel est le groupe qui se débrouille sans trop d'efforts ?

7. A partir des réponses données aux questions de l'enquête, qu'est-ce que vous pourriez dire sur le comportement des Français ?

Vers la communication orale

Illustrez votre réponse aux questions suivantes en donnant des exemples précis :

1. Est-ce que les choses vont bien ou mal autour de vous ?

2. Approuvez-vous ou désapprouvez-vous la politique du gouvernement de votre pays ?

3. Etes-vous content(e) ou mécontent(e) de votre situation personnelle ?

4. Les revenus doivent-ils être proportionnés aux efforts personnels ou aux besoins ?

5. Comment peut-on faire des économies ?

6. Avez-vous confiance dans l'avenir ?

Activité de groupe

Les trois familles

La classe se divise en groupes représentant une des catégories de famille. Chaque étudiant(e) choisira de jouer le rôle d'une personne définie par son âge, sa profession, son revenu, son milieu social, son opinion sur la société et sur le gouvernement. Après une discussion à l'intérieur de chaque famille, on comparera les points de vue des trois familles.

Travail écrit

1. Imaginez qu'une de vos connaissances fasse partie d'une des trois familles décrites dans l'article. Faites son portrait.

2. Faites le récit d'un bon ou d'un mauvais moment de votre vie.

Etre ouvrier

La classe ouvrière s'alarme. Mais la crise la pousse au « chacun pour soi ».

Dans la Grand-Rue qui conduit aux usines Peugeot, à Sochaux, le Café-Restaurant de la Gare est le rendez-vous des ouvriers. Assis au fond de la salle, deux hommes fourbus dévorent une potée. Chez Peugeot, on fait les 3 × 8. Eux, cette semaine-là, sont « du matin » : embauche 4 h 45, débauche 13 h 15.

Bernard Cuny est O.s. à la chaîne « carrosserie » : quinze ans de maison, 3 300 Francs net par mois. Veste de velours usée, col roulé qui bâille, le journal « Libération » dans la poche. C'est un militant du P.s.u., syndiqué à la C.f.d.t.

Préretraite et chômage partiel

Michel Mathie est O.s. depuis vingt ans à l'atelier « tôlerie » : 3 700 Francs net. Lui n'est pas syndiqué, et ne lit guère que le quotidien local « L'Est

républicain ». Son « truc », c'est la chasse. Il y consacre 5 000 Francs par an. Lorsque Cuny manifeste à Plogoff ou voyage en Yougoslavie à la recherche de l'autogestion — ses seuls loisirs — Mathie, lui, part traquer le sanglier en Alsace. L'un aime la politique, l'autre son fusil. Mais ils appartiennent au même univers : la chaîne.

Leur conversation au Café de la Gare ne roule ni sur Lech Walesa ni sur Ronald Reagan. Mais sur leur vie de tous les jours, leur vie en bleu de travail chez Peugeot. Sur leur avenir. En deux ans, plus de 4 000 travailleurs ont quitté l'usine : immigrés remerciés avec une prime, intérimaires en fin de contrat, « vieux » mis à la préretraite. Le matin même, par une indiscrétion de son contremaître, Mathie a appris que la production de « 305 » allait être réduite de 160 par jour. Pas besoin de lui faire un dessin : le chômage partiel, c'est pour demain.

La classe ouvrière s'alarme. Plus un travailleur ne traite les chômeurs de fainéants. Car tous, ou presque, en ont un dans leur famille. Mais la crise économique ne les pousse pas à l'action collective. Elle favorise au contraire le « chacun pour soi ».

La machine est rendue, pour une part, responsable du chômage. Dans le textile, notamment. Mme de Saenynck, qui travaille chez Vienne & Bonduel, explique : « Avant, il y avait un ouvrier par métier ; aujourd'hui, il y en a un pour quinze métiers. Allez donc comprendre d'ailleurs pourquoi le tissu est encore plus cher... » Elle a

Une crise mondiale

plus peur encore de l'ordinateur : « Quand j'entends ce mot, j'ai un pressentiment : on va licencier. » Le mari de Mme de Saenynck, âgé de 57

La journée finie, Michel Mathie et Bernard Cuny passent une heure à discuter dans le Café-Restaurant de la Gare.

ans, l'a été cinq fois, licencié : « La dernière, pendant six mois, il ne m'a pas dit un mot, le soir, à mon retour du travail. »

La maison de Claude Hanon se trouve 27 bis, rue Latérale, à Roncq, dans le Nord. Aide-magasinier à 3 500 Francs net par mois, il travaille depuis l'âge de 14 ans. Et il en a 54. Issu d'une famille catholique de quatorze enfants — son père était débardeur à Saint-Omer — il milita jusqu'en 1968 à la C.f.t.c. de son usine. « En 1968, ils voulaient tout changer. Comme s'il ne fallait pas des patrons pour donner du travail aux ouvriers. Alors, j'ai laissé tomber. » La crise du textile, il ne nie pas qu'elle ait des conséquences douloureuses. Son gendre vient d'être licencié. « Mais c'est une crise mondiale. Ce n'est tout de même pas la faute des patrons. »

André Deswarte, conducteur de machine polyvalent chez les Willot, n'a que 26 ans. Quatre-vingt-dix kilos, tatoué, père de deux enfants, il compte bientôt acheter la maison qu'il loue 420 Francs par mois rue de Verdun, dans un quartier ouvrier d'Armentières. « Cela ira chercher, dit-il, dans les 8 à 10 millions. »

« On vit mieux que nos parents. »

Deswarte gagne 3 400 Francs par mois. Sa femme 2 500 Francs. Il en épargne 1 500 pour la maison « quand les enfants ne sont pas malades ». Le mobilier, ils l'ont : télé couleur, petite chaîne Hi-Fi, table en verre fumé. Dans la rue, une Simca Horizon toute neuve, achetée avec un crédit de trente mois. « On vit tout de même mieux que nos parents, dit-il. Eux, ils n'avaient pas l'apéritif. » Et Deswarte sort trois verres et une bouteille de bordeaux. A-t-il entendu parler des usines qui ferment ? « Oui, mais ce n'est pas la faute du gouvernement si les patrons vont là où la main-d'œuvre est moins chère. Ils sont libres. » Un temps d'arrêt : « Et puis, n'exagérons pas, si je voulais travailler le dimanche, je pourrais. » Et s'il était licencié ? « J'irais dans le bâtiment ou la métallurgie, on trouve toujours. »

Malgré la crise économique, Mme de Saenynck continuera à s'occuper de la chorale de Roncq. Hanon bricolera toujours, le week-end, chez ses enfants. Et Deswarte ira, le samedi, en famille, boire une pinte et faire du lèche-vitrines au centre commercial de Villeneuve-d'Ascq. S'il a un peu d'argent, il ira même déjeuner au self du supermarché Auchan, la « sortie » préférée des ouvriers de la région lilloise. La crise n'a pas vraiment changé leurs conditions de vie.

Notes, Questions et Activités

Pour comprendre les connotations culturelles

les usines Peugeot : usines de construction des automobiles Peugeot, situées à Sochaux, dans l'Est de la France.

les 3 × 8 : l'usine fonctionne jour et nuit, vingt-quatre heures sur vingt-quatre. Trois équipes d'ouvriers se relaient, travaillant chacune pendant huit heures.

O.s. : « ouvrier spécialisé », ouvrier sans qualifications précises.

3 300 Francs net : somme que reçoit le salarié, déduction faite des cotisations de la Sécurité sociale (assurance-maladie) et des cotisations pour la retraite.

quinze ans de maison : cet ouvrier travaille depuis quinze ans dans cette usine.

« Libération » : journal anticonformiste de gauche qui a été créé dans l'esprit des mouvements contestataires des étudiants de 1968.

le P.s.u. : le Parti Socialiste Unifié, parti politique situé à gauche du Parti Socialiste.

la C.f.d.t. : la Confédération française démocratique du travail, grand syndicat dont la plupart des adhérents soutiennent le Parti Socialiste. La C.f.d.t. est en faveur de l'autogestion (gestion d'une entreprise par le personnel).

Plogoff : petite ville de Bretagne où des manifestations ont eu lieu pour s'opposer à la construction d'une centrale nucléaire.

la chaîne : chaîne de fabrication automatisée pour la production de masse. Le travail à la chaîne est un travail fastidieux et monotone.

Lech Walesa : porte-parole de « Solidarnosc », syndicat libre des ouvriers polonais.

Ronald Reagan : Président des Etats-Unis.

« 305 » : modèle de voiture Peugeot.

la C.f.t.c. : la Confédération française des travailleurs chrétiens.

1968 : voir « Connotations » p. 31.

lilloise : de Lille, grande ville du nord de la France.

Pour comprendre les mots

fourbu : très fatigué.

potée (f) : plat composé de porc bouilli et de légumes.

embauche (f) : *ici*, commencement du travail.

débauche (f) : *ici*, arrêt du travail.

carrosserie (f) : corps métallique de la voiture.

qui bâille : *ici*, qui n'a plus sa forme serrée.

atelier (m) « **tôlerie** » : partie de l'usine où l'on travaille le métal qui sera utilisé pour la carrosserie de la voiture.

quotidien (m) : journal qui paraît chaque jour.

truc (m) *fam.* : *ici*, passe-temps favori.

traquer : chasser.

sanglier (m) : porc sauvage.

bleu (m) **de travail** : vêtement de travail, en général de couleur bleue.

remercier : *ici*, licencier, renvoyer.

prime (f) : somme d'argent supplémentaire.

intérimaire (m ou f) : employé(e) temporaire.

préretraite (f) : retraite anticipée, c'est-à-dire avant l'âge normal de la retraite.

contremaître (m) : personne responsable d'une équipe d'ouvriers.

chômage (m) **partiel** : réduction du temps de travail et du salaire.

fainéant (m) : paresseux.

métier (m) : *ici,* métier à tisser, machine.

aide-magasinier (m) : personne qui travaille dans un dépôt de marchandises.

issu : *ici,* enfant.

débardeur (m) : ouvrier qui charge et décharge les navires, les camions.

militer : lutter pour ou contre une cause.

laisser tomber : abandonner.

tout de même : cependant.

polyvalent : qui a plusieurs activités différentes.

cela ira chercher *fam.* : elle coûtera.

épargner : mettre de l'argent de côté.

apéritif (m) : boisson que l'on prend avant le déjeuner ou le dîner.

bordeaux (m) : vin de la région de Bordeaux.

main-d'œuvre (f) : les ouvriers.

bâtiment (m) : industrie de construction des bâtiments.

bricoler : faire de petits travaux de réparation.

pinte (f) : *ici,* bière.

faire du lèche-vitrines *fam.* : se promener en regardant les magasins.

self (m) : restaurant self-service.

« sortie » (f) : promenade en dehors de la maison pour s'amuser.

De quoi s'agit-il ?

1. Qu'est-ce que Bernard Cuny et Michel Mathie ont en commun ?

2. Y a-t-il un point commun entre Mme de Saenynck et le gendre de Claude Hanon ?

3. Quels sont les sujets d'inquiétude des ouvriers ?

4. Comment André Deswarte voit-il l'avenir ? Pourquoi ?

Vers la communication orale

Faites le portrait de : 1. Bernard Cuny, 2. Michel Mathie, 3. Mme de Saenynck, 4. Claude Hanon et 5. André Deswarte, en complétant un tableau où figurent les éléments suivants : Secteur d'activité; Profession; Dénomination de l'atelier; Salaire; Age; Situation familiale; Lectures; Opinions politiques; Inquiétudes; Loisirs. Ensuite, complétez le même tableau pour différents types d'ouvriers de votre pays. Comparez et commentez les différences.

Activités de groupe

Une mauvaise nouvelle
Personnages : a) la direction des usines Peugeot; b) les ouvriers (des syndiqués, des indifférents, des optimistes, des pessimistes).

Situation : La direction annonce aux ouvriers que la production de « 305 » va être réduite dans les mois à venir. Les ouvriers posent des questions pour savoir ce qui va leur arriver.

Comment s'en sortir
Personnages : une famille d'ouvrier.

Situation : Un des membres de la famille vient de recevoir une lettre de licenciement. Au cours du repas du soir, la famille parle des conséquences dramatiques de cette nouvelle et envisage des solutions.

Travail écrit

Vous travaillez depuis _____ ans dans l'usine de _____ située à _____. Décrivez les conditions de travail et le comportement des autres ouvriers.

Métiers : les rois du village

Le bonheur existe encore ! La preuve, nous l'avons
trouvé chez les habitants de Lyons-la-Forêt.

On m'avait dit : « Tu verras. » Tu vas aller dans un petit village, tu verras le plombier, le boucher, le notaire, l'électricien ; tu verras : on va sûrement te dire que ça a changé, que le plus heureux des métiers, c'est non plus celui de médecin ou de notaire, comme avant, mais celui de plombier ou de réparateur de télé, parce qu'on se les arrache, mais celui de cantonnier, parce qu'il vit en plein air.

Je suis allée voir.

Chef-lieu de canton de huit cents habitants au nord des Andelys, dans l'Eure, Lyons-la-Forêt vit surtout le week-end. C'est ce qui lui permet de vivre toute l'année. Que cet ancien bourg rural se soit raccroché au tourisme, pas étonnant. D'abord, il y a sa proximité de Paris (à peine 100 km). Et ses jolies demeures intactes des XVIIe et XVIIIe siècles. Et surtout la forêt, magnifique : 11 000 ha de bois tout autour, la plus belle hêtraie de France.

Sur la place Benserade, jeudi matin, il gèle. Au milieu, la vieille halle du XVIIIe est vide. En haut, un panneau de bois porte un avertissement anachronique : « Il est interdit d'attacher les chevaux. »

« Ça date du temps du marché de la paie du lait, précise une fragile dame aux joues roses. Tous les troisièmes jeudis du mois, les fermiers du canton se rassemblaient ici ; c'était une jolie foire, pas comme maintenant, ajoute-t-elle, nostalgique. Vous ne voyez plus une poule, plus un canard, plus un lapin. Et quand une fermière veut du beurre, elle vient l'acheter à l'épicerie. »

Je regarde autour de moi : un pâtissier, un boucher, un antiquaire, un agent immobilier, des affiches pour la prochaine vente aux enchères, une publicité pour le club de tennis. Vit-on heureux à Lyons-la-Forêt ?

En poussant la porte de la mercerie-librairie-maison de la presse, je crois être sur la bonne piste. Au sourire radieux qu'il me décroche, au temps qu'il prend pour me parler du temps qu'il fait — « Le froid a chassé le crachin, notre ciel normand a pris un coup de soleil » — j'ai tout à coup la conviction que c'est lui, l'homme le plus heureux du village, Lucien Janez, le libraire. On n'est pas aussi aimable quand on n'aime pas son métier. Je lui pose la question, il raconte.

Avant, il était comptable à Paris. Il vivait en banlieue : 15 km le matin, 15 km le soir. Un jour, il en a eu assez. Il y a sept ans qu'il est libraire à Lyons... Alors ? Alors, douze heures de travail par jour, la préparation des journaux le matin, le ficelage des

invendus le soir, pas de jour de fermeture, sauf le dimanche après-midi, et, depuis sept ans, jamais de vacances avec Liliane, sa femme, qui tient la mercerie. « Les journaux arrivent tous les jours, il faut que l'un de nous soit là... » Alors, à tour de rôle, ils emmènent leur fils en vacances. « On prendrait bien quelqu'un, il y aurait du travail pour un ménage, ici, mais on n'a pas les moyens. »

Le bonheur ? Le bagne, oui. Pour contrebalancer, il me parle de sa passion des livres et des journaux, de la joie de vivre au milieu de la nature — il en profite quand, de la nature ? — du plaisir qu'il a d'être en contact avec les gens. Ça, on le croit sur parole. C'est vrai qu'on n'arrive pas à les trouver malheureux, les Janez. De là à leur donner la médaille du Bonheur professionnel, non !

D'ailleurs, à qui vais-je la décerner, cette médaille ? Pas au boucher, qui se lève, l'été, à 5 heures pour désosser ses carcasses, reste jusqu'à 20 heures pour nettoyer l'étal et n'a pas pris de vacances depuis qu'il est là. Ni au charcutier, qui n'a jamais fermé un week-end. Encore moins aux ouvriers forestiers, qui, pour 3 500 Francs par mois, s'enfoncent dans la forêt par tous les temps, qu'il pleuve, qu'il neige, qu'il vente, pour planter, nettoyer, avec, parfois, des ronces jusqu'à la taille. Pas même à M. le Curé, qui, chaque dimanche, court d'une commune à l'autre pour dire la messe : Beauficel, 9 heures ; Lorleau, 9 h 45 ; Lyons, 10 h 45. Cela ne lui laisse guère le temps de dialoguer avec ses ouailles.

Et pourtant, j'ai peut-être tort. Car, à aucun moment, l'un d'entre eux ne s'est plaint de sa profession. Ni de travailler trop ni d'être mal dans sa

Lucien Janez a fait son choix. Il a préféré trimer 12 heures par jour dans son village à la vie de banlieusard. Résultat : son sourire.

peau. Tous, en revanche, m'ont parlé des relations détendues avec les gens, du bonheur de vivre à la campagne. « Ce sont des remèdes pour Parisiens, les vacances, les loisirs. C'est bon pour les cadres ou les journalistes, m'a dit l'un d'eux. Nous, ici, on est heureux de travailler, on n'a pas besoin de temps libre. »

Peut-être. Ils se font quand même une certaine idée du bonheur professionnel, les habitants de Lyons. Une idée qui ne me convient pas du tout. En tout cas qui bouscule tous mes a priori. Chaque fois que j'ai demandé : « Qui est le plus heureux ici ? », il m'a été répondu : « C'est le Dr Collard. » Bien sûr, on envie un peu Mme Dauliat, la directrice d'école, « qui est logée dans une belle maison » (l'ancien couvent des bénédictines), « qui est bien payée et qui fait de petites journées ». On envie l'antiquaire aussi, Mme Noblet, « qui vit au milieu de beaux objets ». Mais, surtout, on cite le notaire, Me Fisset, et le Dr Collard.

Diable ! Les valeurs traditionnelles restent décidément profondément ancrées dans les esprits, comme si rien n'avait changé depuis Flaubert et « Madame Bovary ». C'est toujours la déférence inconditionnelle à l'égard des notables. Et que dire de l'autre classe, celle des nobles, des grandes familles, ceux à qui l'on fait des frais, mais oui, parce qu'ils s'appellent « de quelque chose ».

Je vais quand même voir le plombier. A 31 ans, Didier Gambu est un artisan actif. Avec quatre ouvriers, il fait marcher la petite affaire de plomberie-chauffage-électricité créée par son père. « C'est un type formidable, il vous dépanne à minuit si vous avez un pépin », m'avait-on dit. C'est vrai, Gambu n'a pas d'horaires. Nous sommes dimanche et le téléphone

Mme Dauliat, la directrice d'école.

sonne. Une chaudière a éclaté. Il trouvera le moment de réparer dans la journée. « Les gens sont tellement habitués à leur confort qu'ils vous appellent en urgence, comme le médecin », dit-il. Gambu ne se plaint pas : « Quand on prend un métier, il ne faut pas le faire à contrecœur. » Et puis, il connaît tout le monde, cela lui plaît. « En ville, un plombier, c'est un numéro de téléphone. Ici, les gens restent attachés à leurs artisans. » Cela ne l'empêche pas de prendre des vacances (un mois en août) ou d'aller au cinéma avec sa femme. « Il faut vingt minutes pour aller à Rouen : c'est vite fait. » Je lui décernerais bien le premier prix du Bonheur professionnel, à Didier Gambu. Mais, à Lyons, personne ne l'a cité.

Le Bonheur professionnel

En contrebas de la rue de l'Hôtel-de-Ville, le cabinet médical ouvre directement sur la mairie. Depuis 1977, le Dr Collard est devenu M.

le Maire : « Il paraît que c'est vous, l'homme le plus heureux de Lyons ? — C'est vrai, me répond-il sans façon. La situation d'un médecin de campagne est tout à fait privilégiée. » Il m'explique : « D'abord, c'est un métier passionnant, rien à voir avec les généralistes en ville, qui sont devenus des centres d'aiguillage. A la campagne, le médecin exerce toutes les disciplines, y compris la petite chirurgie ou la gynécologie. Il y a encore dix ans, je pratiquais les accouchements à domicile. » Ensuite, la considération : « Le médecin fait partie des élites, comme le notaire ou le pharmacien : c'est à ma profession que je dois mon élection. » Et encore : « C'est un métier qui permet des contacts avec toutes les couches de la société, qui offre des avantages matériels indiscutables. Je suis sûrement l'un de ceux qui gagnent le mieux sa vie ici. »

J'évoque la tranquillité du cantonnier. Eclat de rire : « D'abord, ici, il n'y a pas de cantonnier. C'est un syndicat de communes qui entretient les routes. Et puis, mon père était cantonnier. Nous étions huit enfants. Je vous assure qu'aucun n'a voulu devenir cantonnier. » Ses enfants à lui, en revanche, seront médecins.

Cela paraît trop idyllique. Je risque une dernière objection : « Le téléphone sonne sans arrêt. Vous devez être tout le temps dérangé ? — C'est vrai, me répond-il, je travaille de douze à quatorze heures par jour, et, quand je suis de garde, c'est vingt-quatre heures sur vingt-quatre. Mais le travail ne me fait pas peur, et puis, il y a les vacances ! » Ses vacances ? Quinze jours l'hiver avec sa femme, dans leur chalet à la montagne. Quatre semaines l'été, dans leur maison du Midi. Il a gagné ! Je lui décerne les palmes du Bonheur professionnel.

SOPHIE DÉCOSSE ■

Le bonheur du Docteur Collard, alias Monsieur le Maire : de longues journées, des avantages matériels, de longues vacances et un statut social privilégiè.

Notes, Questions et Activités

Pour comprendre les connotations culturelles

l'Eure : département situé en Normandie. Sur le plan administratif, un département est divisé en arrondissements, en cantons et en communes.

les cadres : voir « Connotations » p. 31.

les bénédictines : religieuses appartenant à l'ordre de Saint-Benoît.

Gustave Flaubert (1821–1880) : écrivain dont le roman célèbre *Madame Bovary* décrit la vie dans une ville de Normandie.

un notable : personne qui occupe une place importante dans la société à cause de sa situation.

les nobles : les familles appartenant à l'ancienne aristocratie portent un nom qui contient *de*.

Rouen : ville principale de Normandie, située sur la Seine.

le Midi : le Sud de la France.

Pour comprendre les mots

notaire (m) : officier public qui reçoit et authentifie les actes et les contrats officiels. On appelle le notaire « Maître » (M^e).

on se les arrache : *ici,* tout le monde a besoin d'eux.

cantonnier (m) : ouvrier qui entretient les routes.

chef-lieu (m) : ville principale.

bourg (m) : gros village.

se raccrocher à : s'attacher à.

étonnant : surprenant.

demeure (f) : belle maison importante.

ha : hectare, mesure équivalent à dix mille mètres carrés.

hêtraie (f) : forêt de hêtres.

marché (m) **de la paie du lait** : marché où les fermiers du canton venaient vendre les produits de leurs fermes.

agent (m) **immobilier** : personne qui s'occupe de la vente et de la location d'appartements, de maisons ou de terrains.

vente (f) **aux enchères** : vente où les objets sont vendus à l'acheteur qui propose le plus haut prix.

sur la bonne piste : sur le bon chemin, dans la bonne direction.

radieux : très heureux.

décrocher un sourire : faire un sourire à qqn.

crachin (m) : pluie fine.

comptable (m) : personne responsable de comptes financiers.

ficelage (m) : action d'attacher qqch. avec de la ficelle.

invendu (m) : journal qui n'a pas été vendu.

à tour de rôle : l'un après l'autre.

les moyens (m pl) : l'argent nécessaire.

bagne (m) : travail forcé très pénible.

contrebalancer : compenser.

croire sur parole : croire sans difficulté ce que dit qqn.

décerner : attribuer, donner.

désosser : enlever l'os ou les os.

étal (m) : table où la marchandise est exposée.

ronce (f) : plante ou branche qui a des épines.

ouailles (f pl) : fidèles.

être mal dans sa peau : ne pas se sentir à l'aise.

détendu : décontracté, calme.

remède (m) : médicament.

bousculer : modifier.

a priori (m) : idée préconçue.

diable ! : interjection qui exprime la surprise.

ancré : fixé solidement.

faire des frais : *ici,* faire des efforts.

artisan (m) : personne qui fait un travail manuel et qui travaille à son propre compte.

affaire (f) : entreprise commerciale.

dépanner : réparer qqch. qui est en panne.

pépin (m) *fam.* : difficulté, complication.

chaudière (f) : récipient qui contient de l'eau chaude.

à contrecœur : contre sa volonté.

en contrebas : en-dessous.

cabinet médical (m) : pièce où le médecin reçoit ses clients.

passionnant : très intéressant.

généraliste (m ou f) : médecin qui fait de la médecine générale.

aiguillage (m) : orientation.

discipline (f) : *ici,* spécialité.

accouchement (m) : naissance.

couche (f) : *ici,* catégorie.

de garde : de service.

De quoi s'agit-il ?

1. Qu'est-ce qui attire aujourd'hui les touristes à Lyons-la-Forêt ?

2. Qu'est-ce qui a changé dans la vie du village ?

3. Quels sont les métiers cités ?

4. Quel a été le premier métier de Lucien Janez ? Que fait-il maintenant ? A-t-il la même vie ?

5. Quels sont les mauvais côtés des métiers du boucher, du charcutier et du plombier ? Est-ce qu'ils se plaignent de leur vie ?

6. Quels sont, pour les gens du village, les habitants les plus heureux ? Pourquoi ?

7. Comment le Dr Collard juge-t-il sa vie ?

8. L'opinion de la journaliste change-t-elle à mesure que son enquête progresse ?

Vers la communication orale

1. A votre avis, qui a le métier le plus heureux du village ? Justifiez votre opinion.

2. Est-ce que les métiers d'autrefois ont changé ? Y a-t-il de nouveaux métiers dans le village ? Donnez des exemples.

3. Quels seraient, pour vous, les avantages et les inconvénients de vivre dans ce village ?

4. Les villages dans votre pays sont-ils semblables ou différents ? Comparez les métiers et les conditions de travail.

Qui est-ce ?

Un(e) étudiant(e) choisit d'être une des personnes décrites dans l'article. Les autres
étudiant(e)s essaient de découvrir qui il (elle) est en lui posant des questions sur sa vie
de tous les jours. (On n'admet pas les questions directes sur le nom et la profession.)

L'évolution des métiers : « Plus de cerveaux, moins de bras »

Par groupes de quatre étudiant(e)s, discutez les raisons pour lesquelles de plus en plus
de postes seront créés dans les métiers répertoriés ci-dessous. Quel est le rôle des
nouvelles technologies dans cette évolution ? Certains métiers risquent-ils de
disparaître ?

Etats-Unis : les plus fortes progressions de l'emploi
Accroissement 1978-1990

Mécaniciens sur machines de traitement de données	+ 147,6 %
Juristes	+ 132,4 %
Analystes	+ 107,8 %
Opérateurs informatiques	+ 87,9 %
Ingénieurs aéronautiques	+ 73,6 %
Personnel de restauration	+ 68,8 %
Gardiens de prison	+ 60,3 %
Architectes	+ 60,2 %
Hygiénistes dentaires	+ 57,9 %
Kinésithérapeutes	+ 57,6 %
Assistants dentaires	+ 57,5 %
Puériculteurs	+ 56,3 %
Vétérinaires	+ 56,1 %
Agents de voyages	+ 55,6 %

Source : Ministère du Travail des Etats-Unis

Travail écrit Vous passez les vacances chez un(e) de vos ami(e)s qui décrit avec enthousiasme sa
profession et ses avantages, trouvant même des aspects positifs à ses inconvénients.
Vous racontez cette conversation dans une lettre à un(e) ami(e) qui connaît également
cette personne.

L'autre solution : inventer son emploi

Beaucoup d'imagination et de travail, ainsi que le goût de l'indépendance... voilà les nouveaux ingrédients du succès !

Sophie de Menthon

« Le sourire s'entend au téléphone » : c'est grâce à ce paradoxe que Sophie de Menthon a créé sa société de services. Sa nouveauté : bien utilisé, le téléphone peut être un argument de vente. Elle propose aux entreprises d'enseigner à leur personnel — de la standardiste au P.d.g. — l'art de se servir du téléphone. « On ne converse pas de la même manière que dans un face-à-face, dit-elle. Le débit doit être plus lent, et il y a des expressions interdites. »

Mais Sophie de Menthon a d'autres ambitions que la formation. Elle met aussi à la disposition des entreprises gourmandes de sondages ou d'enquêtes par téléphone ses 33 collaboratrices. La plupart d'entre elles travaillent à domicile. Une facilité qui est un peu à l'origine de l'entreprise de Sophie de Menthon.

A 23 ans, lassée d'enseigner l'anglais à des lycéens parisiens, elle cherche un emploi qui lui permette d'élever ses deux enfants. Elle se fait embaucher comme enquêtrice par une agence de publicité. Plutôt que de déambuler dans la rue, elle pose ses questions par téléphone. A partir de là, tout s'enchaîne. Et, en 1979, elle crée son entreprise. Depuis, elle a fait des adeptes. Et, dans le marketing téléphonique, elle s'est fait des concurrents.

Le sourire au téléphone.

Jean-Luc Lefebvre

L'industrie ? Quel produit nouveau peut-on fabriquer ? En trouvant la réponse à cette question, Jean-Luc Lefebvre, un solide barbu de 27 ans, est devenu P.d.g. Ses matières premières : des jaunes et des blancs d'œufs. Ses machines : d'immenses congélateurs. Installée dans la zone industrielle de Torcy (Seine-et-Marne), la Maison du soufflé, son entreprise, fabrique 7 000 soufflés surgelés par jour.

Ancien cuisinier, il entre à Air Liquide comme conseiller technique pour l'utilisation du froid. Il se fait à lui-même un pari. Prouver que, même pour un produit difficile à réaliser, le surgelé est un bon système. Il tente son expérience sur le soufflé, ce cauchemar des cordons-bleus. Et il réussit.

Jean-Luc Garnier

Le convoyage de bateaux, un avenir professionnel ? Plutôt une occasion d'assouvir sa passion de la mer. A condition de ne pas être trop exigeant sur la rémunération et la régularité du travail. Jean-Luc Garnier, 30 ans, s'y est essayé. Au point de passer la moitié de l'année en mer. L'an dernier, il a parcouru 10 000 milles nautiques : à peu près quatre fois la traversée de l'Atlantique. Par périodes de quatre jours à quatre semaines. Sans compter, entre-temps, les séjours à terre. Sans rémunération. Car le convoyage de bateaux représente tous les aléas d'un travail saisonnier. Pas de problèmes de mai à octobre, lorsqu'il faut conduire les bateaux là où leurs propriétaires passent leurs vacances. En revanche,

Une passion devient profession.

Jean-Luc Lefebvre mise sur le soufflé surgelé.

les autres mois de l'année, les convoyeurs doivent se partager les commandes des constructeurs et des organisateurs de courses.

Pas facile, en plus, d'obtenir une rémunération. Certes, des tarifs officieux existent : de 2 000 à 3 000 Francs pour ramener un bateau du Havre dans un port breton, 10 000 Francs pour les quatre semaines que dure la traversée de l'Atlantique.

La meilleure façon de voler...

Arnaud de Villars

Les loisirs ? Un marché immense, mais où l'imagination se fait rare. En réhabilitant la montgolfière, Arnaud de Villars, 41 ans, séduit quelques adeptes des sports aériens. Descendant d'un maréchal de France sous Louis XIV, il fait ses études chez les jésuites. Diplômé de mathématiques supérieures, il entre dans la marine comme officier de pont. Mais il s'y ennuie et opte pour l'aviation. Air France l'embauche comme mécanicien sur Boeing 707. Mais en 1972 il démissionne. Comme d'autres s'offrent une voiture de sport, il achète alors une montgolfière, ce moyen de voler découvert en 1783 par les hommes. Très vite, il décide de créer une école. Mais il attendra deux ans pour obtenir les autorisations nécessaires. Depuis, plus de la moitié des 154 pilotes de montgolfière ont été formés par lui. Mais les adeptes du vol en montgolfière restent une minorité. Pour une heure de navigation, il en coûte environ 500 Francs.

Heureusement, il compte parmi ses clients quelques publicitaires qui, pour l'anniversaire d'un magasin, lui demandent de faire voler son ballon.

A condition que la météo ne fasse pas de caprices : un orage qui menace, un vent trop fort, et il faut tout annuler.

Mais il préfère ces aléas aux contraintes des horaires de bureau. Même si ses revenus sont plus irréguliers.

FRANÇOISE CHIROT ■

Notes, Questions et Activités

Pour comprendre les connotations culturelles

le P.d.g. : le Président directeur général d'une entreprise.

Louis XIV : roi de France de 1643 à 1715.

les jésuites : membres de la Compagnie de Jésus, ordre religieux fondé en 1540. Les études que l'on fait dans les écoles dirigées par les jésuites ont la réputation d'être très sérieuses.

la Seine-et-Marne : département proche de Paris.

Pour comprendre les mots

1. **courant** (m) : *ici,* domaine.

   de pointe : avancé(e).

   standardiste (f ou m) : téléphoniste.

   débit (m) : vitesse de parole.

   gourmand de : qui aime beaucoup.

   embaucher : recruter, engager.

   enquêtrice (f) : femme qui fait une enquête.

   déambuler : marcher sans but précis.

   s'enchaîner : se présenter comme conséquence logique.

   adepte (m ou f) : *ici,* personne qui aime cette activité.

2. **matière** (f) **première** : matériau brut.

   congélateur (m) : freezer.

   soufflé : plat fait d'une pâte très légère qui monte à la cuisson.

   surgelé : congelé très rapidement.

   pari (m) : *ici,* défi.

   cauchemar (m) : sujet d'angoisse.

   cordon-bleu (m ou f) : excellent(e) cuisinier(ière).

3. **convoyage** (m) : transport.

   assouvir : satisfaire.

   aléa (m) : risque, hasard.

   saisonnier : qui appartient à une saison.

   course (f) : compétition.

4. **réhabiliter** : *ici,* redécouvrir.

   montgolfière (f) : ballon.

   séduire : enchanter.

   démissionner : quitter son travail.

   former : entraîner.

   publicitaire (m) : personne qui crée des publicités.

   météo (f) : météorologie, conditions atmosphériques.

   caprice (m) : changement soudain.

   menacer : *ici,* risquer d'éclater.

   annuler : supprimer.

   contrainte (f) : obligation.

   revenus (m pl) : l'argent que l'on reçoit.

De quoi s'agit-il ?

1. Quels sont les services que Sophie propose aux entreprises ?

2. Comment a-t-elle eu l'idée de cette activité ?

3. Quels points communs les activités de Jean-Luc Garnier et d'Arnaud de Villars ont-elles ?

4. Quel a été le point de départ de l'entreprise de Jean-Luc Lefebvre ?

5. Qu'est-ce que les activités des quatre personnes ont en commun ?

Vers la communication orale

1. Avez-vous une idée précise du travail que vous allez exercer quand vous aurez terminé vos études ?

2. Y-a-t-il d'autres activités qui vous tenteraient ? Quels en seraient les avantages et les inconvénients ?

3. A votre avis, quelles sont les qualités personnelles nécessaires pour créer une entreprise ? Choisissez, dans la liste suivante, celles qui vous paraissent essentielles, secondaires : avoir une passion; avoir des idées; remettre en question les idées reçues; avoir une formation très spécialisée; avoir l'esprit d'entreprise; être disponible; avoir beaucoup d'argent; avoir le goût du risque; être joueur; être tenace; être ambitieux (ambitieuse).

Activité de groupe

Des emplois à inventer

Au cours d'un dîner quatre ami(e)s se plaignent d'avoir un travail ennuyeux. L'un(e) d'entre eux (elles) lance l'idée de créer tous (toutes) les quatre une petite société. Quel type d'entreprise vont-ils (elles) créer ? Quel sera le rôle de chaque personne dans l'entreprise ?

Travail écrit

Vous écrivez un article pour un magazine sur une personne qui a pris le risque d'abandonner son métier d'origine et de se lancer dans une activité complètement nouvelle.

Styles de vie

Peut-on encore manger français ?

Le pain quotidien du citadin français n'est plus ce qu'il
était : l'estomac reçoit le nécessaire, peu importe le goût.
La cuisine française n'est plus que l'ombre d'elle-même.

Les deux images ne coïncident plus. D'un côté, la France de Rabelais, qui se voit toujours comme la terre privilégiée des plaisirs de la table. De l'autre, les réalités : des aliments standardisés aux dépens de leur saveur ; des repas de midi grignotés ou avalés au snackbar. Tout cela sur fond de crise économique.

« Nulle part dans le monde, on ne mange aussi bien qu'en France », affirment 77 % des personnes interrogées. A côté de la gastronomie prestigieuse et coûteuse subsiste une valeur sûre : la « cuisine de la patronne », affectueusement mitonnée, que cette patronne soit celle du foyer ou du troquet qui vous traite comme l'enfant de la maison.

Malheureusement, en ville, ces troquets-là se raréfient. La cuisine et le service demandent trop de temps au client pressé et ne permettent pas au restaurateur d'avoir le débit rapide qui lui assurerait des bénéfices. Ce qui se multiplie, en revanche, ce sont les lieux où l'on s'alimente. L'estomac y reçoit son carburant comme le réservoir d'une voiture. Désormais, en France, une personne active sur deux ne rentre pas déjeuner chez elle.

Le restaurant classique se fait doubler par les barbares qu'il avait méprisés : la cantine, le self-service, le fast-food, la croissanterie. C'est le grand secteur en développement dans l'alimentation à l'extérieur. Avec des espérances de recettes, car 30 % du budget alimentaire des Français est dépensé hors du foyer. Nourriture utilitaire qui procure calories et vitamines. Ce type d'alimentation commence à être le pain quotidien de l'habitant des villes.

La restauration à la française peut-elle se concilier, dans la qualité, avec les contraintes du plateau repas ? Peut-on encore manger français ? Deux phénomènes inverses semblent se compenser. D'une part, la mobilité géographique fait accepter comme normaux des produits qui déconcertaient la génération précédente : les merguez, les avocats, les kiwis se retrouvent au self-service du déjeuner comme sur la table familiale du dîner. S'y ajoutent les épices venues du monde entier : piments, harissa, curry ; et même la bouteille de ketchup. Ingrédients trop souvent utiles comme masques gustatifs, pour égayer jusqu'à l'indiscrétion une cuisine devenue fade.

Car, dans l'autre sens, la variété des produits savoureux du terroir français s'est réduite. Si l'on saupoudre de cannelle le gâteau de pommes caramélisées, c'est pour compenser artificiellement le manque de saveur des goldens. Que faire d'autre à partir de fruits sans goût, alors qu'on voudrait déguster au naturel des reines de reinettes, des calvilles rouges et des grand-alexandre ? Sur les deux cents variétés de pommes qui poussent en France dans les jardins particuliers, les pépiniéristes n'en proposent plus qu'une douzaine. Les marchands se limitent le plus souvent à trois : golden, granny smith et canada.

En quinze ans, la proportion des dépenses de nourriture dans le budget des ménages français est passée de 30 à 22 %. Une baisse comparable s'observe dans les pays développés à mesure que le niveau de vie s'élève. Les Français ont dépensé plus dans d'autres domaines, comme la santé et les télécommunications.

Reste le fumet de la nostalgie. Parmi les plats dont rêvent les Français arrivent en tête la langouste et les fruits de mer, aliments coûteux. Mais ensuite vient le gigot : produit typique du terroir, il évoque les petits plats campagnards de grand-mère. La revanche contre le plateau du repas rapide.

ALAIN de PENANSTER ∎

Quelques bons produits du terroir dont rêvent les Français.

Les Français et la cuisine

La gastronomie

Pour vous, la gastronomie...

...est un des grands plaisirs de
la vie .... 30 %
...est un plaisir sans plus.................. 51
...ne vous intéresse pas 18
Sans réponse 1

Diriez-vous que vous-même, ou votre conjoint, consacrez trop de temps, juste ce qu'il faut ou pas assez de temps à faire la cuisine.

Trop de temps............................ 10 %
Juste ce qu'il faut 65
Pas assez de temps 24
Sans réponse 1

Les économies

Y a-t-il, parmi les suivants, des produits alimentaires que vous achetiez en temps normal et sur lesquels vous êtes obligé de vous restreindre ?

Apéritifs.................................... 38 %
Charcuterie 32
Pâtisserie................................... 32
Vin 26
Viande, autre que volaille.............. 25
Poisson...................................... 17
Fruits... 10
Légumes...................................... 7
Autres produits alimentaires 13
Aucune restriction sur ces produits .. 34

Les préférences

Lorsque vous pensez à un bon repas, quel serait le plat principal qui vous ferait le plus plaisir ?

Langouste, homard, fruits de mer.... 13 %
Poisson....................................... 11
Gigot 10
Autre viande (blanquette,
pot au feu, etc.)............................. 8
Grillade 7
Plat étranger (paella, méchoui, etc.). 7
Rôti de bœuf 6
Plat régional (foie gras,
choucroute, fondue, etc.) 6
Canard, poulet (autre volaille)......... 6
Lapin, gibier (chevreuil, faisan,
etc.).. 4
Autres plats.................................. 8
Sans réponse 14

Total supérieur à 100 en raison des réponses multiples possibles.

La cuisine française...

Y a-t-il, selon vous, un pays dans le monde où l'on mange mieux qu'en France ?

Non .... 77 %
Oui 8
Sans réponse................................. 15

...et les autres

Parmi les pays suivants, quel est, selon vous, celui où l'on mange le mieux et celui où l'on mange le plus mal ?

	Le mieux	Le plus mal
Italie...........................	25 %	4 %
Suisse	21	1
Espagne.......................	12	8
Allemagne....................	10	8
Belgique......................	8	2
Grande-Bretagne...........	3	45
Etats-Unis....................	2	15
Sans réponse................	18	17

Pour chacune des cuisines étrangères suivantes, dites si vous l'aimez ou bien si vous ne l'aimez pas.

	Aime	N'aime pas	Sans réponse
Italienne	73 %	15 %	12 %
Espagnole	52	26	22
Marocaine	45	29	26
Chinoise	38	30	32
Vietnamienne	31	25	44
Grecque	21	22	57
Antillaise.....................	20	19	61

Sondage réalisé par Gallup-Faits et Opinions du 27 au 29 avril 1983 auprès d'un échantillonnage de 808 personnes représentatives de la population française âgée de 18 ans et plus. Méthode des quotas.

Notes, Questions et Activités

Pour comprendre les connotations culturelles **François Rabelais** (1494–1553) : auteur de la *Vie inestimable du grand Gargantua, père de Pantagruel* dont les deux héros adorent les grands repas et la cuisine succulente.

le self-service; le fast-food : expressions empruntées à l'anglais. Dans un restaurant self-service, les clients se servent eux-mêmes. On dit souvent « restaurant rapide » au lieu de « fast-food ».

la croissanterie : nom inventé pour indiquer un magasin où l'on vend des croissants de toute sorte.

le plateau repas : repas qui est servi sur un plateau dans une cantine ou dans un restaurant rapide.

Marocain(e) : du Maroc, pays d'Afrique du Nord.

Antillais(e) : la Martinique et la Guadeloupe font partie des Antilles françaises.

Pour comprendre les mots **artisanat** (m) : activité de l'artisan (personne qui fait un travail manuel).

alimentaire : concernant l'alimentation, la nourriture.

inaltérable : permanent.

aux dépens de : en sacrifiant.

saveur (f) : goût caractéristique.

grignoter : manger très peu.

avaler : *ici,* manger très vite.

sur fond de : dans un contexte de.

coûteux : cher.

subsister : continuer à exister.

patronne (f) *fam.* : *ici,* femme qui dirige un petit restaurant; maîtresse de maison.

mitonner : préparer avec soin.

troquet (m) : petit café-restaurant de quartier.

se raréfier : devenir moins nombreux.

pressé : qui doit se dépêcher.

débit (m) : *ici,* nombre de clients.

en revanche : à l'opposé.

carburant (m) : *ici,* essence.

personne (f) **active** : personne qui travaille.

doubler : *ici,* dépasser, surpasser.

recette (f) : bénéfice.

hors de : à l'extérieur de.

le pain quotidien : la nourriture de tous les jours.

se concilier avec : s'adapter à.

déconcerter : surprendre.

merguez (f) : saucisses piquantes, spécialité d'Afrique du Nord.

kiwi (m) : petit fruit exotique.

comme masques gustatifs : pour cacher le goût.

égayer : rendre plus agréable.

fade : sans goût.

terroir (m) : campagne.

saupoudrer de cannelle : verser de la cannelle en poudre sur.

déguster : apprécier le goût de.

pépiniériste (m ou f) : personne qui cultive et vend les jeunes plantes.

ménage (m) : famille.

à mesure que : en même temps que.

télécommunications (f pl) : *ici,* achat de postes de télévision, de magnétoscopes, de cassettes vidéo, etc.

fumet (m) : odeur agréable.

fruits (m) de mer : les huîtres, les moules, etc.

gigot (m) : plat d'agneau ou de mouton.

les petits plats (m pl) : la nourriture préparée avec soin et que l'on aime.

Le sondage   conjoint (m), conjointe (f) : mari, femme.

se restreindre : se limiter.

charcuterie (f) : jambon, saucisson, pâté, etc.

volaille (f) : poulets, canards, etc.

blanquette (f) : morceaux de veau servis avec une sauce à la crème et au vin blanc.

pot (m) au feu : morceaux de viande et de légumes cuits ensemble.

paella (f) : plat espagnol à base de riz, de poulet et de tomates.

méchoui (m) : mouton à la broche, plat d'Afrique du Nord.

plat (m) régional : le foie gras du Périgord; la choucroute alsacienne (l'Alsace); la fondue savoyarde (la Savoie).

De quoi s'agit-il ?   1. Qu'est-ce qui caractérise la cuisine traditionnelle (artisanale) et la cuisine industrielle ? Donnez des exemples de chaque type de cuisine.

2. A quel type de cuisine est-ce que l'on associe les plaisirs de la table ?

3. Pourquoi l'attitude des Français envers les plaisirs de la table change-t-elle ?

4. Quelle évolution peut-on observer dans leurs habitudes alimentaires à l'heure du déjeuner ?

5. Quel type de restaurant trouve-t-on de moins en moins ? Qu'est-ce qui est en train de le remplacer ?

6. Comment le budget des ménages français a-t-il évolué ?

7. Qu'est-ce qui montre que les Français préfèrent la cuisine traditionnelle ?

Vers la communication orale   1. Quel type de nourriture mangez-vous le plus souvent ? Pourquoi ?

2. Faites-vous la cuisine ? Quelle sorte de cuisine ? Quel plat réussissez-vous le mieux ?

3. Dans le choix d'un restaurant, quelle importance accordez-vous aux plaisirs de la table et aux prix ?

4. Comme cadeau, on vous offre le choix entre trois séances de cinéma et un repas dans un grand restaurant. Que choisissez-vous ? Pourquoi ?

5. Vous êtes en France. En vous inspirant du sondage, composez le menu que vous allez choisir dans un petit restaurant et dans un grand restaurant.

Activités de groupe   *Le sondage*
Posez au plus grand nombre de personnes possibles les questions du sondage sur « La cuisine française et les autres ». Comparez les réponses avec celles des Français. Qu'est-ce que les différences révèlent ?

La fin d'une tradition
Personnages : a) le patron et la patronne d'un petit restaurant; b) les clients du restaurant.

Situation : Un self-service vient d'ouvrir. Le petit restaurant de la rue voisine qui sert une cuisine traditionnelle va fermer à la fin du mois. Les clients essaient de convaincre les patrons du petit restaurant de ne pas fermer.

Travail écrit   Vous êtes journaliste. Vous devez préparer un article sur les restaurants de votre ville. Décrivez un restaurant où vous avez dîné et donnez vos impressions sur la qualité de la cuisine, le prix, le service et le décor du restaurant.

Les fantaisies des fast-foudeurs

L'ingéniosité française pénètre le marché du fast-food.

Le hamburger cède-t-il le pas au bœuf provençal « rapide » ?

Faste « fast-food » ! En France, 350 établissements étaient ouverts à la fin de 1982. On estime qu'en 1990 ils seront un millier de « restaurants rapides » à servir cinq millions de repas quotidiens.

Surprise : nourriture symbole du fast-food, le hamburger n'occupe que 33 % du marché. Il est battu par les « viennoiseries », qui représentent 60 % de la nourriture pour gens pressés. Les 7% qui restent, sont dispersés dans d'autres formules : pizzas, sandwiches, etc.

Malgré son nom, la viennoiserie est une invention bien française. La formule de base repose sur trois pâtes : croissant, feuilleté et brioche. Au « pur bœuf » des McDonald's et Burger King, les « fast-foudeurs » français — néologisme hardi mais professionnel — répondent par le « pur beurre ». Un Breton de Brest, Louis Le Duff, fait un malheur, non seulement en France, mais aussi aux Etats-Unis, avec sa chaîne de produits « viennois », La Brioche dorée, 90 millions de chiffre d'affaires en 1982. Ce qui n'empêche pas certains industriels de l'alimentation rapide de jouer allègrement sur les deux tableaux : exemple, le Pain Jacquet, qui fabrique déjà la majorité des « buns » (les petits pains ronds) des hamburgers, exploite en France et aux Etats-Unis une soixantaine de points de vente à l'enseigne de La Croissanterie.

La palme de l'originalité dans le « fast-food à la française » revient sans conteste aux Grands Moulins de Paris, qui ont créé la Franquette : dans une demi-baguette est glissée une barquette de plat cuisiné surgelé. Selon des recettes bien de chez nous : poulet basquaise et bœuf provençal. Le tout est réchauffé au four à micro-ondes. Bref, un repas complet dans un pain long. La baguette traditionnelle, symbole de la France, gagne au passage un « look » branché. De nombreux points de vente en France et surtout une remarquable percée aux Etats-Unis avec 26 boutiques peintes en bleu-blanc-rouge ; la Franquette part à la conquête du monde.

La franchise, cette méthode moderne de développement d'un réseau commercial, croque à belles dents dans le fast-food français. Pour installer une viennoiserie, on arrive très vite à un investissement minimal de 400 000 francs, et encore doit-on se satisfaire d'un établissement de taille modeste. Il faut doubler la mise pour l'aménagement et la décoration. Et surtout avoir du flair pour choisir un bon emplacement et le juste plat, ni trop exotique ni trop régional.

Heureusement, l'imagination est au pouvoir au royaume français du fast-food. Du Poulailler, qui propose des plats à base d'œufs, à la Pizza Top, qui offre des pizzas réchauffées au four à micro-ondes, en passant par l'Espace gourmand, qui sert des plats traditionnels, toutes les formules, avec plus ou moins de succès, prétendent susciter des appétits. En France, on n'a pas de hamburger, on a des idées.

JACQUES POTHERAT ∎

Un repas « new look » pour les enfants français : hamburgers et Coca.

Notes, Questions et Activités

Pour comprendre les connotations culturelles

un Breton de Brest : homme né à Brest, grande ville de Bretagne.

le poulet basquaise : plat de poulet préparé à la mode basque. Le Pays basque se trouve à la frontière de la France et de l'Espagne.

le bœuf provençal : plat de bœuf préparé à la mode provençale. La Provence est une région du Midi de la France.

En France, on n'a pas de hamburger, on a des idées : parodie de la phrase « En France, on n'a pas de pétrole, on a des idées » inventée pour faire l'éloge de la créativité intellectuelle des Français confrontés à la crise de l'énergie en France.

Pour comprendre les mots

faste : très heureux. (Cet adjectif indique en général la richesse et l'abondance. Ici, le journaliste fait un jeu de mots ironique).

viennoiserie (f) *fam.* : pâtisserie faite à la manière viennoise. (Vienne est la capitale de l'Autriche.)

pressé : qui doit se dépêcher.

reposer sur : être composé de.

trois pâtes : les pâtes qui servent à faire les croissants, les feuilletés et les brioches.

néologisme (m) **hardi** : mot inventé d'une façon audacieuse.

faire un malheur *fam.* : avoir un énorme succès.

jouer sur les deux tableaux : *ici,* participer aux deux marchés.

allègrement : avec enthousiasme.

point (m) **de vente** : magasin.

enseigne (f) : panneau qui indique le nom du magasin.

palme (f) : le premier prix.

revenir à : appartenir à.

baguette (f) : pain mince et long.

barquette (f) **... surgelé** : récipient en plastique contenant de la nourriture qui a été cuite et ensuite congelée.

bien de chez nous : *ici,* typiquement françaises.

branché *fam.* : à la mode.

percée (f) : *ici,* réussite.

franchise (f) : procédé selon lequel on vend le droit d'utiliser le même nom pour un réseau de magasins.

croquer à belles dents : *ici,* prendre une place importante.

se satisfaire de : se contenter de.

doubler la mise : multiplier le prix par deux.

avoir du flair *fam.* : deviner intuitivement.

être au pouvoir : dominer.

susciter : créer.

De quoi s'agit-il ?

1. Quelle sont les différences entre le marché du « fast-food » en France et le marché du « fast-food » aux Etats-Unis ?

2. Quelle est l'originalité de la Franquette ? Comment, aux Etats-Unis, attire-t-on l'attention sur l'origine française de la Franquette.

3. Quelles sont les conditions du succès d'un « restaurant rapide » en France ?

Vers la communication orale

1. Quand allez-vous dans un restaurant rapide ?

2. Quel genre de restaurant rapide préférez-vous ? Qu'est-ce que vous aimez y manger ?

3. Vous voulez ouvrir un restaurant rapide. Allez-vous acheter une franchise ou imaginer une nouvelle formule ? (un plat exotique ? régional ?) Quel sera l'emplacement de votre restaurant ? Comment allez-vous le décorer ? Quel sera le nom de votre restaurant ?

4. Pourquoi utilise-t-on des mots d'origine anglaise et des néologismes pour parler de la restauration rapide (le « fast-food ») en France ?

Activités de groupe   *Un restaurant à choisir*

Discussion entre un groupe d'amis pour décider s'ils vont dîner samedi soir dans un restaurant rapide ou dans un restaurant qui sert des plats traditionnels.

Un café à vendre

Personnages : a) le maire;   b) des conseillers municipaux;   c) le propriétaire du café et sa femme;   d) des habitants du quartier qui sont des clients habituels.

Situation : Dans une petite ville française, le Café de la Place, situé à côté de la mairie et en face de l'église est à vendre. Discussion pour savoir quel projet parmi ceux qui sont proposés par des acheteurs éventuels aura la plus grande chance de réussir : a) garder le café en apportant quelques légères modifications;   b) transformer le café en restaurant rapide;   c) ouvrir un magasin de prêt-à-porter;   d) ouvrir un magasin de hi-fi et de vidéo;   e) ouvrir un magasin de vente et de réparation de motos;   f) construire un immeuble d'appartements de luxe.

Travail écrit   Rédigez des publicités pour les restaurants rapides et les points de vente cités dans le texte.

Un si joli petit marché

Si les marchés perpétuent une tradition et apportent
le charme et la couleur de la campagne dans
nos villes, les forains, eux, ont la vie dure.
Leur avenir précaire fait l'objet de notre reportage.

« Et avec ça, ma p'tite dame ? » interroge le marchand de légumes. En griffonnant le compte, il trouve le temps de glisser un mot aimable. Le seul de la journée pour la « petite dame », car elle vit seule. « Mes clients, c'est devenu ma famille », dit le gros Marcel, rose comme ses jambons. Le marché, c'est le commerce de détail avec la convivialité en plus...

« Autrefois, se souvient une vo-laillère montée de sa Charente, le marché était une fête. Les éleveurs de volailles s'habillaient. Le charme des marchés en ville tient à cette survivance de la campagne pour des citadins déracinés. Même si les 50 000 forains ne représentent plus que 4,5 % de la distribution alimentaire, ils perpétuent une tradition.

Secteur le plus représenté : les fruits et légumes, qui forment 53 % de

*Le marché de la rue Poncelet dans le XVIIe arrondissement. Certaines ménagères mettent toujours un point
d'honneur à remplir leurs paniers de produits frais, quitte à devoir acheter des provisions plusieurs fois par semaine.*

l'activité sur les marchés de la région parisienne. C'est le commerce qui exige le moins d'investissements : une camionnette, des tréteaux, une balance. Installer une boucherie ou une poissonnerie est bien plus onéreux : un camion frigorifique coûte au minimum 100 000 Francs. Et puis, il faut une chambre froide comme dépôt.

Incertitudes et intempéries

Les horaires du forain ? Invraisemblables. « Dix heures de boulot pour deux heures et demie d'activité payante », constate Paul, crémier, qui travaille sur dix marchés par semaine. Il se lève à 3 h 30 pour recevoir les produits frais. A 5 heures, son équipe installe les tréteaux. Il remonte à Rungis et revient vers 7 h 30. A 13 h 30, le marché est terminé.

Ces « nomades du petit commerce » sont soumis aux mêmes incertitudes que leurs frères sédentaires, auxquelles s'ajoutent les intempéries. Une bonne averse ? La fréquentation des étalages baisse aussitôt de 25 %. Selon les activités et les régions, le chiffre d'affaires du dimanche représente de 25 à 50 % de celui de la semaine. Le travail des femmes, l'habitude de grouper les achats en une seule journée, la difficulté de garer sa voiture pendant la semaine : autant de handicaps.

Commerçants et animateurs

Ils se font rares, les vrais maraîchers qui vendent directement leurs légumes sur les marchés parisiens. Pourtant, tous les commerçants insistent sur la fraîcheur des produits, qui est la justification même du marché. « Nous, on n'aime pas remballer », plaisante un commerçant qui brade ses derniers choux-fleurs à moitié prix.

Si, en moyenne, les marchés sont moins chers que les grandes surfaces, leurs prix ne sont plus aussi compétitifs qu'ils l'ont été. Notamment en raison de la déspécialisation : on ne trouve presque plus de ces vendeurs d'un seul produit (pommes de terre ou fruits de saison).

Accoudé au zinc, son matériel remballé, Marcel, le charcutier, entouré de ses copains, explique qu'ils sont non seulement des commerçants, mais aussi des animateurs. « Nous qui semblons être de passage, nous sommes les vrais animateurs du quartier. »

JACQUES POTHERAT ■

Notes, Questions et Activités

Pour comprendre les connotations culturelles

montée de sa Charente : la Charente est une région de l'Ouest de la France. « Monter à Paris » est une expression utilisée par les habitants de la province. Les Parisiens disent qu'ils « descendent » dans le Sud de la France.

Rungis : nom de la ville près de Paris où se trouve le grand marché de la région parisienne pour la vente en gros des produits alimentaires.

une grande surface : un très grand supermarché où l'on peut faire toutes ses courses.

Pour comprendre les mots

griffonner : écrire d'une manière peu lisible.

compte (m) : total des prix.

glisser un mot : dire une phrase.

commerce (m) **de détail** : vente en petites quantités.

convivialité (f) : amabilité, gentillesse.

volaillère (f) : marchande de volaille.

déraciné : ayant quitté la région de son enfance.

forain (m) : marchand.

tréteau (m) : longue planche de bois posée sur quatre pieds qui constitue une sorte de table.

balance (f) : appareil qui sert à peser.

onéreux : cher.

horaire (m) : emploi du temps.

boulot (m) *fam.* : travail.

leurs frères sédentaires : les petits commerçants qui ont un magasin d'alimentation.

intempéries (f pl) : mauvais temps.

averse (f) : pluie soudaine.

étalage (m) : *ici*, ce qui est sur les tréteaux.

garer : stationner.

maraîcher (m) : personne qui cultive des légumes.

remballer : ranger; *ici*, remporter des légumes.

brader : vendre à un prix réduit.

zinc (m) *fam.* : bar.

animateur (m) : personne qui crée de l'animation, de l'ambiance.

De quoi s'agit-il ?

1. Quels sont les marchands que l'on trouve sur le marché ? Quels marchands sont en train de disparaître ?

2. Comment décririez-vous les relations entre les marchands et leurs clients ?

3. Citez deux raisons pour lesquelles on fait ses courses au marché.

4. Pourquoi les citadins aiment-ils aller au marché ?

5. Pourquoi la vie des marchands est-elle difficile ?

Vers la communication orale

1. Où achetez-vous le plus souvent les produits d'alimentation ? (dans une épicerie de quartier ? au marché ? au supermarché ? dans une grande surface ?) Expliquez votre choix en indiquant l'importance que vous accordez aux prix, à la qualité des produits, à leur fraîcheur, à la distance de chez vous, à la facilité de stationnement.

2. Est-ce que vous aimez faire les courses ? Quel genre de courses ? Est-ce que vous préférez grouper vos achats en une seule journée ? Pourquoi ?

3. On vous donne 500 F à dépenser comme vous voulez. Qu'est-ce que vous allez acheter ?

Activités de groupe

Une enquête au marché
Personnages : a) un(e) journaliste;   b) des marchands.

Situation: Le (La) journaliste fait une enquête pour une émission de télévision sur un marché parisien.

Les courses pour une soirée
Personnages : a) trois ami(e)s;   b) des marchands.

Situation : Trois ami(e)s ont invité sept ami(e)s à dîner ce soir. Ils (Elles) préparent la liste de ce qu'il faut acheter et vont faire leurs achats au marché. Ils (Elles) comparent les prix, la fraîcheur et la qualité des produits proposés par les marchands.

Travail écrit Faites la description de la journée d'un forain.

Trois grands d'aujourd'hui : Gaston Lenôtre, Paul Bocuse et Jean Troisgros.

Les juges de paix de la cuisine

Les frères Troisgros, ambassadeurs de la grande
cuisine française, continuent leur brillante
carrière à Roanne, là où ils ont grandi et débuté.

Baies vitrées sur 26 mètres de
long, larges tables d'inox et spots
au plafond : n'étaient les casseroles au cuivre rosé, les hautes
toques blanches au plissé parfait, ce
subtil mélange de bruits et d'arômes, la
cuisine des Troisgros, à Roanne, dans
la Loire, ressemblerait plutôt à quelque laboratoire.

La bonne humeur y règne. Pas de
risque pour la « brigade » de se laisser
déborder avec les maestros précis et
exigeants que sont les frères Troisgros : Jean, 56 ans, bel homme à l'œil
bleu, la barbe poivre et sel ; Pierre, 54
ans, plutôt rond, la moustache gail-
larde et le rire en cascade. Jean, la
technique, un saucier émérite ; Pierre,

l'intellectuel de la famille. Jean, le-
gentil-sauvage ; Pierre, l'homme-de-
contact.

Il y a loin entre leur établissement
renommé et le modeste café que, à
la génération précédente, tenait, à
Chalon-sur-Saône, leur père, Jean-
Baptiste Troisgros. En 1930, il reprend
— « pour sa cour où les gamins pourront jouer » — l'hôtel des Platanes, un
bistrot où s'arrêtent les cars, face à la
gare de Roanne. Son ambition :
monter un restaurant. Il coupe son café
en deux, met sa femme Marie à la
cuisine, envoie les fils en apprentissage à Paris, où ils vont acquérir,
avec les bases du métier, le goût de la
liberté...

... Surveillée. Car Jean-Baptiste a ses
idées. Le vin ? Servi frais et non
chambré. Le service ? A l'assiette,
parce qu'un cuisinier est responsable
jusqu'au bout de son plat. Les sauces
lourdes ? Abandonnées au profit de
mets préparés au dernier moment, plus
faciles à digérer.

En 1950, l'extravagant patriarche
meurt, à 76 ans, attablé devant des
huîtres et du champagne. Voici donc
ses deux fils sous l'enseigne « Frères
Troisgros ». Cinq ans plus tard, ils
obtiennent leur première distinction :
une étoile au guide Michelin. Avec la
troisième, décrochée en 1968, ils se
voient promus, en compagnie de cinq
ou six autres chefs, vedettes de la
nouvelle cuisine.

Chez les Troisgros, la carte change
quatre fois l'an, au gré des saisons. Pas
question de laisser à d'autres le soin de
faire le marché. Dès l'aube, Jean, au
volant de sa camionnette beige, roule
vers le hangar de son petit maraîcher.

Il prend un kilo par-ci, une livre par-là, comme s'il n'avait que sa famille à nourrir. Une heure plus tard, au tour de Pierre de choisir chez le poissonnier. Au printemps, une voisine apporte directement les fraises à la cuisine. Les escargots, ce sont les écoliers de la ville qui les ramassent...

Ce produit frais, parfait, encore faut-il ne pas le dénaturer : une cuisson rapide, un assaisonnement acide, voilà, pour les Troisgros, le B.A.-BA du cuisinier. Résultat : « Une cuisine qui nous ressemble, nerveuse, mâle, une cuisine de sportifs. » Une cuisine qui permet, sur le coup de 15 heures, de faire un tennis, d'entraîner au football ou au basket l'« équipe Troisgros ». Une cuisine toujours en mouvement : « Les idées nouvelles, dit Pierre, viennent quand la salle est bondée.

A la réception, Olympe, sa femme. Sur un grand cahier, elle prépare la salle : ce soir, seize Belges, huit Américains, des Suisses, des Allemands et même une table de Mexicains. En moyenne, sur l'an dernier, 21 % d'étrangers et, parmi les Français, 28 % de Roannais.

Ils y tiennent, les Troisgros, aux gens d'ici : « Si, un jour, ceux qui ont fait, au départ, le succès de la maison, dit Jean, se retrouvent noyés au milieu des étrangers, si on ne les embrasse pas en leur donnant la table dont ils ont l'habitude, ils sont jaloux et ne reviennent plus. »

Passe encore une virée en Chine pour Jean, avec Gault et Millau ; ou, pour Pierre, une tournée américaine (onze repas à préparer de Montréal à Los Angeles). Mais de là à devenir, comme d'autres, les commis voyageurs de la nouvelle cuisine française... « Nous, disent en chœur les deux Troisgros, on n'a pas un tempérament d'hommes d'affaires. » Même recul quand il s'agit d'apposer sa griffe au bas des produits : « C'est si rare d'en trouver de bons. » Dans un grand magasin de New York, un peu de moutarde à l'ancienne, du pâté de grive — deux envois par semaine — chez Fauchon, quelques vins, des alcools... « On veut, avoue Jean, conserver le nom propre pour les enfants. » Pour Georges, fils de Jean, Claude et Michel, fils de Pierre, tous trois cuisiniers. Que l'un, marié à une Américaine, songe à s'installer à New York, que l'autre, époux d'une Brésilienne, ait des projets sur Rio, c'est une autre affaire : « Un Troisgros tenu par un Troisgros, là, on est d'accord à cent pour cent. »

En plus de trente ans de métier, Jean et Pierre ne se sont absentés ensemble qu'une fois, lorsque Paul Bocuse a été décoré par Valéry Giscard d'Estaing à

l'Elysée. Conscience professionnelle, mais aussi voix de la sagesse : « Ce soir, on ne serait pas là qu'on ne ferait peut-être pas le plein. Et qu'on nous volerait peut-être une caisse de vin. » Rassurer le client, surveiller la fauche des cendriers, acheter une bouteille au bon moment, trancher le filet de bœuf à 150 Francs le kilo sans risquer la fausse coupe : « C'est ça qui, sur des années, fait qu'une maison est bien gérée. » Quarante-huit employés, 4 000 couverts par mois, 19 chambres d'hôtel, 2 millions de Francs de chiffre d'affaires annuel, 90 000 bouteilles en cave, par semaine 60 kilos de foie gras, 200 kilos de homard, 50 kilos de

saumon : l'entreprise, pour les Troisgros, suffit à leur ambition. D'autant qu'ils viennent de battre leur record d'affluence.

Forts du succès, protégés par 80 kilomètres de mauvais tournants de cette région lyonnaise où s'affrontent six ou sept très grands restaurants, les Troisgros restent à l'écart des querelles et des petits potins de la grande cuisine. « A cause, disent-ils, de notre tempérament, de notre bon sens paysan. » Peut-être. Ou de cette vertu que leur reconnaît un illustre concurrent : « Ils sont les juges de paix de la profession. »

GUILLEMETTE DE SAIRIGNÉ ■

MICHELIN

🏰🏰🏰	Grand luxe	ХХХХХ	
🏰🏰	Grand confort	ХХХХ	
🏰	Très confortable	ХХХ	
🏚	De bon confort	ХХ	
🏠	Assez confortable	Х	
🏠	Simple mais convenable		

✿✿✿	La table vaut le voyage
✿✿	La table mérite un détour
✿	Une très bonne table
R 55	**Repas soigné à prix modérés**
⊐	Petit déjeuner
SC	Service compris

LYON Ⓟ **69000** Rhône **74** ⑪⑫, **93** ⑮ **G. Vallée du Rhône** — 418 476 h. Communauté urbaine 1 173 797 h. alt. 169 — ✿ 7.

🅱 Office de Tourisme (fermé dim.) et Accueil de France (Informations, change et réservations d'hôtels, pas plus de 5 jours à l'avance), pl. Bellecour ℡ 842.25.75 Télex 330032 et Centre d'Echange de Perrache (fermé dim.) ℡ 842.22.07 - A.C. 7 r. Grolée ℡ 842.51.91.

Paris 463 ⑪ — ♦Bâle 405 ⑪ — ♦Bordeaux 577 ⑩ — ♦Genève 190 ⑤ — ♦Grenoble 104 ⑤ — ♦Marseille 315 ⑦ — ♦St-Étienne 59 ⑦ — ♦Strasbourg 488 ⑪ — Torino 301 ⑤ — ♦Toulouse 534 ⑦.

ХХХХ ✿✿✿ **Paul Bocuse**, pont de Collonges N : 12 km par bords Saône (D433, D51) ⊠ 69660 Collonges-au-Mont-d'Or, ℡ 822.01.40, Télex 375382, « Elégante installation » — ▤ Ⓟ. AE ⓘ ⱽⁱˢᴬ   Lyon p. 2 GR
fermé 6 au 28 août — **R** 220/340 et carte
Spéc. Soupe aux truffes noires, Loup en croûte, Volaille de Bresse en vessie. Vins Pouilly-Fuissé, Brouilly.

ROANNE ◈ **42300** Loire **73** ⑦ **G. Vallée du Rhône** — 49 638 h. alt. 279 — ✿ 77.
Voir Gorges de la Loire★ S : 3 km par D 56. Az.

🅱 Office de Tourisme (fermé dim.) avec A.C. cours République ℡ 71.51.77.

Paris 392 ⑥ — Bourges 196 ⑥ — Chalon-sur-Saône 133 ① — ♦Clermont-Ferrand 101 ④ — ♦Dijon 202 ① — ♦Lyon 86 ③ — Montluçon 140 ⑥ — ♦St-Étienne 77 ③ — Valence 195 ③ — Vichy 74 ⑥.

🏰🏰 ✿✿✿ **H. des Frères Troisgros** Ⓜ, pl. Gare ℡ 71.66.97, Télex 307507 — 🔌 ▤
rest 📺 ☎ Ⓟ. AE ⓘ ⱽⁱˢᴬ   AY r
fermé 7 au 22 août, 9 au 31 janv., mardi et merc. midi — **R** (nombre de couverts limité - prévenir) 185/325 et carte — ⊐ 45 — **24 ch** 350/440, 6 appart. 500/700
Spéc. Terrine de poireaux au foie gras frais, Escalope de saumon à l'oseille, Ris de veau aux truffes. Vins Pouilly-Fuissé, Fleurie.

Notes, Questions et Activités

le juge de paix : magistrat qui est chargé de trouver une solution à de petits conflits. Il symbolise la personne sage qui apaise les conflits. *Ici,* les Troigros évitent les excès des différents styles de cuisine.

Roanne : ville située près de Lyon dans le département de la Loire. On appelle les habitants de cette ville les « Roannais ».

Les frères Troisgros : Jean Troisgros, né en 1926, est mort en août 1983 pendant qu'il jouait au tennis.

Chalon-sur-Saône : ville située sur la Saône, rivière qui se jette dans le Rhône à Lyon.

une étoile au guide Michelin : on publie un guide Michelin (voir p. 3) ayant une couverture rouge qui classe les restaurants et les hôtels de France. On accorde trois étoiles aux meilleurs restaurants.

la nouvelle cuisine : en réaction contre la cuisine traditionnelle à base de sauces et généralement lourde, est apparue, au début des années 1970, une cuisine plus simple, plus légère, plus naturelle, plus facile à digérer, appelée « nouvelle cuisine ».

Gault et Millau : auteurs d'un guide des restaurants qui est écrit dans un style journalistique.

Fauchon : nom d'une boutique parisienne qui est spécialisée dans la vente des produits d'alimentation de luxe.

Paul Bocuse : chef très connu. Son restaurant, situé près de Lyon a trois étoiles dans le guide Michelin. Il joue aussi le rôle d'ambassadeur de la gastronomie française à travers le monde. En 1975, le Président de la République, Valéry Giscard d'Estaing, lui a remis la croix de la Légion d'honneur.

l'Elysée : nom de la résidence officielle du Président de la République.

baie (f) **vitrée** : large porte ou fenêtre en verre.

inox (m) : métal qui ne se détériore pas.

spot (m) : lumière ronde.

n'étaient : *ici,* s'il n'y avait pas.

cuivre (m) : métal rouge dont on fait des casseroles.

toque (f) : coiffure cylindrique faite de tissu plissé que portent les cuisiniers.

se laisser déborder : prendre du retard et ne plus pouvoir faire face à la situation.

poivre et sel : gris(e).

gaillard : robuste et joyeux.

saucier (m) : spécialiste de la fabrication des sauces.

émérite : expert.

renommé : célèbre.

car (m) : autobus.

monter : *ici,* créer.

liberté (f) **surveillée** : liberté relative.

chambré : ayant la température de la salle où l'on mange.

mets (m) : plat.

enseigne (f) : *ici,* nom du restaurant.

décrocher : obtenir.

au gré de : selon.

laisser le soin de : laisser la responsabilité de.

maraîcher (m) : personne qui cultive des légumes et les vend sur les marchés.

dénaturer qqch. : changer sa caractéristique principale.

assaisonnement (m) : mélange d'ingrédients qui accentue le goût d'un mets.

B.A.-BA (m) : principe de base.

sur le coup de : à.

bondé : plein.

ils y tiennent : ils y sont attachés.

noyé : perdu.

passe encore : est permis(e).

virée (f) *fam.* : voyage rapide.

commis (m) **voyageur** : représentant de commerce.

recul (m) : objectivité calme.

griffe (f) : marque portant le nom du fabricant pour les objets de luxe.

grive (f) : petit oiseau.

envoi (m) : expédition de marchandises.

un Troisgros tenu : un restaurant Troisgros dirigé.

on ne serait pas là qu'on... *fam.* : si on n'était pas là, on...

faire le plein *fam.* : *ici*, remplir la salle de restaurant.

fauche (f) *fam.* : vol.

géré : organisé.

couvert (m) : *ici,* client.

affluence (f) : *ici,* nombre de clients.

tournant (m) : virage d'une route.

s'affronter : *ici,* être en compétition.

rester à l'écart : ne pas participer à.

potin (m) *fam.* : commérage.

bon sens (m) **paysan** : sens commun caractéristique des habitants de la campagne.

De quoi s'agit-il ?

1. Qu'est-ce qu'on trouve traditionnellement dans la cuisine d'un grand restaurant ? Qu'est-ce qu'il y a de particulier dans la cuisine des Troisgros ?

2. Qui sont les frères Troisgros ? Est-ce qu'ils continuent une tradition familiale ?

3. Comment les frères Troisgros sont-ils devenus célèbres ?

4. Quels sont les principes de leur cuisine ?

5. Qui sont les clients de leur restaurant ?

6. Est-ce qu'ils quittent souvent leur restaurant ? Pourquoi ?

7. Qu'est-ce qui caractérise le comportement des Troisgros par rapport au comportement d'autres cuisiniers célèbres ?

Vers la communication orale

1. Comment les frères Troisgros sélectionnent-ils leurs produits ? Que pensez-vous de cette manière de procéder ?

2. Quelles sont les principales traditions gastronomiques dans votre pays ?

3. Est-ce que la gastronomie occupe une place aussi importante dans votre pays qu'en France ? Justifiez votre réponse en donnant des exemples précis.

4. A votre avis, pourquoi existe-t-il un si grand nombre de livres de recettes (livres de cuisine) ?

Activités de groupe

Un restaurant gastronomique
Avec plusieurs amis, vous décidez d'ouvrir un restaurant gastronomique. Quel type de cuisine allez-vous proposer à vos clients ? Préparez une publicité pour votre restaurant.

Interviews de plusieurs chefs
Les personnes qui doivent faire les interviews préparent à l'avance des questions qu'elles poseront aux chefs de plusieurs restaurants de la ville.

Travail écrit

1. Décrivez la journée des frères Troisgros.

2. Quelles sont les raisons pour lesquelles un restaurant devient célèbre ?

Le gros rouge groggy

Les jeunes l'ignorent, les classes aisées s'en détournent. Le vin de table n'a plus la cote.

Une affiche sur les murs du métro, à Paris. Elle montre un cadre qui porte, en guise de cravate, une bouteille à goulot rouge : « X..., un vin élégant pour tous les jours ». Mais pas un mot sur sa provenance, ni sur son titre en alcool. Les publicitaires visent à rendre au vin son standing d'antan.

Rude tâche. Les Français boudent en effet leur soif proverbiale. En vingt ans, la « capacité » annuelle moyenne de chaque citoyen âgé de plus de 14 ans a chuté de 120 litres à 80... Elle dégringolerait même, augurent certains, à 30 litres, voire à 20 litres par an à la fin du siècle. Plus qu'un dérapage, il s'agirait d'une débâcle. La désaffection n'atteint que le vin dit de table, qui représente les deux tiers de la consommation totale. Les vins fins, eux, se portent mieux.

Le constat a été dressé par l'Institut national de la recherche agronomique, pour le compte de l'Office national interprofessionnel des vins de table,

l'Onivit. Daniel Boulet, Jean-Yves Huguet et Jean-Pierre Laporte ont sondé pendant deux ans les goûts de 4 000 ménages, soit 11 000 personnes. Codifiée par ordinateur à la faculté de Montpellier, leur enquête révèle un nouveau comportement des Français en matière œnologique.

La crainte de l'alcoolisme justifierait cette attitude. Un quart des personnes interrogées invoquent la protection de la santé pour expliquer l'abandon des vins de table. Et quatre sur dix boivent encore ces vins en les coupant d'eau. La quantité globale d'alcool pur consommée en France a régressé de 15 % en vingt ans. Celle qui provenait uniquement du vin a baissé de 25 %. Mais, dans le même temps, l'absorption des spiritueux a triplé. Apparemment, ce sont les goûts des Français qui ont changé.

Ainsi, dans les grandes surfaces, la vente des jus de fruits s'est accrue de 20 à 30 % par an, celle des bières fines

de 6 à 7 %. Cependant, certaines régions restent encore fidèles au vin. C'est le cas du Sud-Ouest et du Centre. De façon générale, le désintérêt pour les vins de table s'expliquerait aussi par l'intense urbanisation des deux dernières décennies. Les citadins bureaucrates ne puisent plus d'énergie dans ces boissons. Les ouvriers immigrés de confession musulmane s'abstiennent par conviction. Dans la région parisienne, la consommation de vin baisse chaque année de 8 à 10 %.

Le recours quotidien au vin est, socialement, devenu mal coté. Dans la classe « très modeste », 25 % seulement s'y adonnent occasionnellement ; chez les « aisés », 47 %. Mais il s'agit alors de vins cachetés. Désormais, la qualité supplante la quantité.

« En 1968, on avait lancé le "vin de pays," espérant qu'il deviendrait la bonne bouteille du dimanche, dit Daniel Boulet, sociologue à l'Inra de Montpellier. En fait, il reste perçu comme un vin de table. » Sa vente stagne aussi. Il faut donc chercher ailleurs une raison à la désaffection.

Une pratique démodée

N'est-ce pas une question de génération ? En majorité, 70 % des consommateurs réguliers de vin de table ont plus de 60 ans. « Ce que rejettent les jeunes, c'est une image vieillie de ce vin, associée pour eux à une pratique démodée », dit-on à l'Onivit. Tout, aujourd'hui, les pousse à ignorer cette boisson, notamment la restauration dans les fast-food, fréquentés à 60 % par des clients âgés de 16 à 20 ans. Les producteurs se demandent comment les « récupérer ».

En France, la législation est très contraignante : ne peut être considérée comme vin une boisson titrant moins de 8,5° ou 9°, selon les cas. Les Salins du Midi étudient cependant une nouvelle boisson à base de raisin. Bien des obstacles se dressent. « Toucher au vin en France, explique Gérald Rousselet, directeur du marketing chez Nicolas, c'est comme toucher à la religion. C'est tabou. »

La solution passe, peut-être par l'éducation des Français sur le vin, un véritable produit national. Mais il faudrait d'abord remettre un peu d'ordre dans le maquis du marché vinicole. « Comment s'y retrouver ? Quatre mille châteaux... c'est trop ! estime Jean-Pierre Tuil, un spécialiste. Avec deux cents appellations, on s'en tirerait. »

CATHERINE PIERRE ■

Affiche antialcoolique : une campagne qui porte ses fruits.

Notes, Questions et Activités

Pour comprendre les connotations culturelles

le gros rouge : expression populaire utilisée pour parler du vin rouge ordinaire.

la faculté de Montpellier : l'Université de la ville de Montpellier qui se trouve dans une région du Midi de la France où on produit beaucoup de vin rouge.

le vin de table : vin ordinaire considéré comme supérieur au gros rouge.

le vin de pays : vin de qualité moyenne provenant d'une région particulière.

les vins fins : vins de qualité supérieure.

les vins cachetés : vins de qualité supérieure, mis en bouteille par le producteur lui-même.

les vins de château : vins de très grande qualité qui portent le nom de la propriété où ils sont produits.

Nicolas : grand négociant en vins qui a des magasins à travers la France.

« L'alcool, c'est bidon » : l'alcool n'est ni bon ni intéressant.

Pour comprendre les mots

groggy : mot d'origine anglaise décrivant une personne ivre qui va tomber par terre.

aisé : riche.

se détourner de qqch. : abandonner qqch.

avoir la cote *fam.* : être apprécié.

cadre (m) : employé de rang supérieur.

en guise de : à la place de.

goulot (m) : partie étroite de la bouteille.

provenance (f) : origine.

titre (m) : *ici,* degré d'alcool.

publicitaire (m) : agent qui fait la publicité d'un produit.

d'antan : d'autrefois.

rude : difficile.

bouder : *ici,* renoncer à.

proverbial : bien connu.

chuter : tomber.

dégringoler *fam.* : tomber.

augurer : annoncer.

voire : même.

dérapage (m) : *ici,* baisse légère.

débâcle (f) : *ici,* catastrophe.

désaffection (f) : perte d'enthousiasme.

dresser le constat : tirer la conclusion.

sonder : analyser.

ménage (m) : famille.

en matière œnologique : en ce qui concerne le vin.

invoquer : *ici,* mentionner.

couper le vin : ajouter de l'eau au vin.

régresser : diminuer.

spiritueux (m) : liqueur forte en alcool.

grande surface (f) : grand supermarché.

s'est accrue : a augmenté.

décennie (f) : période de dix ans.

puiser : prendre.

le recours... vin : boire chaque jour du vin.

mal coté : mal considéré.

s'adonner à qqch. : faire qqch.

supplanter : remplacer.

lancer un produit : faire connaître un produit au moyen d'une campagne de publicité.

stagner : ne pas augmenter.

récupérer : *ici,* inciter à aimer le vin.

contraignant : strict.

maquis (m) : *ici,* désordre.

vinicole : qui concerne le vin.

s'y retrouver : y voir clair.

appellation (f) : nom du lieu où le vin est fabriqué.

s'en tirer : trouver une solution.

De quoi s'agit-il ?

1. Comment la consommation de vin a-t-elle évolué pendant les vingt dernières années ?

2. Est-ce que tous les vins sont également touchés par cette évolution ? Justifiez votre réponse.

3. Quelles sont les boissons dont la consommation augmente ?

4. Quelles sont, actuellement, les attitudes des différentes classes sociales et des différentes générations envers le vin ?

5. Pourquoi le vin est-il un « véritable produit national » ? Citez deux des moyens proposés pour le sauver.

Vers la communication orale

1. a.   Qu'est-ce que vous buvez au déjeuner et au dîner chez vous ?

   b.   Qu'est-ce que vous commandez comme boisson quand vous êtes dans un restaurant ?

   c.   Qu'est-ce que vous prenez comme boisson quand vous êtes à une boum ?

2. Trouvez des publicités pour des vins, des spiritueux, des bières et des jus de fruits. Quelles en sont les points communs et les différences ? A quel public chaque publicité s'adresse-t-elle ? Comparez les publicités.

Activités de groupe

Débat

Personnages : a) le directeur d'une chaîne de télévision; b) un(e) publicitaire; c) un négociant en vins et spiritueux; d) deux téléspectateurs; e) deux membres de l'Association antialcoolique.

Situation : Les membres de l'Association antialcoolique s'opposent à la diffusion de spots publicitaires portant sur les boissons alcoolisées. Les autres participant(e)s au débat présentent leur point de vue et on recherche une solution qui serait acceptable pour tout le monde.

Vins de France

Rassemblez une documentation sur les différentes régions vinicoles de France. Quels sont les vins caractéristiques de chaque région ?

Travail écrit

1. Rédigez plusieurs publicités contre l'alcool.

2. Rédigez une petite brochure touristique sur une région de France réputee pour ses vins célèbres comme la Bourgogne, le Bordelais (la région autour de Bordeaux), la Champagne, l'Alsace.

Les jardins potagers à Dreux : tache de verdure sur fond de H.l.m.

Le grand retour du petit jardin

Le potager individuel est écologique et économique.

Au pied des H.l.m. de Dreux (Eure-et-Loir), Robert Lutton surveille son carré de mille poireaux, ses radis fraîchement semés et ses salades d'hiver. Avec, en fond sonore, le grondement de la nationale 20. « Faire de l'exercice, c'est bon pour ma santé et pour mon budget », dit-il.

Deux bonnes raisons pour retourner cultiver son jardin. Cédant à la mode de l'écologie et de la diététique, les Français, de plus en plus nombreux, enfilent la salopette et les bottes de caoutchouc du parfait jardinier. Au point que les producteurs de légumes crient à la concurrence déloyale. Depuis 1965, la consommation de légumes marque le pas : chaque Français en mange 60 kilos par an, pour 72 kilos dans les années 50 ; 25 % environ de la production provient de lopins individuels.

Faut-il pour autant partir en guerre contre les jardiniers amateurs ? Leur nombre et la surface qu'ils cultivent sont, pour les statisticiens, un véritable casse-tête. Impossible de recenser, dans les 10 millions de pavillons et résidences secondaires, les quelques arpents qui, au fond des jardins, sont consacrés aux légumes.

Le bonheur de 583 jardiniers

Le seul chiffre connu est celui des détenteurs de « jardins familiaux », ces lopins de terre concédés à ceux qui n'en ont pas. Le Jardin du cheminot, pour le personnel de la S.n.c.f., le Jardin de Valenciennes et la Ligue du coin de terre et du foyer sont parmi les associations qui distribuent et entretiennent ces terrains. A Dreux, la Ligue du coin de terre a ainsi apposé son panneau sur les 27 terrains qu'elle possède. Divisés en parcelles, ils font le bonheur de 583 jardiniers. Moyennant une cotisation de 300 Francs par an, eau d'arrosage comprise, ils disposent chacun d'environ 250 m2.

Mais qu'est-ce qui pousse les Français à sarcler, désherber, bêcher et arroser ? D'abord, le souci de boucler les fins de mois. « Spécial Jardin », 600 000 exemplaires, a interrogé ses lecteurs. Pour 53 % d'entre eux, la culture des légumes constitue une ressource supplémentaire. Avec un peu d'expérience, un jardinier peut tirer d'un potager de 200 m2 l'équivalent de 3 000 Francs par an. L'investissement en graines coûte environ 250 Francs.

André Berger travaille la nuit. Tous les après-midi, il quitte son H.l.m. pour faire un tour dans son potager. Des tomates aux cornichons et à l'estragon, son jardin est mieux assorti qu'un étal de marché. Un coin est même réservé aux fleurs, qu'il plante en fonction des saisons. Et, sur les rayonnages de ses placards, il a déjà aligné soixante bocaux de haricots verts. Certains écoulent même leur surplus chez des voisins moins doués ou des épiciers complaisants. Seul le fisc ne s'y retrouve pas.

Carottes, salades, poireaux sont les trois légumes préférés des Français. La carotte arrive en tête de l'autoconsommation. Cinq millions de jardiniers achètent 10 millions de sachets de graines pour la cultiver.

En réalité, le phénomène n'est pas nouveau. Au début du siècle, les jardins ouvriers avaient montré l'exemple. Et, pendant la dernière guerre, même à Paris, la moindre parcelle était exploitée. La pénurie

69

passée, les Français sont partis au volant de leur voiture. Et les mauvaises herbes ont envahi les potagers. Comme, en même temps, la fumée des gaz d'échappement troublait leur équilibre pulmonaire, les Français sont revenus à la nature. Le potager n'est plus l'apanage du retraité et de l'ouvrier. A Dreux, 60 % des jardiniers ont moins de 50 ans. Dans leurs résidences secondaires, les jeunes cadres jouent les apprentis maraîchers. Le Groupement national interprofessionnel des semences et plants (Gnis) vient même de tracer un portrait-robot de ces « nouveaux jardiniers ». Plus d'un tiers d'entre eux ont moins de cinq ans d'ancienneté dans cette activité.

Aliments frais et naturels

L'entretien d'un potager est un des rares loisirs qui rapportent de l'argent, au lieu d'en coûter. En mobilisant toute la famille : le père plante, les enfants cueillent, et la mère met en conserve ou surgèle. Ces aliments sont frais et naturels. Ce que ne garantissent plus les circuits de distribution. Car les Français en ont assez des pesticides, engrais, hormones et autres produits chimiques.

En plus, on a le choix. En gagnant en quantité, la production maraîchère a perdu en qualité et en variété. Il y a cinq ans, les Parisiens ont tous retrouvé dans leur assiette la même variété de laitue. Alors qu'en plantant soi-même, la « salade verte » se décline : laitue pommée, batavia, romaine ou à couper.

Reste qu'on ne s'improvise pas jardinier. Il ne suffit pas d'acheter des graines. Encore faut-il apprendre à les semer. Deux heures par jour sont nécessaires en moyenne pour traquer la mauvaise herbe et faire la chasse aux limaces, qui, en un rien de temps, ruinent plusieurs semaines d'efforts.

Les professionnels jugent sévèrement les amateurs. Pour les marchands grainiers, 44 % de leurs clients sont incompétents. Du coup, le Gnis a édité une demi-douzaine de brochures sur les secrets de la culture de l'oignon, de la carotte ou du poireau.

Insensibles aux grognements des producteurs, les Pouvoirs publics encouragent le développement des jardins familiaux. Au nom de la qualité de la vie, le ministère de l'Environnement distribue des subventions. A une condition : il faut donner à ces jardins un petit air d'espaces verts.

FRANÇOISE CHIROT ■

Notes, Questions et Activités

Pour comprendre les connotations culturelles

une H.l.m. : une habitation à loyer modéré. Ces grands bâtiments de béton, contenant des appartements sans grand confort, se trouvent en général dans la banlieue des villes.

Dreux (Eure-et-Loir) : ville située à l'ouest de Paris, dans le département de l'Eure-et-Loire.

la nationale 20 : la route nationale 20 va de Paris vers le sud-ouest. Les routes principales portent des numéros.

une résidence secondaire : maison, située dans un village ou à la campagne, où les propriétaires qui ont leur résidence principale en ville passent le week-end et quelquefois les vacances.

la S.n.c.f. : la Société nationale des chemins de fer français.

boucler les fins de mois *fam.* : équilibrer son budget en attendant le prochain salaire. Beaucoup de travailleurs français sont payés à la fin de chaque mois. Très souvent ils ont peu d'argent pendant la dernière semaine du mois.

« Spécial Jardin » : nom d'un magazine spécialisé dans les conseils en jardinage.

Pour comprendre les mots

le grand retour : la nouvelle mode, la popularité.

mettre en conserve : préparer et mettre les légumes et les fruits dans des récipients pour les consommer plus tard.

potager (m) : jardin où l'on cultive les légumes.

carré (m) : *ici,* petit jardin.

poireau (m), **radis** (m) : légumes.

semer : planter.

salades (f pl) : différentes sortes de laitue.

grondement (m) : *ici,* bruit fait par les voitures.

céder à : *ici,* se conformer à.

enfiler : mettre.

salopette (f) : vêtement de travail.

marquer le pas : ne pas progresser.

lopin (m) : petit morceau de terrain.

casse-tête (m) : problème difficile à résoudre.

recenser : énumérer, compter.

pavillon (m) : maison individuelle avec un jardin.

arpent (m) : mètre carré.

détenteur (m) : personne qui possède.

cheminot (m) : employé de la S.n.c.f.

entretenir : s'occuper de.

apposer son panneau : installer son enseigne.

parcelle (f) : petit morceau.

moyennant la cotisation : payant chacun la somme.

sarcler : extirper les racines.

bêcher : retourner la terre.

arroser : donner de l'eau à des plantes.

assorti : fourni.

étal (m) : table où l'on expose les marchandises.

rayonnage (m) : étagère.

bocal (m) : récipient en verre pour les produits en conserve.

écouler : vendre.

pénurie (f) : manque de ce qui est nécessaire.

apanage (m) : privilège.

retraité (m) : personne qui a cessé de travailler.

cadre (m) : employé qui occupe un poste de responsabilité.

jouent... maraîchers : imitent les jardiniers qui apprennent leur métier.

surgeler : conserver dans un congélateur.

circuits (m pl) **de distribution** : *ici,* vente commerciale des légumes.

se décliner : *ici,* avoir des noms différents.

traquer : *ici,* trouver et extirper.

limace (f) : petite bête qui mange les salades dans les jardins.

en un rien de temps : en très peu de temps.

grainier : qui vend des graines.

du coup : à cause de cela.

insensible à : ne pas prêter attention à.

grognement (m) *fam.* : mécontentement.

espace (m) **vert** : jardin public ou parc planté de gazon et d'arbres.

De quoi s'agit-il ?

1. Quelles sont les raisons de la nouvelle popularité du potager individuel ?

2. Quelles sont les différentes tâches du jardinier ?

3. Qu'est-ce qu'on cultive principalement dans ces jardins ? Pourquoi ?

4. Le potager individuel est-il un phénomène nouveau ? Justifiez votre réponse.

5. Expliquez la différence entre l'attitude des maraîchers professionnels et celle des pouvoirs publics envers ces jardiniers.

Vers la communication orale

1. Faites-vous du jardinage ? Pourquoi ?

2. Si vous aviez un terrain derrière votre maison, auriez-vous un jardin potager ou une pelouse et des fleurs ? Justifiez votre choix.

3. Pourquoi pensez-vous que les habitants des villes éprouvent souvent le besoin d'avoir un jardin ?

4. Quels sont les avantages quand on cultive soi-même des légumes ?

5. Est-ce qu'il y a beaucoup de petits jardins dans votre pays ? Pourquoi ?

Activités de groupe

Des jardins ou un parking ?
Personnages : a) des personnes représentant les pouvoirs publics et la municipalité; b) des jardiniers amateurs et des jardiniers professionnels.

Situation : une réunion où l'on discute la proposition faite par la municipalité d'aménager l'espace réservé aux « jardins familiaux » en parc de stationnement.

Projets de jardinage
Personnages : a) des jardiniers qui habitent une H.l.m. et qui cultivent des parcelles du terrain de la Ligue du coin de terre à Dreux;   b) de jeunes cadres possédant une résidence secondaire.

Situation: Ces personnes parlent   a) de leurs activités de jardinage;   b) des plaisirs et des soucis que ces activités leur procurent.

Travail écrit

1. Vous êtes chargé(e) par la municipalité d'écrire au ministère de l'Environnement pour demander une subvention afin de développer les jardins familiaux dans la commune.

2. Les producteurs de légumes « partent en guerre contre les jardiniers amateurs ». Vous rédigez la déclaration faite par les producteurs de légumes pour justifier leur action.

Vive l'occase !

Acheter d'occasion
n'est plus un déshonneur...

« Fauché vend canapé convertible en cuir, 350 Francs. » Jean-Pierre a passé une annonce dans « Libération » pour se débarrasser d'un meuble qui l'encombrait. Sur les pavés, la camionnette cogne dur. Jean-Pierre, serviable, va livrer le canapé à Danièle, sa cliente. « 300 Francs la location du camion, 350 Francs le canapé : pour 650 Francs j'ai ce qu'il me faut », dit Danièle. Pourquoi l'occase ? « Parce que j'ai peu de fric. Je préfère investir dans les voyages. »

L'occase ne sent plus la frite ni les faubourgs. Elle gagne du terrain, et investit de nouveaux milieux, serrés dans leur pouvoir d'achat ou touchés par le chômage.

Partout, dans les grands quotidiens, les journaux spécialisés, les « feuilles de chou » gratuites, la petite annonce prolifère. Elle coïncide avec un chan-gement très net de mentalité chez les 18-35 ans, pour qui le mythe de l'achat neuf et cher fait partie d'une époque révolue.

Hier, « mettre le prix », c'était faire étalage de son niveau de vie. De nos jours, dégoter par annonce ou récupération un objet qui peut encore servir, c'est faire preuve d'un sens aigu du système D.

Sur les quelque deux cent cinquante annonces passées gratuitement tous les jours dans « Libé », la moitié concer-nent les ventes en tout genre : les vendeurs sont, soit fauchés comme Jean-Pierre, ou bien en mutation de mode de vie. Ils « larguent » ce qui les embarrasse. Les acheteurs, en prin-cipe, ont des revenus modestes, ils débutent — seuls ou à deux — dans la vie. Peu sûrs d'eux, ils ne s'engagent pas dans du neuf garanti or.

Avec un peu de chance, les pionniers trouvent même gratuitement l'objet convoité. Louise, grande frileuse, fraîchement débarquée de son Québec natal, cherchait une cuve pour stocker son mazout pour l'hiver prochain. Trouvée, livrée, installée en vingt-quatre heures, le tout pour un sourire et un café. « Il m'a aussi réparé la porte de la cave », ajoute-t-elle. Solidarité et petites an-nonces font aujourd'hui tandem. Quand on lit le même journal, on s'entraide. Normal.

Le chic, le massif, le laqué tomberaient-ils en désuétude ? Pour Joëlle, 40 ans, mariée, bibliothécaire, 4 000 Francs par mois pour vivre à trois, le choix est fait : « Je vis selon mes moyens, fini de fantasmer devant les publicités grisantes. » Son appar-tement — un petit deux-pièces rue de la Goutte-d'Or, à Paris, acheté par combine — n'est meublé que d'occases : le frigo a 20 ans, il a été racheté à des amis pour 100 Francs. La machine à laver, 250 Francs, une annonce dans le journal. Le lam-padaire 1930 dans le salon, 30 Francs aux Puces... La salle de bains, récupérée sur un chantier.

Voici venu le temps du confort à petite dose, pas ruineux, qui permet de jouir des « commodités » sans en avoir l'air : l'essentiel, c'est de ne pas se priver. Anne-Marie — son mari est plombier, elle n'est plus salariée — fait ses comptes : « Si je freine sur l'achat des vêtements neufs, je pourrai acheter les équipements de ski de mes deux fils pour l'hiver prochain. » D'ici à dix jours, dans son quartier, Charenton, l'Union départementale des associa-tions familiales (Udaf) organisera une Bourse aux vêtements, comme cela se produit deux fois par an.

« C'est à n'y rien comprendre. »

La volonté de « récupérer » dépend de la psychologie du client, et non de son pouvoir d'achat, prétend un répa-rateur d'électroménager de Châtillon, en région parisienne. « Dans le XVIe arrondissement, à deux rues d'inter-valle, j'ai vu une famille dépenser 2 000 Francs de réparation pour une machine à laver le linge et un congélateur, tandis que d'autres aban-donnent leur matériel pour racheter du neuf. C'est à n'y rien comprendre. »

Avaleurs de kilomètres et d'air pur, les motards — c'est rituel — évitent de passer par des intermédiaires. La récupération, ils connaissent ; la bricole, encore mieux. Amoureux de leur « bécane », ils préfèrent la bichon-ner eux-mêmes, et lisent atten-tivement la presse spécialisée, comme la rubrique « Magic-Puces » de « Moto

---

PETITES ANNONCES

AUTO

RENAULT 12 TS blanche 1970, 40 500 km au compteur, moteur bon état, embrayage neuf, car-rosserie saine. 2 000 F. Avant le 30 juin. 903 07 76

CAMPING CAR VW combi 9 CV essence vert, année 1971, compteur 85500 km, embrayage démarreur, batterie moins 10000 kms, frigo trimixte, litres, isolation interne, 15000 F à débattre TEL dom 542 36 42 bureau 571 89 29

MEUBLES

JE BRADE TOUT ! Réfrigérateur, lave-linge, divers électro-ménagers, mobilier, lampes, linge de maison, objets divers (pe-luches miroirs, bibelots, etc), vêtements dame T36, disques, etc. Prix sacrifiés. Venez voir et emportez chez Arnoux, 107 ave Félix-Faure, 75010 Paris. A partir de 18h30 le jour de parution.

MUSIQUE

SYNTHETISEUR Poly-six Korg état neuf 8500 F. Synthé polyphonique trilogy Crumar excellent état 5500 F. Guitare folk Mountain très beau son 650 F. Magnéto 8 pistes Fostex état neuf 13 500 F. Enceintes Elipson 4040 5000 F la paire. Ampli-préampli Yamaha CA 800 II Classe A 2500 F. Platine Denon DP 1000 + cellule bobine mobile Ortofon MC 20 + préampli : 2000 F. Tél. à Thierry 660 27 43.

Le marché aux Puces à Paris.

journal ». « Crise ou pas, les motards s'entraident et échangent des pièces, c'est une mentalité bien à eux, déclare Denys Godin, directeur adjoint de cette revue.

Comment éviter l'arnaque ? La bonne bouille du vendeur est la seule garantie. Pour les amateurs de certificat doré sur tranche, mieux vaut s'adresser à la Centrale des particuliers, renommée pour son sérieux.

« Chez nous, pas d'équivoque, explique Jean-Charles Reynaud, directeur général de la Centrale. Par respect de l'article 1641 du Code civil, les vendeurs sont obligés d'adhérer, pour 50 Francs par an, à notre Club. »

Association de défense du consommateur, le Club expertise et garantit ce qui est proposé. On conseille même aux acheteurs de s'y associer, pour se protéger contre les chèques en bois ou les vices cachés. En cas de litige, le service juridique du Club les assiste. Sur cent cinquante mille annonces parues par an (elles coûtent entre 50 et 150 Francs), soixante, en moyenne, finissent devant les tribunaux. « Une affaire par semaine ! » dit en souriant mon interlocuteur.

La Centrale a fêté, en octobre dernier, son dixième anniversaire. Plus connue jusqu'ici pour la vente des voitures de seconde main, elle a, dès le début de la crise pétrolière, en 1973, diversifié ses offres pour lancer dans son hebdo (en 1979, plus de 300 000 exemplaires vendus par semaine) la rubrique « Objets divers ».

« Acheter d'occasion, ce n'est plus déchoir, reprend Jean-Charles Reynaud, les mœurs ont évolué. Notre client type, c'est le Français moyen, bricoleur, adepte du rapport qualité-prix. »

En tête de ligne des meilleures ventes : les pianos, les vélos, les télés couleur, les landaus pour jumeaux, les meubles 1930.

Danièle s'enfonce mollement dans son convertible, ravie de sa nouvelle acquisition : « La crise apporte l'incertitude. L'occase, c'est une manière de faire le dos rond, en attendant que ça passe... »

MICHÈLE LELOUP ■

Notes, Questions et Activités

Pour comprendre les connotations culturelles

« Libération » : journal quotidien anticonformiste qui a un style jeune. On y utilise beaucoup d'expressions familières. Les lecteurs appellent souvent ce journal « Libé ».

L'occase ne sent plus la frite ni les faubourgs. : acheter d'occasion n'est plus associé à la classe ouvrière. Les marchés de l'occasion se trouvent en général à la périphérie de Paris, dans les quartiers populaires. On y trouve également des marchands de frites.

le système D *fam.* : différentes manières de « se débrouiller » de trouver un moyen habile pour apporter une solution à un problème. On dit souvent que la « débrouillardise » (l'ingéniosité, l'astuce) est une caractéristique française. Les Français sont fiers d'être « débrouillards ».

les Puces : le marché aux Puces est le plus grand et le plus célèbre marché d'objets d'occasion à Paris.

le XVIᵉ arrondissement : à Paris, à côté du Bois de Boulogne. C'est l'arrondissement où se trouvent les appartements chers.

Pour comprendre les mots

occase (f) *fam.* : objet acheté d'occasion, à bas prix.

acheter d'occasion : acheter de seconde main un objet qui n'est pas neuf.

déchoir : *ici*, perdre sa dignité.

fête (f) : *ici*, plaisir.

fauché *fam.* : sans argent.

se débarrasser de qqch. : se défaire de qqch. en le vendant, en le donnant ou en le jetant.

encombrer : embarrasser, occuper de la place pour rien.

pavé (m) : petite pierre qui couvre la rue.

cogner : *ici*, sauter.

serviable : qui aime aider.

livrer : apporter.

fric (m) *fam.* : argent.

gagner du terrain : avancer.

investir : envahir.

serrés dans leur pouvoir d'achat : ayant peu d'argent pour faire des achats.

« feuille de chou » (f) *fam.* : journal sans grand intérêt.

proliférer : augmenter en nombre.

révolu : terminé.

mettre le prix : payer cher.

faire étalage : montrer avec ostentation.

dégoter *fam.* : trouver, découvrir.

par récupération *fam.* : en trouvant un objet que qqn. a jeté.

être en mutation de : être en train de changer de.

larguer *fam.* : se débarrasser de, abandonner.

avoir des revenus modestes : avoir peu d'argent.

garanti or : *ici*, de très bonne qualité.

convoité : désiré.

frileux : qui n'aime pas le froid.

débarquer *fam.* : arriver.

cuve (f) : citerne.

mazout (m) : combustible utilisé pour chauffer.

faire tandem : aller ensemble.

tomber en désuétude : ne plus être à la mode.

fantasmer : rêver.

grisant : excitant.

combine (f) *fam.* : moyen astucieux.

frigo (m) *fam.* : réfrigérateur.

chantier (m) : *ici,* lieu de démolition d'un bâtiment.

pas ruineux *fam.* : qui ne coûte pas très cher.

« commodités« (f pl) : éléments de confort.

sans en avoir l'air : sans que ce soit évident.

se priver : renoncer à avoir qqch.

freiner : *ici,* limiter les dépenses.

Bourse (f) : *ici,* lieu où l'on échange à bas prix.

électroménager (m) : appareils électriques utilisés pour faire la cuisine ou le ménage.

avaleur (m) : *ici,* personne qui consomme beaucoup.

motard (m) *fam.* : motocycliste.

bricole (f) *fam.* : petite réparation.

« bécane » (f) *fam.* : *ici,* motocyclette.

bichonner : s'occuper avec un soin extrême.

crise (f) : crise économique.

pièce (f) : partie.

arnaque (m) *fam.* : vol.

bonne bouille (f) *fam.* : tête sympathique.

certificat (m) **doré sur tranche** : certificat de garantie en bonne et due forme.

chèque (m) **en bois** *fam.* : chèque sans provision.

vice (m) : défaut.

Centrale (f) **des particuliers** : association de vente de particulier (individu) à particulier.

adhérer à : devenir membre de.

expertiser : faire une estimation de la qualité et du prix.

devant les tribunaux : dans une cour où siège un magistrat.

affaire (f) : *ici,* procès.

hebdo (m) *fam.* : journal hebdomadaire.

bricoleur (m) : personne qui aime bricoler, faire de petites réparations.

adepte (m) : spécialiste.

landau (m) : voiture d'enfant.

faire le dos rond : *ici,* prendre la meilleure position, se résigner.

De quoi s'agit-il ?   1. Pourquoi Jean-Pierre vend-il son canapé ?

2. Pourquoi Danièle choisit-elle l'occase ?

3. Comment peut-on obtenir des objets d'occasion ?

4. Pourquoi les attitudes ont-elles changé envers l'achat d'objets d'occasion ?

5. Qui sont les gens qui achètent d'occasion le plus souvent ?

6. Qui sont les gens qui continuent à « mettre le prix » ? Pourquoi ?

7. Quels sont les risques quand on achète d'occasion ? Comment peut-on les éviter ?

Vers la communication orale

1. Etes-vous en faveur de l'occase ? Pourquoi ?

2. Avez-vous déjà acheté quelque chose d'occasion ? Si oui, avez-vous été satisfait(e) ou non ?

3. Pensez-vous qu'il soit toujours nécessaire d'expertiser et de garantir les objets d'occasion ? Pourquoi ?

4. Qu'est-ce qui vous fait décider d'acheter quelque chose ? (la publicité ? le prix ? la qualité ? la nécessité ?)

5. Pourquoi trouve-t-on beaucoup d'expressions et de mots familiers dans ce texte ?

6. Quel phénomène a contribué au grand retour du petit jardin (p. 69) et au développement de l'occase ?

Activités de groupe

Une bonne affaire
Personnages : a) des particuliers qui veulent se débarrasser d'objets;   b) des lecteurs de petites annonces.

Situation : Chaque particulier rédige une annonce comme celle de Jean-Pierre. Les lecteurs prennent contact avec le propriétaire de l'objet qui les intéresse pour s'informer de l'état de l'objet, des raisons de la vente, pour expliquer pourquoi ils ont besoin de cet objet et pour décider éventuellement comment l'objet sera livré.

« A vous l'occase ! »
Personnages : a) l'animateur et l'animatrice d'une émission de radio;   b) des particuliers.

Situation : L'animateur et l'animatrice donnent la parole aux particuliers qui téléphonent pour proposer un ou plusieurs objets à vendre. Des acheteurs éventuels téléphonent et demandent l'avis des animateurs.

La défense du consommateur
Personnages : des adhérents de la Centrale des particuliers.

Situation : Une réunion où l'on discute des moyens de mieux défendre les consommateurs. Plusieurs personnes racontent des expériences malheureuses (télévisions et voitures qui tombent en panne le lendemain de l'achat, chèques sans provision, etc.). D'autres personnes commentent ces expériences et donnent des conseils sur ce qu'il faut faire.

Travail écrit

1. Rédigez des petites annonces pour vendre des objets d'occasion.

2. Vous avez acheté un objet d'occasion qui a un défaut. Ecrivez une lettre au vendeur pour demander qu'il vous rembourse.

Voulez-vous échanger avec moi ?

Une idée simple pour partir à l'étranger : troquer son appartement contre une villégiature.

Fournier Maurice, 2 ad. 2 m (8, 6) 1 f (13) - Tours C, 4, 2, hh, bb, tv, fp, 11/7 15/8, X G.B. - DKS.

Un message pour l'agent 007 ? Non, décodée, cette annonce signifie que la famille Maurice Fournier (deux adultes, deux garçons de 8 et 6 ans, une fille de 13 ans), habitant Tours, dans un appartement de quatre chambres et deux salles de bains, femme de ménage disponible, barbecue, télévision, cheminée intérieure, demande un échange du 11 juillet au 15 août en Grande-Bretagne ou au Danemark.

Il y a 6 000 propositions de ce style et de nationalités diverses sur les catalogues 1983 d'Intervac, une association tourangelle spécialisée dans l' « échangisme ». Un mot et un mode de vacances nouveaux. On troque un appartement des villes contre une maison des champs, un pavillon français contre une villa italienne ou un loft new-yorkais.

Dès 1953, deux enseignants, un Néerlandais et un Suisse, imaginent d'organiser des échanges de logements. Afin de permettre à leurs collègues de tirer meilleur parti de leurs longues vacances. Ils sont à l'origine d'Intervac, devenu aujourd'hui un service international implanté dans cinquante pays et ouvert à tous les adeptes du jeu de la confiance mutuelle.

Depuis trois ans, cinq autres organismes et associations se sont créés en France. Ils fonctionnent selon deux systèmes : le catalogue ou le fichier.

Comme Intervac, Inter Service Home Exchange, à Paris, et Séjours, à Venelles, près d'Aix-en-Provence, adressent, contre une cotisation annuelle variant de 150 à 230 F, des catalogues d'annonces. Elles décrivent les maisons offertes, souvent avec photos à l'appui, énumèrent les activités sportives, les ressources touristiques de la région. Aux lecteurs de faire leur choix et d'entrer en contact les uns avec les autres pour mener à bien leurs échanges.

Home Exchange International France, créé par Rosy Boogaerts, une jeune pharmacienne qui s'ennuyait dans son officine, a des correspondants à Los Angeles, à New York, à Londres, à Milan, à Sydney. Les échanges ne se font qu'avec l'étranger. Droit d'inscription : 170 Francs pour les Etats-Unis, 120 Francs pour l'Europe, c'est-à-dire 10 % de la commission exigée si l'affaire est conclue.

L'association Rev, fondée par une enseignante, Michèle Grivois, ne prend pas de commission, elle demande seulement 180 Francs pour la constitution du dossier. Rev organise des échanges exclusivement en France, où ses correspondants visitent bénévolement les maisons proposées.

Villa avec piscine et jacuzzi en Californie

Dans le catalogue Séjours de Monique Baudier figurent des studios, et elle ne refuse pas les H.l.m. Alors que Rosy Boogaerts fait plutôt dans le luxe : appartement à Neuilly plus résidence secondaire en Normandie contre villa avec piscine et jacuzzi en Californie.

Curieusement, tous ces nouveaux bureaux d'échanges ont été créés par des femmes, jeunes. Peut-être parce que l'investissement financier, au départ, est léger : elles travaillent souvent chez elles. Autre raison, le système, une fois lancé, repose essentiellement sur un travail de secrétariat, courrier et téléphone.

Comment ont-elles eu l'idée de cette activité ? A partir d'expériences personnelles. L'hôtel en famille, c'est ruineux, le restaurant aussi. Les locations sont souvent étriquées, décevantes, et toujours trop chères au bord de la mer. Elles ont cherché à « se débrouiller ». Avec des amies, des relations de travail de leurs maris, elles ont troqué leurs appartements ou leurs maisons. Les avantages de cette formule sont évidents. Elle procure gratuitement un toit pour les vacances.

Dans la résidence des autres, on ne dépense pas plus d'argent que chez soi. En plus, dépaysement garanti. L'échange, c'est la possibilité non seulement de partir, mais aussi de se couler dans une autre vie. On ne vous prête pas que la maison. Il y a les livres, les disques, les voisins, les amis. « Pendant un mois, j'ai eu l'impression d'être Bob Chapman, de Nantucket, dit cet industriel lyonnais. Je me servais de son sel et de son oreiller. J'utilisais sa Chevrolet, sa tondeuse. Son médecin me saluait et j'allais dîner chez sa belle-mère. »

A Paris, la femme d'un directeur de banque raconte : « Contre notre péniche, amarrée au pont de la Concorde, nous avons eu une maison dans une marina au sud de Los Angeles, qui

aurait pu se louer 50 000 Francs par mois. A l'arrivée, un gâteau au chocolat attendait mes enfants. Pour moi, un bouquet de fleurs et une note expliquant le fonctionnement de tous les appareils électroménagers. Nos hôtes nous avaient laissé leur voilier. Tous comptes faits, ces vacances américaines nous ont coûté moins cher que notre séjour à Nice l'année précédente. Là-bas, l'essence ne coûte que 2 F 20 le litre, et les supermarchés sont plus avantageux que les nôtres. Pour le téléphone, nous avons trouvé un arrangement. Comme j'ai souvent appelé mon père en France et que les Américains ont téléphoné à leur mère à Los Angeles, les factures devaient être à peu près équivalentes, alors chacun a réglé dans son pays. »

Des tricheries, en échangisme, il y en a parfois. La photo de la « coquette villa » italienne ne montre pas qu'elle se trouve en bordure d'autoroute. « Au bout de trois nuits blanches, se souviennent amèrement ces Normands, nous avons fait nos bagages pour nous replier sur un camping. »

Au rayon des inconvénients, le reproche le plus souvent formulé par les Français est l'« état des lieux ». Une échangiste d'Orléans décrit ainsi son premier contact avec l'Amérique : « Le nettoyage du réfrigérateur. De la poignée aux étagères, il dégoulinait de mayonnaise et de Ketchup. Après huit heures d'avion, de quoi vous soulever le cœur. »

L'annulation subite

Les mécontents parlent aussi de contraventions non payées trouvées à leur retour, de tasses ébréchées, de trousseaux de clefs égarés (certains organismes demandent une caution, en cas de dommages). Mais il n'y a pratiquement aucun recours contre l'inconvénient majeur de l'échangisme : l'annulation de dernière heure. Les billets d'avion ont été achetés, les valises sont bouclées et les partenaires font savoir qu'ils ont changé d'avis. Dur, dur.

Si l'on additionne tous les échanges effectués, l'année dernière, par des Français, on n'arrive qu'à un total de mille. C'est peu. Parce que cette formule, courante aux Etats-Unis — dans le catalogue d'Intervac on trouve 2 000 annonces américaines pour 345 françaises — n'est pas encore entrée dans nos mœurs. Les Français, selon les organisatrices d'échanges, s'angoissent à l'idée de laisser leur maison à des inconnus : « Et s'ils cassaient nos jolies assiettes, et s'ils oubliaient de soigner nos plantes, et s'ils faisaient des taches sur la moquette neuve ? » Certains enferment leurs objets les plus précieux dans une pièce verrouillée, et se retrouvent, tout penauds, à l'étranger, dans une demeure totalement ouverte.

« Notre clientèle, affirme Monique Baudier, est composée de jeunes cadres qui avaient 20 ans en 1968. Ils ont un rapport plus relax avec la propriété. » « Les mentalités évoluent, assure Rosy Boogaerts. En 1981, j'ai réalisé vingt-cinq échanges ; en 1982, soixante ; cette année, j'arrive à la centaine. Dans dix ans, j'en suis persuadée, la formule gagnera. »

A moins que cette évolution ne soit précipitée par un autre fait de société : l'insécurité. « Les gens ont tellement peur des cambriolages dans notre région d'Aix-en-Provence, explique Monique Baudier, qu'ils commencent à envisager l'échange comme un système antivol. Mieux : certains me demandent de trouver des occupants pour leur maison, le temps des vacances. » Même sans échange.

RÉGINE GABBEY ■

Notes, Questions et Activités

Pour comprendre les connotations culturelles

Tours : ville située sur la Loire. *Adjectif* : **tourangeau, tourangelle.**

Aix-en-Provence : ville située dans le Midi de la France.

Neuilly : quartier résidentiel riche situé à la périphérie ouest de Paris.

une résidence secondaire en Normandie : maison pour le week-end dans la région qui se trouve entre Paris et la Manche.

Nantucket : ville située dans le Nord-Est des Etats-Unis.

lyonnais(e) : de Lyon, grande ville de la région Rhône-Alpes.

le pont de la Concorde : pont sur la Seine à Paris.

Nice : ville française située sur la Côte d'Azur.

un(e) Normand(e) : habitant de la Normandie.

Orléans : ville située sur la Loire.

la mayonnaise et le ketchup : la sauce mayonnaise sucrée en bouteille et la sauce tomate sucrée ne sont pas appréciées par la plupart des Français.

les jeunes cadres... 1968 : les jeunes employé(e)s qui occupent aujourd'hui des postes de responsabilité et qui ont participé au mouvement d'agitation sociale en mai 1968.

Pour comprendre les mots

troquer : échanger.

villégiature (f) : *ici,* maison où l'on passe les vacances.

disponible : libre.

maison (f) **des champs** : maison qui se trouve à la campagne.

pavillon (m) : maison individuelle avec un jardin.

tirer meilleur parti de : profiter au maximum de.

adepte (m ou f) : participant.

cotisation (f) : somme d'argent à payer par an.

à l'appui : *ici,* comme illustration.

énumérer : dresser la liste de.

mener à bien : se mettre d'accord.

officine (f) : laboratoire de pharmacie.

droit (m) **d'inscription** : somme à payer pour devenir participant.

si l'affaire est conclue : *ici,* si l'échange a lieu.

dossier (m) : document qui contient les informations.

bénévolement : sans être payé.

figurer : se trouver.

studio (m) : appartement composé d'une pièce, d'une petite cuisine et d'une salle de bains.

reposer : être basé sur.

ruineux : très cher.

location (f) : *ici,* appartement ou maison à louer.

étriqué : trop petit.

décevant : *ici,* moins bien que ce que l'on espérait.

se débrouiller : trouver une solution.

dépaysement (m) : changement de paysage.

se couler : pénétrer.

oreiller (m) : au lit, coussin pour mettre sous la tête.

tondeuse (f) : machine pour couper l'herbe.

péniche (f) : bateau de rivière.

appareil (m) **électroménager** : petite machine qui aide à faire la cuisine ou le ménage.

voilier (m) : bateau à voile.

plus avantageux : moins cher.

amarrer : installer.

facture (f) : note à payer.

tricherie (f) : malhonnêteté.

coquet(te) : charmant(e).

se replier sur : *ici,* s'installer dans.

au rayon des : *ici,* en ce qui concerne les.

état (m) **des lieux** : *ici,* condition de la maison, propreté.

dégouliner *fam.* : *ici,* être couvert.

soulever le coeur : rendre malade.

contravention (f) : note à payer par l'automobiliste qui n'a pas respecté un règlement.

ébréché : légèrement cassé sur le bord.

égaré : perdu.

caution (f) : somme d'argent donnée comme garantie.

recours (m) : solution.

boucler : fermer.

courant : fréquent.

entrer dans les moeurs : devenir une habitude.

verrouiller : fermer à clef.

penaud : embarrassé.

relax *fam.* : détendu.

précipiter : accélérer.

insécurité (f) : peur d'avoir sa maison cambriolée et ses affaires volées.

De quoi s'agit-il ?

1. En quoi consiste l'échange ? Cette formule est-elle récente en France ?

2. Qui a créé les nouveaux bureaux d'échanges ? Pourquoi ?

3. Quelles sont les points communs à ces bureaux d'échanges ? Quelles sont les différences ?

4. Les personnes interrogées ont-elles été satisfaites de leurs expériences ? Pourquoi ?

5. Citez deux raisons pour lesquelles l'échange entrera de plus en plus dans les mœurs des Français.

Vers la communication orale

1. Voudriez-vous échanger votre appartement ou votre maison pour partir en vacances ? Quels sont les avantages ? Quelles sont les risques ?

2. Si vous échangiez votre appartement ou votre maison, quelle serait votre attitude envers les échangistes ? Est-ce que vous leur laisseriez toutes vos affaires y compris votre voiture ?

3. Décrivez l'appartement ou la maison où vous aimeriez passer des vacances. N'oubliez pas de décrire sa situation et le paysage qui l'entoure.

4. Est-ce que l'échange est entré dans les mœurs de votre pays ? Pourquoi ?

5. A votre avis, pourquoi les Français ont-ils été lents à adopter la formule de l'échange ?

Activités de groupe

Une bonne affaire
Personnages : deux familles d'échangistes.

Situation : Elles viennent de passer des vacances merveilleuses dans des pays différents grâce à la formule de l'échange. Elles se racontent leur expérience et font des projets pour leurs prochaines vacances.

Une mauvaise affaire
Personnages : a) un(e) employé(e) du bureau d'échange;   b) une famille mécontente.

Situation : La famille a eu une très mauvaise surprise d'abord en arrivant à la maison obtenue par échange et ensuite en retrouvant sa propre maison en mauvais état. L'employé(e) rend visite à la famille pour essayer de trouver une solution au problème.

Une annulation de dernière heure
Personnages : trois ami(e)s.

Situation : Des ami(e)s ont échangé leur appartement et sont sur le point de partir à l'aéroport pour passer des vacances à l'étranger. Ils reçoivent un télégramme qui annule l'échange. Qu'est-ce qu'ils vont faire ?

Travail écrit

1. Vous voulez échanger votre appartement (ou votre maison). Vous adressez à un bureau d'échange une lettre qui décrit votre appartement et où vous précisez le pays où vous voulez aller et le genre de maison que vous souhaitez obtenir en échange.

2. Vous avez échangé votre maison (ou votre appartement). Rédigez, pour les échangistes, une note qui donne des instructions destinées à rendre agréable leur séjour chez vous et à garder votre maison en bon état.

Stages : à la recherche de son « moi »

Tennis, photo, astronomie, sculpture, informatique :
on peut tout étudier en France pendant les vacances.
Mais qu'est-ce qui se cache derrière cette boulimie d'apprentissage ?

*Le bronzage c'est dépassé ! Les gens « dans le vent » se cultivent.
Ici, un stage d'informatique au Club Méditerranée.*

Souvenez-vous : on chantait le droit à la paresse, le repos mérité, les délices de la passivité, le ciel, le soleil et la mer. C'était le temps de l'hédonisme paisible des vacances alanguies sur le sable chaud...

Démodé : une nouvelle race de vacanciers est née. Ils sont dynamiques, organisés, motivés et terriblement « positifs ». Ils veulent tonifier leurs muscles et enrichir leur intellect, bref cultiver leur ego. Ces vacanciers du type optimiste ont décidé que leur petite personne était une machine bien sympathique, dont il conviendrait désormais de développer les multiples possibilités : s'initier, se perfectionner, apprendre vite, apprendre encore. Ils seront cette année chercheurs d'or en Ariège, photographes dans le massif de la Vanoise, golfeurs dans le Limousin, aquarellistes en Aquitaine, astronomes en Aveyron, forgerons en Tarn-et-Garonne, clowns en Provence, sculpteurs en Normandie, chevriers dans le Poitou, maçons en Ardèche, planchistes sur les côtes, tennismen et

informaticiens un peu partout en France. Ces nouveaux enragés sont les adeptes dociles des stages intensifs.

C'est la folie des stages. A croire qu'on peut tout apprendre en France, avec forfait, hébergement et nourriture compris. Tout est possible. L'idéologie distillée par les animateurs de stage est flatteuse : « Vous méritez d'être initié, vous portez en vous tant de capacités encore en friche... » Nous sommes cernés par les vacanciers actifs et leurs gourous.

Une explosion impossible à chiffrer

Difficile de s'y retrouver dans ce foisonnement. Impossible de chiffrer l'explosion. Le ministère du Temps libre ne recense que les stages qu'il agrée : 217 séjours proposés. « Ce chiffre mesure plus les limites de notre budget que le phénomène en expansion des stages. » Les professionnels du tourisme ont renoncé à faire des statistiques exhaustives. Il est vrai que

l'amateur de stages n'utilise, pour se perfectionner, qu'un cinquième ou un sixième de ses congés, et qu'il ira, le reste du temps, « buller » comme tout le monde. En prenant au hasard un département ou une discipline, on tombe sur des estimations approximatives : 500 stages de musique sont organisés en France, cet été ; 124 centres d'artisanat proposent des stages en Ile-de-France ; 200 clubs de tennis se sont lancés dans les stages. Les prix varient, de 700 à 3 000 ou 4 000 Francs la semaine.

Cette mode a percé, en France, dans les années 65-70, avec le sentiment écologique : poterie, tissage, équitation, randonnées, agriculture biologique. C'est la « fête » : les Français les plus conviviaux vont en stage s'initier au mime, à la danse, au théâtre, à la guitare ou au tam-tam.

Aujourd'hui, les stagiaires ne sont plus des marginaux : ils sont cadres supérieurs, fonctionnaires, enseignants, membres de professions libérales ou paramédicales. Et les professionnels du tourisme ont compris que le séjour intensif était une carte susceptible d'attirer le chaland. Des municipalités comme Villeneuve-sur-Lot se lancent dans l'informatique. Des régions traditionnellement délaissées par les maniaques de la mer sont passées championnes ès stages : Cévennes, Aquitaine, Midi-Pyrénées, et la montagne, dont les stations veulent rentabiliser, l'été, le sur-équipement sportif. Les fédérations sportives et les associations sont également devenues des forcenées du stage.

Beaucoup d'organisateurs se sont lancés au hasard, pour se faire connaître, comme ces deux jeunes danseuses de Châteauroux qui, en 1975, ont monté un « festival de stages » débouchant sur un spectacle donné par les participants. Les stagiaires sont passés de 100 à 500 en huit ans.

Le Club Méditerranée, qui sait sentir le vent, a ouvert depuis 1970 quarante ateliers d'arts appliqués, et, l'an dernier, onze villages d'informatique. Il lance cette année, outre le cinéma, la magie et le théâtre, trois ateliers de vie pratique ou « comment ne pas passer pour un(e) idiot(e) aux yeux de son conjoint ». Au programme : électricité, plomberie, maçonnerie, jardinage et mécanique.

Moins besoin de repos que d'un changement

L'allongement des congés a sûrement favorisé l'essor des vacances actives. « Le travail, aujourd'hui, est rarement dur physiquement, affirme Jean-Luc Michaud, conseiller technique au Tourisme. Les gens ont moins besoin de repos que d'un changement de rythme et de pôle d'intérêt. » Tous les stagiaires rencontrés au cours de l'enquête affirment qu'ils sont aussi dépaysés par un stage intensif de tissage ou de tennis que par un voyage à l'étranger. « J'aime cette immersion totale dans le monde du tennis », dit Philippe, 36 ans. « Pendant huit jours, nous n'avons parlé que de plantes, dit une stagiaire en herboristerie. Tous les participants étaient persuadés qu'en rentrant à Paris ils cultiveraient des plantes sur leur balcon, ne boiraient plus que des tisanes et mangeraient des produits biologiques... » Armelle, 34 ans, a quitté mari et enfant pour un stage de yoga : « Quand je suis revenue, dit-elle, j'étais différente. Je ne pouvais plus vivre de la même façon. » C'est moins la discipline enseignée qui, parfois, donne un coup de fouet au stagiaire que la rupture avec son milieu naturel, et le plaisir de s'occuper, enfin, de soi.

On rentre avec un « plus. »

La relative démocratisation des vacances — 54 % des Français sont partis en 1982 — et l'élévation du niveau culturel ont banalisé le prestige du bronzage. Il ne suffit plus de rentrer cuivré pour prouver qu'on a passé de bonnes vacances. On rentre avec un « plus » si on est devenu, en huit jours, le petit cousin de Borg et de Noah ou un fin dégustateur de vin. Pour Alain, 38 ans, c'est une revanche sur son enfance : « Pour jouer au tennis aussi bien que mes copains qui ont intériorisé leur coup droit depuis l'âge de 10 ans, la seule solution, c'est le stage intensif. »

Beaucoup de stagiaires sont célibataires ou divorcés. Désir d'être pris en charge ? Envie de tuer la solitude ? Espoir vague de — qui sait ? — changer de peau ? « J'ai joué à être menuisier pendant huit jours, raconte un dentiste. Et si j'en faisais un métier ? » JACQUELINE REMY ∎

Notes, Questions et Activités

Pour comprendre les connotations culturelles

l'Ariège; le massif de la Vanoise,... l'Ardèche : tous les endroits cités se trouvent dans différentes parties de la France.

le ministère du Temps libre : ministère créé par le gouvernement pour développer les activités de loisir.

le Club Méditerranée : club de vacances dont les « villages » à travers le monde ont un grand succès.

L'Île-de-France : région autour de Paris.

l'allongement des vacances : en 1982, le gouvernement socialiste a accordé une cinquième semaine de congés payés; congés auxquels tous les travailleurs ont droit.

Björn Borg : champion mondial de tennis.

Yannick Noah : champion français de tennis.

Pour comprendre les mots

stage (m) : période de formation ou de perfectionnement.

informatique (f) : science de l'information et de la programmation sur ordinateurs.

boulimie (f) : grand appétit.

apprentissage (m) : le fait d'apprendre.

paresse (f) : goût de ne rien faire.

alangui : lent et calme.

bref : c'est-à-dire.

convenir : être approprié.

désormais : à partir de maintenant.

s'initier : commencer à apprendre.

aquarelliste (m ou f) : peintre qui fait des aquarelles.

forgeron (m) : personne qui travaille le fer avec un marteau.

chevrier (m) : gardien de chèvres.

maçon (m) : ouvrier qui fait des constructions en pierres et en briques.

planchiste (m ou f) : personne qui fait de la planche à voile.

informaticien (m) : ingénieur qui travaille sur des programmes d'ordinateur.

enragé (m) *fam.* : fanatique.

adepte (m ou f) : participant.

folie (f) : *ici,* passion, grand enthousiasme.

forfait (m) : prix fixe.

hébergement (m) : logement.

l'idéologie distillée par : *ici,* le concept des vacances exprimé par.

en friche : non développé(e).

cerné : entouré.

gourou (m) : *ici,* animateur de stage.

s'y retrouver : voir clair.

foisonnement (m) : abondance.

chiffrer : mesurer.

recenser : compter.

agréer : approuver officiellement.

buller *fam.* : ne rien faire.

81

centre (m) **d'artisanat** : centre où l'on apprend des métiers manuels.

percer : commencer.

tissage (m) : fabrication de tissu.

randonnée (f) : longue promenade.

« fête » (f) : *ici,* vie très agréable, très gaie.

convivial : sociable.

marginal (m) : personne qui vit en marge de la société.

cadre (m) **supérieur** : employé situé dans la catégorie la plus élevée.

fonctionnaire (m ou f) : employé(e) du gouvernement.

chaland (m) : *ici,* client.

délaissé : abandonné.

maniaque (m) : passionné.

passées... stages : devenus des lieux préférés pour des stages.

station (f) : endroit équipé pour faire du ski.

rentabiliser : rendre profitable.

forcenée (f) : fanatique.

se lancer : commencer.

monter : organiser.

déboucher sur : se terminer par.

sentir le vent *fam.* : anticiper les changements.

conjoint (m), **conjointe** (f) : mari, femme.

essor (m) : développement.

être dépaysé : avoir l'impression d'un changement.

herboristerie (f) : étude des plantes.

tisane (f) : infusion faite avec des plantes naturelles.

banaliser : rendre ordinaire.

bronzage (m) : couleur brune de la peau donnée par le soleil.

cuivré : *ici,* de couleur brune.

dégustateur (m) : connaisseur.

revanche (f) : compensation.

intérioriser : maîtriser.

coup (m) **droit** : une des façons de frapper la balle de tennis.

envie de : désir de.

changer de peau *fam.* : changer de personnalité.

menuisier (m) : personne qui travaille le bois.

De quoi s'agit-il ?   1. Quelles sont les deux façons de passer les vacances ?

2. Qu'est-ce que ce nouveau type de vacances propose aux vacanciers ? Donnez des exemples précis ?

3. Quand cette formule de vacances est-elle apparue ? Pourquoi ? Les stagiaires sont-ils les mêmes aujourd-hui ? Pourquoi ?

4. Est-ce que l'on passe en général toutes ses vacances à suivre un stage ?

5. Qu'est-ce que les stagiaires interrogé(e)s apprécient surtout dans ces stages ?

6. Qu'est-ce qui pourrait expliquer le changement d'attitude envers les vacances ?

7. Pour quelles raisons certaines régions profitent-elles de ce nouveau type de vacances ?

Vers la communication orale

1. Préférez-vous les vacances paresseuses ou les vacances actives ? Justifiez votre choix.

2. Comment choisissez-vous le type de vacances que vous allez passer ?

3. Avez-vous déjà suivi un stage pendant les vacances ? Aimeriez-vous en suivre un ? Aimeriez-vous en organiser un ? Dites quel type de stage vous intéresse.

4. A votre avis, beaucoup de stagiaires changeront-ils de métier après le stage ? Pourquoi ?

5. La mode des stages est-elle un nouvel exemple de la commercialisation des loisirs ? Pourquoi ?

6. Existe-t-il encore des possibilités de passer des vacances qui ne coûtent pas cher ? Donnez des exemples.

Activités de groupe

Monter un stage

Personnages : les animateurs du stage.

Situation : Vous vous réunissez pour organiser un stage. Où le stage aura-t-il lieu ? Choisissez-en la spécialité, la durée et les dates. Etablissez un programme complet des activités proposées par le stage. Comment les participants seront-ils hébergés et combien devront-ils payer ?

Comment passer les vacances ?

Personnages : a) des personnes qui ont participé à des stages différents;   b) des personnes qui ont passé leurs vacances sans suivre de stage;   c) des personnes qui ne sont pas parties en vacances.

Situation : A la fin de l'été, les habitants d'un immeuble se réunissent et parlent de leurs vacances. Ils expliquent les avantages et les inconvénients des différents types de vacances ou disent pourquoi ils n'ont pas pris de vacances.

Travail écrit

1. Vous êtes chargé(e) de faire connaître un stage. Rédigez une publicité pour attirer des participants.

2. Vous suivez un stage. Vous écrivez à un(e) ami(e) une lettre où vous racontez ce que vous faites et où vous parlez des animateurs et des participants.

Qui a peur des squatters ?

A côté des quelques milliers de squatters qui ont investi, depuis des années, des immeubles abandonnés, se trouve une génération nouvelle, proche des « alternatifs » allemands, qui, elle, ne manque pas d'ambitions.

C'est une drôle de campagne d'affichage qui fleurit depuis quelques jours sur les murs de Paris. Une campagne au parfum de pénurie qui appelle à la réquisition des logements inoccupés. Initiateurs : les « occupants rénovateurs » du XIXe arrondissement, installés dans une dizaine de maisons promises à la démolition. Des occupants illégaux qui ne ressemblent pas tout à fait aux quelques milliers d'autres squatters qui ont, depuis des années, investi, au hasard des rénovations inachevées, des immeubles abandonnés. Eux sont des « alternatifs », des frères jumeaux de ceux de Berlin-Ouest et d'Amsterdam. Jeunes chômeurs, étudiants dotés de petits boulots précaires. Plus encore qu'en quête d'un toit, ils sont à la recherche d'une forme de vie autre. Alternative.

Dans la communauté des anars du logement, ils ne représentent encore qu'une petite poignée, une avant-garde. Mais, avec eux, le grand mouvement alternatif ouest-allemand a trouvé, à Paris, ses correspondants. Leur dernier point de chute : le 105 de la rue de Crimée, dans le XIXe, où ils se sont installés, au mois d'octobre,

après avoir été chassés d'une maison qu'ils occupaient dans la rue Léon-Giraud. Un bon immeuble des années 30, racheté lot par lot par l'Office public des H.l.m. de la ville pour faire place à une opération de rénovation. Ils ont brisé les parpaings qui muraient la plupart des appartements. Ils s'y sont installés.

Cheveux sages, regard clair, discours pondérés, Pierrick, Frédérique, Jeff, Annie et Marie-Hélène, qui ont de 20 à 25 ans, sont des rêveurs efficaces. Ils ont abandonné leur vie d'employé de bureau, de chauffeur livreur, d'étudiant tranquille ou de militant politique pour former ce « groupe de vie » d'une cinquantaine de jeunes dans le XIXe.

« Pour nous, de toute façon, il n'y avait pas de logement social, explique Frédo, 20 ans. Où pouvait-on aller avec nos feuilles de paie ridicules, nos revenus de chômeurs ou nos bourses d'étudiants ? » Ensemble, ils ont retapé des maisons, accueilli des étudiants comédiens en mal de salle de spectacles, monté des centres d'information de quartier, prodigué des conseils à ceux qui veulent faire comme eux. Lors des élections municipales de mars

dernier, alliés à une liste d'écologistes — moyenne d'âge 24 ans — ils ont raflé 5 % des suffrages. Preuve que leur tentative impressionne.

Entre eux, les alternatifs et les 3 500 squatters de Paris, qui occuperaient 170 immeubles privés et publics, peu de points communs, sinon les quartiers en pleine rénovation, où ils élisent domicile.

A quelques centaines de mètres des alternatifs du XIXe, il y a le squat du 173 de la rue de Flandre, où 300 policiers sont intervenus le 13 mai afin de recenser la population — estimée à 400 personnes — avant de l'expulser.

Dans cinq immeubles de cinq étages, à peine séparés par des courettes étriquées, c'est le « ghetto » noir de Paris. Un lieu interlope, désigné ainsi par ceux-là mêmes qui l'occupent depuis l'été 1982 : Antillais, Sénégalais, Zaïrois, Camerounais, en situation plus ou moins régulière, étudiants boursiers de leur gouvernement (1 500 Francs par mois en moyenne) ou marchands de marihuana à 50 Francs l'enveloppe. Autour : une faune de petits voleurs.

Quand les policiers sont ressortis des immeubles, le 13 mai, ils n'avaient recensé que 200 occupants, tous en situation régulière, à une exception près. La faune avait filé.

Abib Diallo, un étudiant sénégalais en philosophie, élu « président » du squat pour sa sagesse, raconte la réaction d'un policier entré dans son petit deux-pièces propret, décoré de portraits de Corneille et de citations de Léopold Sédar Senghor : « Pas la peine, chef, c'est un intellectuel ! »

Abib Diallo, « président » du squat de la rue de Flandre, attend patiemment sa chambre universitaire dans son deux-pièces propret.

Aux autres, un ticket d'hébergement à l'Armée du salut

Diallo est en train de déménager ses bouquins vers la Cité universitaire, où il a enfin trouvé une chambre. Les autres seront, probablement, expulsés après jugement. Le secrétaire d'Etat aux Départements et Territoires d'outre-mer débloquera quelques places de foyer pour les Antillais. Aux autres, on fournira un ticket d'hébergement pour une nuit à l'Armée du salut. Le lendemain, ils investiront un nouvel édifice, ou ils iront partager un squat plus ancien : depuis un an, on a « vidé » vingt-six immeubles de leurs occupants sans titre, et au moins autant se sont retrouvés occupés. Le squat de la rue Raymond-Losserand, dans le XIVᵉ, évacué en février 1982, après que deux crimes y furent commis, a, pour partie, émigré vers le ghetto de la rue de Flandre.

Les alternatifs du XIXᵉ jouent à cache-cache dans le quartier en attente de rénovation depuis vingt ans. Aux yeux de la loi, ils sont, comme les autres, des occupants sans titre qu'on expulse après jugement. Eux résistent à coups de finesses judiciaires ou d'appels à l'opinion : ils jettent par les fenêtres des tracts d'information quand la police arrive, ou demandent l'aide judiciaire quand on les traîne devant les tribunaux. « C'est toujours quinze jours de gagnés ! » explique Frédérique, étudiante en psychologie.

On est encore loin, à Paris, des 20 000 occupants illégaux d'Amsterdam. Encore plus des 50 000 alternatifs berlinois — certains disent 200 000.

A Berlin-Ouest, ville en friche, le mouvement alternatif, parti du quartier de Kreutzer, le plus pauvre, et d'une poignée de jeunes, a donné naissance à une véritable société parallèle. Toute une économie de crise s'y épanouit, du restaurant à la menuiserie, vivant plus d'échanges de services que d'échanges d'argent, alimentée, de temps à autre, par une « banque » alternative qui puise ses fonds dans la solidarité des militants.

A Amsterdam, où 5 % de la population est mal logée, les affrontements violents entre police et squatters, résistant à toute évacuation, ont incité la Ville à voter une loi sur l'habitat proche, au fond, de l'idée de réquisition agitée par les alternatifs parisiens. Depuis quelques années, les propriétaires de logements vacants d'Amsterdam sont tenus de les déclarer. Au bout d'un an d'inoccupation, la Ville peut en devenir le bailleur.

Frédo, jeune squatter de la rue de Crimée, court tout Paris à la recherche de polycopiés de Jacques Delors, le ministre des Finances, quand il était professeur d'économie à la faculté Dauphine. « En ce temps-là, dit-elle, il défendait les expériences alternatives... » Pour elle, comme pour les autres, cette économie-là commence par l'appropriation d'un logement. Une utopie galopante que les Berlinois ont déjà réalisée.

SYLVIANE STEIN ■

Notes, Questions et Activités

Pour comprendre les connotations culturelles

le XIXᵉ arrondissement : arrondissement de Paris qui a la réputation d'être un quartier d'ouvriers et d'immigrés.

l'Office public des H.l.m. : organisme qui administre les Habitations à loyer modéré.

un logement social : logement attribué par l'Etat aux personnes qui ont peu d'argent.

les élections municipales : élections qui ont lieu tous les six ans pour élire les conseillers municipaux.

un(e) Antillais(e) : personne originaire des Antilles. La Guadeloupe et la Martinique qui font partie des Antilles sont des départements français d'outre-mer.

un(e) Sénégalais(e) : personne originaire du Sénégal, en Afrique.

un(e) Zaïrois(e) : personne originaire du Zaïre, en Afrique.

un(e) Camerounais(e) : personne originaire du Cameroun, en Afrique;

Pierre Corneille (1606-1684) : auteur célèbre de tragédies classiques.

Léopold Sédar Senghor : écrivain et président du Sénégal (1960-1981). Elu membre de l'Académie française en 1984.

la Cité universitaire : ensemble de résidences pour les étudiants, où se trouve également un restaurant universitaire.

le secrétaire d'Etat aux Départements et Territoires d'outre-mer : membre du gouvernement responsable de l'administration des départements et territoires français situés en dehors de la France métropolitaine.

l'Armée du salut : association protestante qui aide surtout les pauvres.

la faculté Dauphine : l'Université de Paris IX qui se trouve à la porte Dauphine.

Pour comprendre les mots

squatter (m) : personne sans logement qui s'installe illégalement dans un bâtiment inoccupé.

investir : *ici,* occuper.

affichage (m) : action de coller des affiches.

fleurir : *ici,* se développer.

au parfum de : *ici,* qui évoque.

pénurie (f) : manque de ce qui est nécessaire.

inachevé : qui n'est pas terminé.

jumeau : *ici,* identique.

chômeur (m) : personne qui n'a pas de travail.

dotés : qui ont.

boulot (m) *fam.* : travail.

précaire : incertain.

anar (m ou f) *fam.* : anarchiste.

poignée (f) : *ici,* petit nombre.

point (m) **de chute** *fam.* : *ici,* adresse.

lot (m) : *ici,* appartement.

parpaing (m) : grosse pierre.

murer : fermer.

pondéré : calme.

feuille (f) **de paie** : papier indiquant le salaire.

ridicule : *ici,* très petit(e).

revenu (m) : *ici,* allocation.

bourse (f) **d'étudiant** : aide financière accordée à un étudiant.

retaper *fam.* : réparer.

en mal de : à la recherche de.

monter : organiser.

prodiguer : donner.

rafler *fam.* : obtenir.

élire domicile : choisir d'habiter.

squat (m) : bâtiment occupé par des squatters.

recenser : compter.

courette (f) : petite cour.

étriqué : étroit.

interlope : suspect, louche.

boursier : ayant une bourse.

faune (f) *fam.* : des gens un peu bizarres.

filer *fam.* : *ici,* disparaître.

propret : simple et propre.

bouquin (m) *fam.* : livre.

après jugement : après décision prise par le tribunal.

débloquer : accorder.

hébergement (m) : logement.

jouer à cache-cache : *ici,* passer d'un endroit à l'autre.

à coup de finesses judiciaires : en jouant subtilement avec la loi.

appel (m) **à l'opinion** : demande de soutien au public.

traîner : *ici,* forcer à aller.

« c'est... gagnés ! » : nous réussissons ainsi à retarder d'encore quinze jours notre expulsion.

en friche : *ici,* ayant des quartiers abandonnés.

s'épanouir : se développer.

puiser ses fonds : trouver son argent.

proche, au fond : assez proche.

être tenu de : être obligé de.

bailleur (m) : personne qui donne en location un logement.

polycopié (m) : texte imprimé d'un cours.

galopant : qui progresse rapidement.

réaliser : *ici,* mettre en place.

De quoi s'agit-il ?

1. Où habitent les squatters ?

2. Comment s'appellent les nouveaux squatters ? Quelle est leur moyenne d'âge ?

3. Quel mouvement inspire l'action des nouveaux squatters ?

4. Pourquoi sont-ils devenus squatters ?

5. Quelles ont été les conséquences de l'expulsion des squatters du 173, rue de Flandre ?

6. Pourquoi le mouvement alternatif ouest-allemand est-il devenu une véritable société parallèle ?

7. Quels sont les objectifs de la nouvelle génération de squatters français ?

Vers la communication orale

1. Que pensez-vous de l'action de Pierrick, Frédérique, Jeff, Annie et Marie-Hélène ?

2. Pour quelles raisons pourrait-on devenir squatter ?

3. La naissance de mouvements de squatters est-elle inévitable dans la société actuelle ? Pourquoi ?

4. Quelle est l'attitude de l'auteur de ce texte envers les squatters ?

5. Vous avez un très petit budget pour vivre. Comment allez-vous vous loger ?

6. Quelle importance faut-il accorder aux sociétés parallèles ? Justifiez votre réponse en donnant des exemples précis.

Activités de groupe

Que faire ?
Personnages : a) un(e) journaliste;   b) des squatters.

Situation : des squatters occupent un immeuble condamné à la démolition. Un(e) journaliste interviewe les squatters qui donnent les différentes raisons pour lesquelles ils sont là.

Un conflit social
Personnages : a) l'animateur (ou l'animatrice) d'une émission de télévision;   b) des représentants d'une association de quartier, du conseil municipal, de la police et de l'Armée du salut;   c) des squatters.

Situation : Les habitants d'un quartier se sont plaints à la police des activités des squatters qui, selon eux, ont donné une mauvaise réputation au quartier. Un débat à la télévision réunit les personnages cités.

Travail écrit

1. Vous allez faire des études en France et vous souhaitez loger à la Cité universitaire. Vous écrivez au directeur de l'une des résidences pour demander une chambre.

2. Vous adressez une lettre au journal pour donner votre opinion sur le débat à la télévision au sujet des squatters.

Vacances et loisirs

La France, les pieds dans l'eau

La moitié des Français en vacances vont à la mer. Cette saison, c'est la Corse qui tient la vedette, mais on commence aussi à découvrir l'Aquitaine, et le Languedoc-Roussillon. Avec un nouvel impératif : bronzer ne suffit plus.

C'est la ruée vers le littoral : 19 millions de vacanciers attendus cet été. On a beau promouvoir les charmes de la campagne et les bienfaits de la montagne, les Français veulent aller voir danser la mer le long des golfes clairs.

Et la pollution ? Et les murs de béton ? Et la surpopulation, 500 000 personnes présentes en même temps sur les 100 km de plages de la côte varoise, soit cinq individus au mètre ? Tant pis, 50 % des Français en vacances vont à la mer. Pour se baigner ? La direction de Villages Vacances Familles, un organisme qui reçoit 600 000 personnes par an, a effectué une enquête dans ses villages balnéaires. Cinquante pour cent des adultes fréquentent la plage, 20 % se mouillent, 5 % seulement savent nager. « C'est par besoin d'espace, disent-ils, que nous choisissons la mer, et parce que les jeunes s'y sentent plus heureux. »

Depuis quinze ans, on annonce l'explosion de la cellule familiale. Il y aura, cet été, 25 % d'adolescents dans les V.v.f. : « A partir du moment où on trouve des copains, des activités, partir avec les parents n'est pas une corvée. Au contraire, on s'entend mieux au bord de la mer. »

Quels sont les rivages les plus courus cette saison ? Ceux de la Corse : 30 % d'augmentation par rapport à 1981. Même vedettariat de l'île de Beauté au Club Méditerranée, dont le style sun-sex-sand est pourtant aux antipodes de celui de Villages Vacances Familles. Explication des responsables du Club : « Sous la pression de la crise, les gens qui avaient l'habitude de partir au loin se replient sur la France, et la Corse, c'est la France avec l'exotisme en plus. »

Quand on interroge le public, l'absence de pollution est jugée plus importante que la présence du soleil. Déjà, au nom de la forme, l'envie de

vacances « où l'on fait quelque chose » pointe derrière le goût des « vacances quelque part au soleil ». Auparavant, dit-on au Club Méditerranée, on voyait les Gentils Membres, sitôt débarqués de l'avion, s'affaler sur la plage et n'en plus bouger jusqu'à l'heure des buffets. Maintenant, ils sont pris d'une frénésie d'activité. En plein midi, au Sénégal ou à la Martinique, ils se ruent sur les courts de tennis.

Nice, sa plage et ses estivants.

Du coup, des stations du littoral qui offraient comme seul sport la pêche aux moules ou la pétanque se croient obligées de multiplier les propositions musclées. Equitation plus pêche en mer plus tennis, dans le Morbihan ; stages de football avec Michel Platini et de cyclisme avec Raymond Poulidor, à Saint-Cyprien. Même Saint-Tropez lance des séjours de karaté.

« Les vacances d'hiver à la montagne ont donné le goût de l'animation en été », constatent les responsables d'Havas qui éditent « Douce France », le plus important catalogue de voyages consacré à la France.

« Ça coûte combien ? »

Le rêve des vacanciers, c'est un logement les pieds dans l'eau. A la pension complète, imposée dans les hôtels en haute saison, ils sont de plus en plus nombreux à préférer la liberté du self-service. D'où les succès des résidences hôtels, comme celles lancées par le Club Montamer. Il y a trois ans, il débutait ; l'été dernier, il a reçu 90 000 clients. Dans ses résidences du Languedoc-Roussillon, de la côte normande et d'Aquitaine, un appartement tout équipé, de la literie aux petites cuillers, revient en haute saison à 1 600 F par semaine. Il ne mesure que de 25 à 30 m², mais quatre personnes réussissent à y loger. A midi, on grignote une salade niçoise au bord de la piscine (chaque résidence a la sienne). Le soir, tandis que les enfants sont installés dans le salon vidéo où sont projetés des films pour eux, courses au supermarché ; 46 % des clients ont entre 35 et 49 ans, 30 % entre 25 et 34 ans. Leur première question, avant de décider du choix de la résidence : ça coûte combien ? « A 100 F près, par personne et par

La cohue des vacanciers sur la plage d'Antibes. Cinq individus au mètre.

semaine, ils se décident pour la moins chère », affirme Albert Lipkowicz, le P.d.g. de Montamer. C'est au besoin d'économie qu'il impute la diminution de la durée moyenne des séjours. L'année dernière, elle était de dix-huit jours. Cette année, d'après les réservations, elle ne sera que de quatorze jours.

Une fois de plus en France, ce sont les résidences de parents et d'amis qui hébergeront le plus de vacanciers (35,3 %), puis les tentes et les caravanes (21,8 %), les locations (14,2 %) et enfin les hôtels (6,6 %).

Il est terminé le temps où les Français commençaient à penser à leurs vacances après les fêtes de Pâques. « Depuis le 1er mars, il n'y a plus une location disponible, pour août, de La Rochelle à Royan », annonce le directeur de la Maison Poitou-Charentes. « Sur la côte basque, il ne reste que les chambres d'hôtel », assurent les hôtesses de la Maison des Pyrénées.

Pourtant, on ne peut pas dire que les meublés soient donnés : 6 000 F trois pièces en août dans le Pas-de-Calais,

entre 6 000 et 9 000 F du côté de Guéthary, 16 000 F une villa les pieds dans l'eau à Hardelot. C'est en raison du coût de l'hébergement et de la difficulté de le trouver au dernier moment, de la multiplication des frais imprévus — payer le plagiste pour avoir le droit d'accéder à la mer, payer le sandwich au prix d'un gueuleton dans l'arrière-pays — que les Français commencent à rechercher le forfait hôtel, demi-pension, circuit. A l'étranger, ils ont trouvé commode ce système de vacances préempaquetées.

Les filets de la séduction

En France, il permet des découvertes. « Les vacanciers sont tout étonnés, dit Peggy Butet, la directrice de la Maison de la Normandie à Paris, quand je leur dis qu'au sud du Cotentin il y a des camélias, des pins parasols, d'adorables stations comme Les Genêts, Saint-Jean-le-Thomas. » Ils font un circuit dans les Charentes et découvrent l'art roman au bord de la

mer. Les estivants préfèrent le sud mais savent-ils que devant Le Crotoy s'étend un des plus beaux paysages de France, la baie de Somme ? Et que Saint-Valéry-sur-Somme, une minuscule station, connaîtra dans dix ans la même notoriété qu'Honfleur ?

Il reste encore des paysages et des stations de charme à découvrir en France, en dépit de l'urbanisation galopante et anarchique du littoral. Mais le réflexe moutonnier, le besoin d'animation drainent toujours les vacanciers vers les stations les plus connues. Cabourg va reconstituer, dans la dernière semaine d'août, le départ de Guillaume le Conquérant en 1066 pour l'Angleterre. Festivités également au Touquet, qui fête son centième anniversaire. Biarritz, aura ses « nuits féeriques », Nice son festival de jazz, Saint-Jean-de-Luz son tournoi de pêche au thon. Comme chaque année, on va déployer les filets de la séduction pour attirer sur les bords de mer surpeuplés le vacancier. Poisson ou pigeon ?

RÉGINE GABBEY ∎

Notes, Questions et Activités

Pour comprendre les connotations culturelles **la Corse** : île de la Méditerranée qui fait partie de la France. On l'appelle aussi « l'île de Beauté ».

l'Aquitaine : on peut regrouper les régions (R) et les villes (V) citées dans ce texte selon leur situation maritime :

La Manche
le nord : le Pas-de-Calais (R); Hardelot (V); Le Touquet (V); Le Crotoy (V); Saint-Valéry-sur-Somme (V); la baie de la Somme (R).

le nord-ouest : la Normandie (R); la côte normande (R); Honfleur (V); Cabourg (V); le Cotentin (R); les Genêts (V); Saint-Jean-le-Thomas (V).

L'Atlantique
l'ouest : le Morbihan (R); le Poitou-Charentes (R); La Rochelle (V); Royan (V).

le sud-ouest : l'Aquitaine (R); les Pyrénées (R); la côte basque (R); Saint-Cyprien (V); Biarritz (V); Guéthary (V); Saint-Jean-de-Luz (V).

La Méditerranée
le Languedoc-Roussillon : région qui s'étend de Montpellier à la frontière espagnole.

la côte varoise : côte du département du Var, situé à l'est de Marseille (V); Saint-Tropez (V); Nice (V); Antibes (V).

voir danser... clairs : paroles d'une chanson célèbre de Charles Trenet intitulée « La Mer ».

Villages Vacances Familles (V.v.f.) : organisme qui propose des vacances en famille à des prix moyens.

le Club Méditerranée : club qui a des « villages » de vacances à travers le monde. Les clients du « Club Med » s'appellent les « Gentils membres ».

le Sénégal : pays d'Afrique occidentale.

la Martinique : île située dans la mer des Caraïbes; un des départements français d'outre-mer.

la pension complète : formule qui comprend aussi le prix du déjeuner et du dîner.

la demi-pension : formule qui comprend le prix du déjeuner ou, plus souvent, du dîner.

le P.d.g. : le Président directeur général.

la Maison Poitou-Charentes; la Maison des Pyrénées : les différentes régions ont à Paris un bureau de promotion.

l'art roman : style caractéristique des églises romanes (XIe et XIIe siècles).

Pour comprendre les mots **avoir les pieds dans l'eau** : *ici*, être au bord de la mer.

tenir la vedette : être à la mode, populaire.

impératif (m) : obligation.

ruée (f) : mouvement précipité de la foule.

avoir beau promouvoir : faire en vain de la publicité pour.

bienfait (m) : avantage.

béton (m) : ciment.

balnéaire : au bord de la mer.

se mouiller : entrer en contact avec l'eau.

corvée (f) : obligation désagréable.

s'entendre mieux : avoir de meilleurs rapports.

rivage (m) : *ici*, côte.

couru : populaire.

vedettariat (m) : succès.

être aux antipodes de : être très différent de.

crise (f) : crise économique.

forme (f) : bon état physique.

pointer : apparaître.

s'affaler : se laisser tomber.

être pris de : avoir.

se ruer : se précipiter.

du coup *fam.* : pour cette raison.

station (f) **du littoral** : station balnéaire.

pétanque (f) : nom d'un jeu de boules provençal.

musclé : *ici,* qui demande une activité physique.

équitation (f) : action de monter à cheval.

lancer : faire de la publicité pour.

débuter : commencer.

literie (f) : draps, couvertures, etc.

revenir à : coûter.

grignoter : *ici,* manger légèrement.

besoin (m) **d'économie** : besoin de faire des économies.

imputer : attribuer.

héberger : loger.

location (f) : *ici,* maison ou appartement que l'on a loué.

gueuleton (m) *fam.* : repas où l'on mange et où l'on boit beaucoup.

meublé (m) : appartement avec des meubles.

frais (m pl) **imprévus** : dépenses supplémentaires.

plagiste (m) : personne responsable d'une plage payante.

arrière-pays (m) : région située en arrière de la côte.

forfait (m) : formule selon laquelle tout est payé à l'avance.

circuit (m) : visite organisée d'endroits touristiques.

préempaqueté : tout organisé à l'avance.

estivant (m) : personne qui prend ses vacances en été.

galopant : qui progresse rapidement.

réflexe (m) **moutonnier** : réflexe qui consiste à faire comme tout le monde.

drainer : attirer en grand nombre.

déployer les filets de la séduction : utiliser beaucoup de charme. (Un filet sert à attraper des poissons.)

pigeon (m) : *ici,* dupe.

De quoi s'agit-il ?

1. Quelles sont les vacances préférées des Français ? Pourquoi ?

2. L'attitude des Français en vacances a-t-elle changé ? Comment ?

3. Quels sont les inconvénients des vacances passées au bord de la mer ?

4. Où les Français sont-ils logés pendant les vacances ?

5. Les adolescents sont-ils heureux de partir en vacances avec leurs parents ? Dites pourquoi.

6. Pourquoi les vacanciers choisissent-ils de moins en moins la pension complète ?

7. Quelle est la clientèle du Club Montamer ?

8. A quel moment faut-il faire des réservations pour les vacances ? Qu'est-ce que cela indique sur l'importance des vacances pour les Français ?

9. Pourquoi les estivants préfèrent-ils le sud ?

10. Comment les stations les plus connues essaient-elles d'attirer un plus grand nombre de vacanciers ?

Vers la communication orale

1. Quand vous choisissez l'endroit où vous passerez vos vacances, qu'est-ce qui est plus important pour vous, l'absence de pollution ou la présence du soleil ?

2. Si vous deviez établir un classement des stations balnéaires de votre région ou de votre pays, quels sont les critères que vous prendriez en considération et dans quel ordre ? Pourquoi ? Voici quelques critères : type de plage, dimension de la plage par rapport au nombre de vacanciers, pollution de l'eau, temps ensoleillé, conditions d'hébergement, prix, restaurants, possibilités touristiques, activités culturelles, animation, sports, etc.

3. Quelles sont les formules de vacances les plus populaires dans votre pays ?

4. Y a-t-il dans votre région ou dans votre pays « des paysages et des endroits de charme à découvrir » ? Lesquels ?

Activités de groupe

Allô Vacances ! En direct avec « Radio-Voyages »
Personnages : a) l'animateur (ou l'animatrice);   b) les invité(e)s de l'émission;   c) les auditeurs (ou les auditrices).

Situation : Les auditeurs posent des questions sur les vacances aux invité(e)s : le directeur ou la directrice de différents magazines de tourisme, un rédacteur ou une rédactrice de plusieurs guides touristiques, des représentant(e)s de Maisons de tourisme régional.

Une enquête sur les vacances
Personnages : a) deux journalistes;   b) des personnes interviewées représentant différentes catégories sociales (des familles nombreuses, des couples sans enfant, des célibataires, des étudiants, etc.).

Situation : La classe se divise en deux. Les deux journalistes font un sondage d'opinion sur les vacances. Ils (Elles) posent des questions comme celles-ci :
• où aller pour passer des vacances à bon marché ?
• où aller pour passer des vacances reposantes ?
• quels sont les pays les plus accueillants ?
• quels sont les endroits à voir absolument ?
• quelles sont les plus belles villes du monde ? etc.
Ensuite on compare les résultats des deux journalistes.

Travail écrit

Le magazine « Voyages » vous propose d'écrire un article sur les vacances à bon marché, les vacances à budget moyen ou les vacances de rêve.

Les fermes du bon accueil

Pour certains, la campagne offre plus que la plage.

« C'est notre ancien sénateur, Emile Aubert, qui en a eu l'idée. Un jour de 1951, il dit, comme ça, devant tout le Conseil général : « Et si on aidait les paysans à recevoir les touristes ? Peut-être bien qu'ils ne quitteraient plus la montagne. » Une nature, le père Roche, petit éleveur de moutons au hameau de Chandol à quatre lieues au nord de Digne (Alpes-de-Haute-Provence). Pas peu fier d'avoir créé, il y a trente ans, avec sa femme Denise le premier gîte rural de France. « On a transformé une grange qui ne servait plus. Et tous les étés, pendant deux mois, on recevait une famille. Presque toujours la même, au début : c'est qu'on les connaissait pas trop, les touristes, on voulait pas changer. »

Ses voisins ont imité Emile Roche, puis les voisins des voisins : le département des Basses-Alpes était devenu terre d'expérimentation. Pas pour longtemps. Dès 1955, sous l'impulsion des mouvements ruraux chrétiens, les Pouvoirs publics élargissent la formule à l'ensemble du territoire.

Le label de qualité

L'objectif est triple : développer le « tourisme vert » (déjà !), apporter aux ruraux un complément de revenu, restaurer et maintenir un patrimoine architectural passablement entamé. L'Etat ne lésine pas sur les moyens : des subventions (de 15 à 30 % des travaux) et des prêts bonifiés sont accordés à ceux qui équipent leurs bâtiments. En contrepartie, les ruraux doivent respecter certaines règles : location à la semaine, qualité du gîte (« Des inspections fréquentes permettent de retirer immédiatement le label aux brebis galeuses », affirme-t-on à la Fédération nationale des gîtes ruraux de France) et nature de l'accueil.

Le succès est incontestable. En trente ans, plus de 28 000 gîtes sont créés en France. Soit quelque 140 000 « lits », presque autant que ceux proposés par les villages de vacances. C'est encore trop peu : du 14 juillet au 31 août, la demande est de trois à quatre fois supérieure à l'offre. La formule a fait école dans les départements d'outre-mer. Aux Antilles, à la Guyane, bientôt à la Réunion. Les étrangers nous l'envient : la F.n.g.r.f. (1) a dû installer des bureaux de réservation à Londres, à Copenhague et projette d'en créer à Bruxelles, à Amsterdam, à New York, au Québec et en République fédérale allemande. Il y a quelques années, un agent de voyages américain découvre les gîtes français. Il est si emballé qu'il veut réserver plusieurs milliers de nuitées par an. Impossible : sa commande était quatre fois supérieure à la capacité totale...

D'où vient alors que certains dérivés des gîtes ruraux s'implantent mal ? Les gîtes d'étape, les gîtes d'enfants, les campings à la ferme ou les tables d'hôte, de création plus récente, sont déjà des succès. Pas la chambre d'hôte. Mis au point en 1968, au moment des jeux Olympiques de Grenoble, ce « bed and breakfast » à la française a du mal à démarrer.

GILLES LONGIN ∎

Les touristes « verts » découvrent les charmes du terroir et les vacances à la ferme.

Notes, Questions et Activités

Pour comprendre les connotations culturelles

un sénateur : membre du Sénat. Le Parlement français est composé de l'Assemblée nationale et du Sénat.

le Conseil général : assemblée qui administre le département. Ses membres sont élus pour six ans.

le père Roche : l'appellation « le père » est utilisée de façon familière à la campagne pour les hommes âgés.

un gîte rural : ferme qui est équipée pour accueillir des vacanciers ou des touristes.

les Pouvoirs publics : l'Etat.

le « tourisme vert » : le fait de passer ses vacances à la campagne. Le vert est la couleur qui évoque la nature et l'écologie.

un département d'outre-mer : département français situé loin de la métropole.

un gîte d'étape : ferme où les voyageurs peuvent s'arrêter au cours d'un itinéraire.

une table d'hôte : les paysans reçoivent à leur table des visiteurs pour le déjeuner ou pour le dîner.

Grenoble : ville située au Sud-Est de la France, dans les Alpes.

Pour comprendre les mots

nature (f) : *ici,* forte personnalité.

hameau (m) : très petit village.

lieue (f) : ancienne mesure de distance (4 kilomètres environ).

pas peu fier : très satisfait.

grange (f) : bâtiment où l'on garde la récolte.

on les connaissait pas trop *fam.* : on *ne* les connaissait pas vraiment. (Dans la langue parlée, *ne* disparaît souvent.)

complément (m) **de revenu** : un peu plus d'argent.

patrimoine (m) : bien, richesse.

passablement : assez.

entamé : en diminution.

lésiner : dépenser seulement ce qui est nécessaire.

prêt (m) **bonifié** : somme d'argent prêtée par une banque à de bonnes conditions.

ruraux (m pl) : habitants de la campagne, paysans.

brebis (f) **galeuse** : personne qui ne respecte pas les règles du groupe.

incontestable : certain.

emballé *fam.* : enthousiasmé.

nuitée (f) : mot technique qui indique la durée d'une nuit.

dérivé (m) : *ici,* formule similaire.

démarrer : commencer.

De quoi s'agit-il ?

1. Quand le premier gîte rural est-il apparu ? Où a-t-il été créé ? Par qui ? Comment ?

2. Pourquoi les Pouvoirs publics ont-ils aidé le développement de cette formule de vacances ?

3. Quelles règles les paysans doivent-ils respecter ?

4. Qu'est-ce qui indique le succès de cette formule ?

5. Quelles autres formules ont été inspirées par celle du gîte rural ?

6. Pourquoi n'y a-t-il pas assez de gîtes ruraux entre le 14 juillet et le 31 août ?

Vers la communication orale

1. Si vous aviez une ferme à la campagne, voudriez-vous en faire un gîte rural ? Pourquoi ?

2. Quelles sont les différentes raisons pour lesquelles les vacanciers choisissent la formule du gîte rural ?

3. Aimeriez-vous passer des vacances dans un gîte rural ?

4. Quels sont pour vous les avantages et les inconvénients des vacances à la campagne ?

Activités de groupe

La création d'un gîte rural
Personnages : a) un sénateur; b) un(e) propriétaire de ferme.

Situation : Votre demande de subvention pour transformer un bâtiment de votre ferme en gîte rural n'a pas été acceptée. Vous allez voir votre sénateur pour le persuader de l'intérêt de cette opération. Faites la liste des travaux à faire. Justifiez-les. Décrivez les effets positifs qu'ils auront.

Une bonne ou mauvaise expérience
Situation : Deux personnes viennent de passer des vacances dans un gîte rural. Leurs amis les interrogent sur leurs bonnes (ou mauvaises) expériences : le climat, le paysage, les transports et les distractions, le confort, les repas, etc.

Travail écrit

La Fédération nationale des gîtes ruraux de France vous a envoyé(e) inspecter des gîtes ruraux. Rédigez votre rapport.

Les filles de La Rochelle

« Kriter IX » et « Charles Heidsieck III »
ont tenu la dragée haute aux hommes. A leur bord,
des équipages féminins sans peur et sans reproche.

En équilibre au-dessus de l'eau, Martine croche dans le lourd tissu de la grand-voile. Quatre-vingt-dix mètres carrés de Dacron qui battent dans le vent. Qui blessent les mains. Béatrice, accrochée le long du mât, aide à réduire la toile. Incliné à plus de 30°, « Kriter IX » taille sa route dans le chenal. Le vent et la pluie font blanchir le golfe du Mexique, au large de La Nouvelle-Orléans. Après trente-deux jours de course, l'océan réserve une dernière surprise : un grain tropical violent qui surprend les onze filles tranquillement occupées à régler les voiles de petit temps.

A la barre, Dany Delage garde les yeux rivés sur la voile d'avant. A l'étrave, carte et chronomètre dans la main. Sylvie Vanek, le skipper, surveille la ligne. Boum ! Le coup de canon de la victoire. La barre tourne. Les voiles descendent. Et elles, elles crient, elles rient, elles chantent.

Non seulement elles ont gagné leur course dans la course, battu les autres filles, mais, de plus, elles sont là avec les hommes. Sur des bateaux plus petits, elles arrivent douze heures — sur plus d'un mois de course — après

Kersauson, quatorze heures après Malinovsky...

Samedi 29 mai. 23 h 44, au centre d'information Thomson : « Ici "Charles Heidsieck III," Claire Marty, j'appelle la bulle Thomson. Me recevez-vous ?
— Fort et clair. A toi.
— Nous avons cassé notre étai. Je répète : nous avons cassé notre étai. Mais tout va bien. Nous avons réparé. Quelle est notre position au dernier classement ? »

Décidément, elles ne pensent qu'à la régate.

Les pinces, la scie et le marteau à la main

Dans un jazz-bar du Vieux Carré de La Nouvelle-Orléans, Claire Marty raconte : « J'ai cru que tout était fini. Mais, à la barre, Catherine a réagi, au dixième de seconde, en lançant les 20 tonnes du bateau plein vent arrière. La moitié des filles dormaient, mais, en quelques instants, tout le monde était sur le pont. Les pinces, la scie et le marteau à la main. L'étrave jouait à l'ascenseur sur les vagues. Nous étions

trempées. Mais nous nous sommes battues et nous avons gagné. » Ses yeux expriment alors autant de satisfaction volontaire que de déception. Contente d'avoir mené de La Rochelle à La Nouvelle-Orléans ce bateau de 20 mètres, conçu pour être manœuvré par dix solides gaillards. Déçue d'être battue par l'autre. Par le « Kriter IX » de Sylvie Vanek.

Deux bateaux de plus d'un demi-million de francs lourds qui avaient terminé la Course autour du monde en deuxième et troisième position. Le premier a été prêté à Claire Marty et Catherine Hermann, le second à Sylvie Vanek par son père, André Viant.

Les deux équipages féminins s'étaient retrouvés au départ, le 15 mai. Sourires, petits rires narquois... Qui prend les « gonzesses » au sérieux ? Attitudes et vocabulaire à l'appui, la réputation de misogynie des marins n'est pas usurpée.

Mais, chez les Viant, la voile, c'est une affaire de famille. Le patriarche, propriétaire de « Kriter IX », un des skippers français les plus titrés, a inculqué sa passion à ses enfants, en particulier à sa fille. Sylvie était à bord dans la première et la quatrième étape du Tour du monde. Elle a couru des milliers de milles. Pour sa première course en tant que skipper, elle s'est entourée de quelques-unes des meilleures françaises : Annick Martin, Dany Delage...

Sur « Charles Heidsieck » non plus, on ne manque pas d'expérience. Claire et Catherine ont couru la Transat en double anglaise. Catherine, avec Florence Arthaud, la Transat en double des Bermudes. Et puis Debby, l'Américaine, vient de boucler le Tour du monde et Sylvie Gabbay, « la Mouette », est cap-hornière.

L'équipage de « Kriter IX » au départ de la course de La Rochelle à La Nouvelle-Orléans.

C'est son mari, Alain Gabbay, qui a rendu le plus bel hommage aux deux équipages. Lui qui, avec « la Mouette », en mer, a dû pouponner la petite Marine, leur fille, pendant près de cinq semaines... « Ce n'était pas facile, dit-il. Moi, je ne sais rien faire "comme maman." En revanche, elle, elle sait tout faire comme moi. Ces filles, elles les font bien marcher, "nos" bateaux ! »

Drôle de compliment pour Sylvie ! « On en a assez d'être définie comme la "femme de...", la copine d'un tel ou d'un tel, dit-elle. Pendant la première moitié de la course, lors des vacations radio, tous les "mecs" étaient très paternalistes. Ils nous donnaient des conseils, s'inquiétaient de tout. Mais, quand on a doublé Kersauson et Malinovsky, ils ont compris. Plus de conseils. Plus de protection. Il leur a fallu ça pour nous prendre au sérieux. » Et Sylvie sourit lorsque les gros durs tentent de faire croire que cette course était facile.

La course, c'est finalement le meilleur doping lorsqu'on commence à en avoir assez d'enfiler des vêtements humides, de monter sur le pont à 2 heures du matin. De laisser un duvet bien chaud pour aller se faire mouiller. De manœuvrer des voiles de 80 à 110 kilos. De les hisser, de les plier, de les régler. Et, quand le grain arrive par surprise, de sortir sur le pont sans s'habiller pour affaler et limiter la casse. Car, les déchirures, il faut les raccommoder à la machine à coudre : cinq ou dix heures de travail à soustraire des moments de repos.

C'est pourtant tout cela qu'aime Béatrice Maupas, 25 ans, mannequin. « Se dépasser, se griser avec une belle manœuvre bien faite, pousser la machine » : cette jeune maman a laissé ses deux enfants, dont Billy, 7 mois, à son mari. Et pourtant, elle dit : « Je repartirai, mais toujours sans hommes à bord. Parce que c'est autre chose. On se parle différemment. On n'a aucun blocage, on n'a pas peur d'une réflexion. On rit sans cesse. Si une fille râle, tout le monde rigole. »

Catherine Hermann, elle, regrette « les nuits où tout dort. Ces nuits-là, sur le pont, c'est presque du solitaire ».

La passion de la course, beaucoup la trouvent très difficile à vivre. Toutes sont de bonnes équipières, de bons marins, mais rares sont celles qui supportent la course sans relâche. Pourtant, toutes veulent remettre ça. Comme l'explique Sylvie Vanek : « Demain, j'aimerais bien courir avec Claire Marty. Avec les meilleures de nos filles réunies, on pourrait être encore plus fortes. »

THIERRY RANNOU ∎

Notes, Questions et Activités

Pour comprendre les connotations culturelles

La Transat La Rochelle–La Nouvelle-Orléans : les meilleurs skippers français à bord de trente-trois voiliers ont participé à la course transatlantique qui a commencé à La Rochelle en France le 15 mai 1982 et qui, au bout de 10 000 kilomètres, a terminé à la Nouvelle-Orléans en Louisiane. L'arrivée aux Etats-Unis a coïncidé avec le tricentenaire de l'exploration du delta du Mississippi par le Français Robert Cavelier de La Salle.

« Kriter IX »; « Charles Heidsieck III » : ces bateaux portent le nom d'une marque de champagne.

sans peur et sans reproche : brave, courageux. Cette expression a été utilisée pour désigner Bayard, gentilhomme français du XVIe siècle surnommé le « Chevalier sans peur et sans reproche ».

Dacron : type de tissu très solide.

la bulle Thomson : nom donné au centre d'information tenu par la société Thomson qui assure la communication avec les voiliers.

francs lourds : nouveaux francs.

Pour comprendre les mots

tenir la dragée haute : *ici,* rendre la victoire difficile.

équipage (m) : groupe de personnes sur un bateau.

crocher : *ici,* saisir avec force.

accrocher : *ici,* se tenir.

réduire la toile : diminuer la surface de la voile.

tailler sa route : avancer avec difficulté.

faire blanchir : *ici,* faire apparaître de l'écume blanche sur les vagues.

au large de : près de.

grain (m) : pluie violente accompagnée de vent.

de petit temps : quand le vent est modéré.

barre (f) : levier situé à l'arrière, avec lequel on dirige le bateau.

rivé : fixé.

étrave (f) : partie avant du bateau, qui coupe l'eau.

ligne (f) : *ici,* ligne d'arrivée.

étai (m) : soutien du mât ou de la voile.

au dernier classement : selon l'annonce la plus récente des résultats de la course.

régate (f) : course.

au dixième de seconde : extrêmement vite.

plein vent arrière : pour avoir toute la force du vent qui souffle de l'arrière.

pince (f); **scie** (f); **marteau** (m) : outils.

jouer à l'ascenseur : monter et descendre rapidement.

gaillard (m) : homme musclé, robuste.

narquois : moqueur, ironique.

« gonzesse » (f) *argot* : femme.

à l'appui : correspondant.

n'est pas usurpée : est justifiée.

titré : expert.

inculquer : transmettre.

étape (f) : partie.

en tant que : comme.

en double : ayant un équipage de deux personnes.

boucler : terminer.

mouette (f) : nom d'un oiseau de mer; *ici,* surnom.

être cap-hornier : avoir réussi à passer le Cap-Horn.

pouponner : s'occuper du bébé.

drôle de compliment : compliment ambigu.

« mec » (m) *argot* : homme.

doubler : dépasser.

plus de conseils : ils n'ont plus donné de conseils.

gros dur (m) : homme fort qui n'a peur de rien.

doping (m) : drogue.

duvet (m) : sac de couchage.

limiter la casse *fam.* : limiter les dégâts.

déchirure (f) : *ici,* trou dans la voile.

soustraire : supprimer.

réflexion (f) : se plaindre.

râler *fam.* : se plaindre.

du solitaire : une course où l'on est seul(e) à bord.

sans relâche : sans arrêt.

remettre ça *fam.* : recommencer.

De quoi s'agit-il ?

1. Dressez la liste des femmes citées de chaque équipage. Qu'est-ce que nous apprenons sur leur vie ?

2. Qu'est-ce qui arrive à « Kriter IX » juste avant l'arrivée à la Nouvelle-Orléans ?

3. Qu'est-ce qui est arrivé à « Charles Heidsieck III » pendant la course ?

4. Quelle est l'attitude des hommes envers les équipages féminins au départ de la course ?

5. Quelles sont les réactions des femmes à la fin de la course ?

6. Pourquoi Béatrice Maupas préfère-t-elle partir « sans hommes à bord » ?

Vers la communication orale

1. A votre avis, quelles sont les qualités nécessaires au navigateur ou à la navigatrice a) pour une longue course en solitaire; b) pour une longue course en équipe ?

2. Vous allez passer un mois en mer sur un petit voilier. Quels objets allez-vous emporter ?

3. Préférez-vous pratiquer un sport solitaire ou un sport d'équipe ? Ou ne pratiquez-vous aucun sport ? Justifiez votre réponse en donnant des exemples précis.

4. Si on vous offrait une croisière de quinze jours en bateau, en vous donnant le choix entre un paquebot de luxe, un grand voilier, un petit voilier ou un bateau à moteur, que choisiriez-vous ? Pourquoi ? Où iriez-vous ?

Activités de groupe

Des projets pour une péniche
Personnages : six ami(e)s.

Situation : Vous avez acheté ensemble un billet de loterie. Vous avez gagné le troisième prix, une péniche amarrée sur les quais de la Seine, à Paris. Qu'est-ce que vous allez en faire ?
    a. l'utiliser pour voyager sur les rivières et les canaux de France ?
    b. la vendre pour acheter un voilier ou un bateau à moteur ?
    c. la transformer en appartement parisien ou y organiser des activités culturelles ?
    d. autre chose ?

Une interview
Personnages : a) les « Filles de La Rochelle »;   b) leurs parents;   c) leurs maris; d) leurs enfants.

Situation: A l'arrivée de la course, vous interviewez les équipières et les membres de leur famille.

Travail écrit

Rédigez le journal d'une des équipières de « Kriter IX » pendant la course transatlantique.

Ski : chaussez vos peaux de phoque

Les vrais amateurs de montagne redécouvrent les plaisirs du ski « à l'ancienne » : effort, solitude et nature.

La pose des peaux de phoque et une promenade sac au dos.

Le jour se lève à peine. Au pas lent des montagnards, la petite colonne de skieurs gravit la pente, démarche pataude imposée par les skis qui s'enfoncent dans la neige fraîche. Malgré l'altitude et le brouillard, on aperçoit tout en bas, dans le fond de la vallée, les chalets du village. Après trois heures de marche, c'est le bivouac sur l'alpage blanc marqué seulement par le passage des skis et les traces de quelques animaux sauvages. Pour préparer du thé, le guide jette des poignées de neige dans une marmite qui chauffe sur un réchaud à alcool. Nous grignotons nos provisions : viande des Grisons, gruyère, fruits secs. Après la pause, il faudra monter encore plus haut. Avec le sac à dos qui tire sur les épaules, les mollets douloureux et, dans certains passages difficiles, le cœur qui « cogne » à éclater sous l'effort.

Retour aux sources des sports d'hiver, le ski de grande randonnée n'est pas un ski facile. Il trouve ses origines dans la vie rude des montagnards alpins. Chausser des skis fut pour eux, pendant des siècles, la seule manière d'aller au ravitaillement. Et nos grands-parents, les premiers skieurs, découvrant ce moyen de locomotion hivernal, en firent un sport. Nécessité oblige : pour s'offrir l'ivresse de quelques minutes de descente, il fallait monter laborieusement, les skis garnis de peau de phoque pour ne pas glisser. On ne connaissait pas encore les remontées mécaniques.

Aujourd'hui, étouffé par son succès, le « ski de piste » organisé n'est plus toujours une partie de plaisir. Et les citadins en vacances de neige retrouvent trop souvent dans les stations les embouteillages qu'ils voulaient fuir en quittant la ville. « Il y a trop de monde, les gens sont agressifs, constate Yves Pollet-Villard, guide de haute montagne et maire de La Clusaz. Les files s'allongent au pied des remonte-pentes et les « sportifs » arrivent à se battre à coups de bâton de ski pour une place. »

En réaction contre cette surpopulation, certains skieurs ont ressuscité le ski « hors piste ». Comme au bon vieux temps. Et, déjà, quelques écoles de ski proposent à leurs élèves des promenades sac au dos. Renouant avec les traditions de leur métier, des hôteliers alpins partent, de nouveau, en « course » avec une poignée de clients qui veulent sortir des pistes battues. « Quand j'emmène des gens avec moi, dit un hôtelier de La Clusaz, ils se rendent compte que le ski peut être également l'occasion de mieux connaître la montagne et la nature. » A quelques kilomètres des autoroutes du ski, on peut encore trouver l'aventure. A condition d'aimer l'effort.

Oui, c'est dur. Les fanatiques du ski hors piste pouvaient encore il y a un mois — même si la formule était très onéreuse — se faire déposer par avion ou par hélicoptère sur les sommets enneigés. Cette pratique est maintenant interdite par le ministère de l'Environnement. De toute façon, ne vaut-il pas mieux jouer le jeu à fond, et payer par une journée d'efforts le plaisir d'être seul ou presque sur la neige vierge ? Alors, glissant à contre-courant de la facilité établie, la « peau de phoque » est peut-être, pour les vrais amateurs de montagne, le dernier refuge.

JACQUES POTHERAT ∎

Notes, Questions et Activités

Pour comprendre les connotations culturelles

la viande des Grisons : viande séchée de manière traditionnelle dans le canton des Grisons en Suisse.

le ski de grande randonnée : longue promenade à skis dans la neige fraîche en dehors des pistes préparées. On dit aussi le ski « hors piste ».

le ski de piste : ski sur les pistes préparées pour les skieurs.

alpin : qui se trouve dans la chaîne des Alpes.

La Clusaz : station de ski située dans les Alpes.

Pour comprendre les mots

phoque (m) : animal de la région arctique dont la fourrure est attachée sous les skis pour les empêcher de glisser sur la neige.

à peine : juste.

au pas lent : au rythme lent.

montagnard (m) : personne qui habite la montagne.

gravir : monter.

démarche (f) : façon de marcher.

pataud : maladroit, lourd.

s'enfoncer : pénétrer.

alpage (m) : pâturage de haute montagne.

poignée (f) : *ici,* quantité que peut contenir la main.

marmite (f) : grande casserole.

réchaud (m) : appareil qui sert à faire chauffer les aliments.

grignoter : manger peu et lentement.

gruyère : fromage.

mollet (m) : muscle de la jambe.

« cogner » : battre très fort.

rude : difficile.

aller au ravitaillement : aller acheter de la nourriture.

hivernal : de l'hiver.

ivresse (f) : exaltation.

garni de : avec des.

remontée (f) **mécanique** : équipement qui sert à remonter les skieurs en haut des pistes de ski.

citadin (m) : habitant d'une ville.

embouteillage (m) : grande concentration de voitures ou de gens.

remonte-pente (m) : remontée mécanique.

à coups de : en utilisant des.

renouer avec : retrouver.

« course » (f) : *ici,* promenade.

poignée (f) : *ici,* petit nombre.

piste (f) **battue** : piste ou chemin utilisé par tout le monde.

onéreux : cher.

jouer le jeu à fond : se conformer complètement aux règles.

vierge : où personne n'est encore passé.

De quoi s'agit-il ?

1. Le ski de randonnée est-il un ski facile ?

2. Où trouve-t-il ses origines ?

3. Quand est-ce que le ski de piste n'est pas un plaisir ?

4. Quels sont les plaisirs du ski « hors piste » ?

5. Pourquoi le ski « hors piste » est-il si dur ?

Vers la communication orale

1. Pourquoi le ski de randonnée a-t-il du succès aujourd'hui ?

2. Le ski de randonnée comporte-t-il des risques ? Lesquels ?

3. A votre avis, pourquoi a-t-on interdit aux avions de déposer les skieurs sur les sommets ?

4. Pensez-vous que l'on trouve plus de satisfaction dans un sport pour lequel il faut se donner du mal ? Pourquoi ?

5. Y a-t-il des sports plus écologiques que d'autres ? Lesquels préférez-vous ?

Activités de groupe

Le choix d'une station de ski
Personnages : un groupe d'ami(e)s.

Situation : Des ami(e)s discutent pour choisir la station de ski où ils passeront leurs vacances d'hiver. Ils prennent en considération les différentes possibilités offertes par plusieurs stations et le type de clientèle qu'elles attirent.

Dans un hôtel de La Clusaz
Personnages : a) l'hôtelier et sa femme;   b) les clients de l'hôtel.

Situation : Le soir, dans la salle de restaurant de l'hôtel, les clients parlent de leur journée. L'hôtelier et sa femme passent d'une table à l'autre pour leur demander leurs impressions et leur donner des conseils pour profiter au mieux de leurs vacances. La scène se passe soit en hiver, soit en été.

Travail écrit

Vous êtes chargé(e) de rédiger une brochure touristique sur une station de sports d'hiver. Vous décrivez la région, la station, les activités qu'elle offre.

Squash : la balle contre les murs

Bon pour la ligne et pour le système nerveux,
un sport d'origine anglaise, le squash, a conquis
les Français. Ils sont 22 000 à pratiquer
ce « tennis entre trois murs ».

« **T**apez partout : sur le sol, sur les murs... », m'avait dit le moniteur. Alors, je n'ai pas ménagé ma peine. Dans une sorte de grande chambre aux murs très blancs et très hauts, j'avance, je recule, je saute, je virevolte. Et je rate balle sur balle. Elles tournent autour de moi en me narguant, et ricochent sur les murs avec un bruit caractéristique : « squash... squash ! »

Je suis en nage. Mon cœur explose. Mais, piqué au jeu, je réussis enfin quelques balles. Plus je tape fort, plus elles reviennent vite. J'ai peur pour mes lunettes...

Je me suis laissé entraîner au Stade français pour m'y mettre. Dernier-né des sports en vogue, le squash supporte mal la réputation de divertissement « branché » que son nom anglais lui a automatiquement collé. En France, les amateurs ne savent pas encore très bien s'ils sont des « squasheurs » ou des « squashmen ». Mais les plus chauvins ne manquent pas de vous faire remarquer que le squash est un cousin de la pelote basque et, bien entendu, du jeu de paume.

Avec une absence totale de fairplay, les Britanniques revendiquent également la paternité du squash. Pour eux, c'est une forme abâtardie du tennis. Ils s'appuient sur deux légendes. Première version : en 1830, deux gentlemen, en prison pour dettes, se défoulent en lançant une balle contre les murs de leur cellule. Seconde version, la plus vraisemblable : les étudiants de Harrow Public School, attendant qu'un court se libère, avaient pris l'habitude de s'échauffer en tapant des balles contre les murs du vestiaire. De là à en faire un jeu...

Couvé dans les écoles privées britanniques, le squash grandit avec les étudiants à l'Université. Adulte, il les suit dans toutes leurs carrières aux quatre coins de l'Empire. Pas étonnant, alors, que les champions du squash soient pakistanais, australiens ou néo-zélandais. En Grande-Bretagne, c'est toujours un sport populaire : avec 1 500 000 pratiquants, il vient juste derrière le golf et précède le football.

Introduit en France dans les années 25, le squash demeure longtemps un jeu confidentiel où s'affrontent les Anglais de Paris, qui ont recruté quelques snobs. Pour des raisons mystérieuses, il sort de l'ombre en 1974. Depuis cette date, l'engouement des Français n'a pas faibli : 5 000 joueurs en 1975 ; 22 000 en 1981. Le cap des 100 000 pratiquants devrait être atteint en 1985.

Le développement du squash est un phénomène urbain. La plupart des clubs sont situés en ville (pas moins de trente-cinq clubs pour la seule région parisienne). La taille exiguë des courts de squash — un cinquième d'un court de tennis — est le premier atout de ce sport. Les clubs de tennis « intramuros » sont rares à trouver. En revanche, les clubs de squash poussent comme des champignons, installés en pleine ville, à la porte du domicile ou du bureau de leurs clients.

Une autre carte maîtresse du squash : comme tous les jeux de raquette (tennis, ping-pong ou badminton), il s'adapte au niveau technique et physique des joueurs. En quelques heures, avec un peu d'adresse et de bons conseils, on se débrouille assez pour s'amuser. On joue avec la balle en lui inventant des rebonds sur trois murs, comme on le fait avec une boule sur les bandes d'un billard.

La raquette est aussi longue, mais plus légère qu'au tennis et son tamis est moins large. Le court, de 9 m 75 sur 6 m 40, est entouré de quatre murs. Deux lignes sur le mur du fond indiquent où la balle doit frapper. Toute balle lancée doit obligatoirement toucher le mur frontal et, pour le reste, ricocher ou non sur les autres murs, selon l'humeur, le coup de poignet ou l'astuce du joueur.

« Bouffe-calories » pour gens pressés

Une demi-heure de squash, et l'on ressort vidé comme après deux heures de tennis, quatre heures de course à pied ou une bonne journée de golf. Sport express pour gens pressés, le squash est un « bouffe-calories ». On a calculé qu'un joueur qui se donne à fond dépense plus de quinze calories à la minute. Autant qu'un skieur de fond. Alors, comment ce jeu ne séduirait-il pas les maniaques de la « ligne » et les cadres dynamiques soucieux de réduire un embonpoint naissant ?

On parle beaucoup du squash, mais on voit peu de matches. Ce « tennis emmuré » n'est pas télégénique. Difficile de filmer d'en haut deux joueurs tournant comme des ours au fond de leur fosse. Sur le petit écran, la balle minuscule ressemble à une mouche enfermée dans un bocal. Mais on prépare actuellement des courts spéciaux pour la télévision : avec un mur en Plexiglas, comme celui du Stade français, où vont se produire quinze des trente meilleurs joueurs mondiaux.

JACQUES POTHERAT ∎

Notes, Questions et Activités

Pour comprendre les connotations culturelles

la pelote basque : sport, pratiqué au Pays basque, où les joueurs envoient la balle contre un mur avec la main ou avec une « chistera ».

le jeu de paume : sport, ancêtre du tennis, où les joueurs, situés de chaque côté d'un filet, se renvoient la balle avec la main.

les cadres dynamiques : employés qui occupent un poste de responsabilité. Les cadres sont souvent décrits comme jeunes et dynamiques, qualités qui sont nécessaires à leur réussite.

le petit écran : la télévision.

Pour comprendre les mots

ligne (f) : silhouette.

a conquis les Français : *ici*, est devenu populaire chez les Français.

ménager sa peine : limiter ses efforts.

virevolter : tourner rapidement sur soi.

rater : manquer.

narguer qqn. : se moquer de qqn.

ricocher : rebondir.

être en nage : être mouillé de sueur.

piqué au jeu : stimulé par le jeu.

se laisser entraîner : accepter d'aller.

se mettre à qqch. : commencer à faire sérieusement qqch.

supporter mal : ne pas apprécier.

« branché » *fam.* : à la mode.

coller *fam.* : *ici*, donner.

chauvin : patriote.

revendiquer : demander avec insistance.

abâtardi : dégénéré.

s'appuyer : se baser sur.

se défouler *fam.* : libérer son énergie.

vraisemblable : plausible.

vestiaire (m) : lieu où l'on peut changer de vêtements.

couver : encourager activement.

les années 25 : les années 1925–1930.

confidentiel : privé.

s'affronter : s'opposer.

engouement (m) : passion.

pratiquant (m) : *ici*, joueur.

cap (m) : *ici*, niveau.

exigu : très petit.

atout (m) : avantage pour réussir.

« intra-muros » : dans le centre de Paris.

carte (f) **maîtresse** : élément de réussite.

adresse (f) : *ici*, talent.

se débrouiller : réussir.

tamis (m) : partie de la raquette qui frappe la balle.

coup (m) **de poignet** : geste avec lequel on déplace la raquette.

vidé *fam.* : fatigué.

« **bouffe-calories** » (m) *fam.* : consommateur de calories.

skieur (m) **de fond** : personne qui fait de longues promenades à skis.

séduire : attirer.

embonpoint (m) **naissant** : excès de poids que commencent à prendre les personnes qui ne font pas d'exercice.

emmuré : entre des murs.

télégénique : adapté à la télévision.

fosse (f) : grand trou.

bocal (m) : récipient en verre.

De quoi s'agit-il ?

1. L'auteur de l'article est-il bon joueur ?

2. Selon les Britanniques, comment ce sport est-il né ?

3. A-t-il eu immédiatement du succès en France ? Et aujourd'hui ?

4. Citez deux raisons pour lesquelles le squash est un sport qui se développe beaucoup.

5. Qui sont les nouveaux joueurs de squash ?

6. Pourquoi le squash n'a-t-il pas eu autant de succès à la télévision que le tennis ?

Vers la communication orale

1. Jouez-vous au squash ? Pourquoi ?

2. A votre avis, le squash est-il un sport « branché » ?

3. Pour vous, quels sont les avantages du sport ? Pensez-vous que le sport soit une activité nécessaire aujourd'hui ?

4. Quel rôle la télévision joue-t-elle dans le sport ?

Activités de groupe

Apprenons à jouer au squash
Personnages : a) des moniteurs et des monitrices;   b) des débutant(e)s.

Situation : Vous êtes soit moniteur (monitrice), soit débutant(e). Les moniteurs expliquent les règles du squash et les qualités nécessaires aux joueurs qui leur posent des questions.

Pensez à votre « ligne » !
Personnages : a) des maniaques de la « ligne »;   b) des personnes qui ne font pas d'exercice.

Situation : Ceux (et celles) qui sont passionnés d'exercice essaient de convaincre ceux (et celles) qui ne le sont pas. Si ces derniers sont vraiment contre la gymnastique, vous pouvez suggérer des activités de plein air comme les promenades, les randonnées, etc.

Travail écrit

Un club sportif vous a demandé de préparer une brochure sur ses activités pour attirer de nouveaux membres.

Comment on devient Noah

Le petit gamin doué que Arthur Ashe avait remarqué au Cameroun est devenu un grand champion.

« Cette volonté indétournable, si précoce, était impressionnante. »

Roland-Garros 1983, simple messieurs : le Français Yannick Noah triomphe du Suédois Mats Wilander. Juniors : le Suédois Stefan Edberg l'emporte sur le Français Frank Février. Juniors filles : victoire de la Française Pascale Paradis. Double messieurs : le titre aux Suédois Jarryd et Simonsson... Ces Internationaux ont été un duel entre l'école française et l'école suédoise. Jean-Paul Loth, directeur technique national, capitaine de l'équipe de France de Coupe Davis, retrace, pour L'Express, le défi lancé depuis plus de dix ans par la Fédération française de tennis. Et salue la chance d'avoir trouvé un Noah.

L'Express : Comment devient-on Yannick Noah ?

Jean-Paul Loth : De passage au Cameroun, Arthur Ashe nous signale un petit gamin doué : c'est parti ! Yannick a tout juste 12 ans. Il intègre notre premier centre Tennis-Etudes, à Nice. Là, séparé de ses parents, loin de son pays, il trouve en Patrice Beust non seulement un entraîneur, mais aussi un père spirituel, une famille.

— Ce Tennis-Etudes de Nice a donc été, voilà plus de dix ans, l'embryon de l'école française ?

— Oui. Des structures se sont mises en place, à l'imitation de l'exemple australien ou américain. Nous avons eu, parfois, à corriger le tir, mais nous étions décidés à aller jusqu'au bout. J'avais proposé un plan. Il a été adopté par le Bureau fédéral. J'ai tenu bon.

Aujourd'hui, nous prenons en charge, avec l'accord des parents, des enfants de 8 ans qui nous ont été signalés. En Suède, les structures sont différentes, mais la méthode générale est la même.

— A Nice, donc, Noah fut un élève appliqué ?

— A 16 ans, l'adolescent s'est rebellé : il voulait interrompre ses études. Or la formule Tennis-Etudes était claire et nette : un redoublement scolaire entraînait l'expulsion du centre. Je décroche le téléphone : « Tu continues ou je te fiche dehors ! » On se voit. Il m'explique tranquillement qu'il comprend très bien ma position, les règles du système. Puis il ajoute : « Ce que je comprends aussi, c'est que j'ai plus envie d'être un champion qu'un bon élève. Mes parents ne sont pas d'accord, vous non plus. Mais c'est moi qui prends la décision. » Sans pouvoir l'avouer, intérieurement, je jubilais. Son talent, à l'époque, tranchait déjà sur celui de ses camarades. Et cette volonté indétournable, si précoce, face à toutes les autorités, était impressionnante.

— Comment Patrice Hagelauer a-t-il été délégué auprès de Noah ?

— Flushing Meadow, 1980. Yannick

était déterminé à travailler avec un coach. J'ai alors pris une décision qui a troublé les esprits : la Fédération financerait le coach en question. Philippe Chatrier m'a soutenu sans hésiter. Justement, Yannick désirait un Français. De surcroît, un entraîneur national : Patrice Nagelauer. Je me suis bagarré contre les calculs stupides. Pour une première raison, c'est qu'il était déjà, à l'époque, 12e joueur mondial. Avec ses qualités propres, il pouvait passer 7e-6e. Mais, pour entrer dans le clan des cinq meilleurs, il lui fallait plus : quelqu'un qui s'occupe de lui uniquement, tout en le responsabilisant. Au bout du compte, le pari sur leur succès rejaillirait sur la crédibilité de la Fédération. Et couronnerait, ainsi, des années d'efforts, sans qu'on se fasse doubler par un étranger dans la dernière ligne droite.

— En 1982, Borg absent de Roland-Garros, qu'est-ce qui a manqué à Noah pour triompher ?

— Yannick n'était pas encore mentalement prêt. Le travail considérable accompli avec Hagelauer exigeait une longue assimilation. C'est pourquoi, au tennis, les résultats viennent toujours avec un temps de retard. Cela dit, tirer le maximum de soi-même, ce n'est en aucun cas une question d'âge. Yannick, à 23 ans, a acquis la maturité physique et mentale d'un très grand champion. Borg l'avait acquise à 18 ans, Wilander à 17 ans, Nastase à 26 ans. Aucune loi. Chacun son parcours.

— *Noah peut-il gagner à Flushing Meadow dès cette année ? Et plus tard à Wimbledon ?*

— Rappelez-vous : de Richmond à Palm Springs, avant Roland-Garros cette année, tous ses meilleurs résultats ont été obtenus, dans des tournois américains, sur ciment. Flushing, il peut, il doit gagner. Même dès cette année. Wimbledon, c'est différent. Yannick aime préparer ses points du fond du court avant de s'installer au filet. Sur herbe, il faut être direct : service-volée, service-volée... En fait, à l'image de McEnroe sur terre battue, le problème de Yannick pour Wimbledon est dans sa tête. Le jour où il aura envie de penser qu'il a une chance, il gagnera.

— *A quel moment avez-vous compris que Noah allait devenir Noah ?*

— Par étapes : le talent, l'ambition, les résultats. Tous les jours de ma vie, je le remercie d'être le personnage qu'il est. Rien ne l'oblige à jouer la Coupe Davis. A renvoyer l'ascenseur à la Fédération. A remercier spontanément, après la victoire, tous ceux de « la grande famille du tennis ». Il est un exemple pour ceux qui suivent. Sans lui, un morceau d'autorité de notre système tomberait par terre. Tout ce que nous avons fait pour lui, il nous l'a rendu avec générosité. Et plutôt deux fois qu'une !

RENÉ GUYONNET ET YVES STAVRIDÈS ∎

J.P. Loth ou la confiance en Noah.

Notes, Questions et Activités

Pour comprendre les connotations culturelles

Roland-Garros : nom des courts de tennis, à Paris, où ont lieu les « Internationaux », championnats français de tennis.

la Coupe Davis : concours de tennis entre différents pays.

le Cameroun : pays d'Afrique occidentale, ancienne colonie française. Le père de Yannick Noah est camerounais. Sa mère est française.

Arthur Ashe : champion de tennis américain.

Flushing Meadow : lieu des championnats américains de tennis.

Philippe Chartier : élu président de la Fédération française de tennis en 1968.

Björn Borg : Suédois, champion mondial de tennis à l'époque.

Wimbledon : lieu des championnats anglais de tennis.

John McEnroe : Américain, champion mondial de tennis.

Pour comprendre les mots

lancer un défi : entreprendre une campagne pour surmonter des obstacles.

doué : qui a du talent.

« c'est parti ! » : expression qui indique que l'action est commencée.

intégrer : entrer dans.

entraîneur (m) : personne qui prépare un(e) athlète à une performance sportive.

redoublement (m) **scolaire** : le fait de refaire la même année d'études.

corriger le tir : rectifier l'orientation.

tenir bon : persister malgré les difficultés.

élève (m) **appliqué** : bon élève.

« je te fiche dehors ! » *fam.* : je te renvoie.

jubiler : être très content.

trancher sur : se distinguer de.

précoce : qui se manifeste à un jeune âge.

de surcroît : en plus.

se bagarrer *fam.* : se battre.

au bout du compte : finalement.

pari (m) : enjeu sur le résultat, investissement.

rejaillir sur : avoir des effets sur.

couronner : récompenser.

doubler : dépasser.

parcours (m) : itinéraire, chemin.

sur ciment; sur herbe; sur terre battue : différentes surfaces de courts de tennis.

par étape : par degré.

renvoyer l'ascenseur : répondre à un bienfait par un bienfait.

De quoi s'agit-il ?

1. Quel rôle Patrice Beust a-t-il joué auprès du jeune Yannick Noah ?

2. Quelle était l'attitude de Noah face aux exigences scolaires du centre Tennis-Etudes ?

3. Décrivez le pari fait par la Fédération française de tennis concernant l'entraîneur de Noah ?

4. Comment J.-P. Loth explique-t-il la maturation plutôt lente de Yannick Noah ?

5. Comment J.-P. Loth estime-t-il les chances de Yannick Noah ?

Vers la communication orale

1. Quel(le) est votre champion(ne) de tennis préféré(e) ? Pourquoi ?

2. Pourquoi les champions sportifs (ou les championnes sportives) deviennent-ils des vedettes nationales et internationales ? Trouvez-vous que cette réputation soit justifiée ? Quelles sont les difficultés que peuvent créer, pour ce champion, cette célébrité ?

3. Aimeriez-vous mener la vie d'un champion on d'une championne ? Dites pourquoi ?

4. Etes-vous en faveur du sport amateur ou du sport professionnel ? Donnez vos raisons.

Activités de groupe

Des interviews avec des champions
Personnages : a) des journalistes;   b) des champions sportifs et des championnes sportives.

Situation : Vous êtes soit un(e) journaliste, soit un des champions (une des championnes) de tennis ou d'un autre sport dont les médias parlent beaucoup en ce moment. Le journaliste pose des questions sur la carrière et la vie du champion. Le champion réagit selon sa personnalité.

Le sport autour de la table
Personnages : des hôtes et des invité(e)s.

Situation : Au cours d'un dîner, les gens parlent des sports qu'ils préfèrent et disent pourquoi ils les préfèrent à d'autres sports.

Travail écrit   Faites le portrait d'un champion sportif ou d'une championne sportive.

Temps libres

Faut-il ré- apprendre à lire ?

Que lisent les Français ?
Pourquoi lisent-ils si peu
et comment peut-on
redonner le goût de la
lecture à la France ?
Deux experts offrent
leurs avis sur ce
dilemme.

I. Lecteurs et non-lecteurs

En dehors des journaux, des revues ou des magazines, avez-vous lu un livre au cours des trois deniers mois ?

	1981 (1)	1978 (2)
● Ont lu au moins un livre	52 %	58 %
● N'ont pas lu de livres	48	42

Toutes les autres questions s'adressent aux personnes qui ont lu au moins un livre au cours des trois derniers mois (52 %).

II. Combien de livres avez-vous lus au cours des trois derniers mois ?

	1981 (1)		1978 (2)	
Ont lu au moins :				
11 livres et plus	7	18 %	9	22 %
de 5 à 10 livres	11		13	
3 ou 4 livres	14		17	
1 ou 2 livres	20		19	
aucun	48		42	

III. Les ouvrages qu'on aime

Parmi les genres de livres suivants, indiquez ceux que vous lisez de préférence (liste préétablie)* ?

	1981 (1)	1978 (2)
Romans	55 %	58 %
Livres d'Histoire, Mémoires, souvenirs, récits historiques	42	46
Romans policiers, espionnage	32	35
Livres sur la santé, la médecine, la mort	23	26
Bandes dessinées	22	16
Documents, politique	19	19
Œuvres de la littérature classique	17	20
Livres scientifiques ou techniques	17	16
Science-fiction	15	15
Essais, philosophie, sciences humaines	14	13
Livres d'art	12	11
Poésie	10	12
Religion	8	8
Encyclopédies	8	11
Autres	3	5

IV. Où achetez-vous vos livres ?

	1981 (1)	1978 (2)
Dans une librairie de quartier	37 %	41 %
Par correspondance	28	22
Dans une grande librairie	27	21
Dans un grand magasin	21	18
Dans une maison de presse, un kiosque	16	12
Dans un magasin Fnac	13	n.p.
Dans une gare, un aéroport	4	n.p.
Autres	6	8
Ça dépend	n.p.	5

V. Les critères de choix

Quelles sont les raisons très importantes qui peuvent influer sur le choix de l'endroit où vous achetez vos livres* ?

	1981
Le choix « tranquille »	58 %
L'étendue du choix	46
Les prix pratiqués	45
La proximité	21
Les conseils, les renseignements	17

*Le total est supérieur à 100 % en raison des réponses multiples.

(1) Sondage B.V.A.-L'Express réalisé auprès d'un échantillonnage national de deux mille personnes représentatif de la population française âgée de 18 ans et plus en mars 1981.
(2) Sondage Louis Harris-L'Express réalisé auprès d'un échantillonnage national de deux mille personnes représentatif de la population française âgée de 18 ans et plus en octobre 1978.

Les réponses des professionnels

Jacques Rigaud

On peut être tenté de tirer de ce sondage des conclusions moroses. Mais je me refuse à en rester là.

D'abord, il faut situer la lecture dans l'ensemble des pratiques culturelles, qui forment un tout. Si les jeunes lisent moins, ils écoutent plus de musique, ils sont des passionnés de radio, ils voyagent, ils communiquent davantage. Nous ferions mieux d'être attentifs à leurs choix plutôt que de leur reprocher de ne pas faire les mêmes que les nôtres ; et ce d'autant plus que toute pratique culturelle conduit un jour ou l'autre à la lecture.

C'est ma seconde observation : le livre et la lecture sont non pas des pratiques culturelles concurrentes des autres, mais complémentaires. L'engouement du public pour les livres concernant la musique, par exemple, est la conséquence de l'extraordinaire développement de la pratique musicale depuis dix ans ; le progrès constaté en ce qui concerne les livres d'art, même s'il est limité, montre bien que le livre vient tôt ou tard relayer ou enrichir l'intérêt éprouvé pour d'autres pratiques sociales et culturelles.

Il reste que le déclin constaté dans le domaine du roman, de la poésie, de la littérature classique est inquiétant, surtout chez les jeunes, et qu'on ne peut se consoler qu'en observant la faveur qu'ils donnent à la bande dessinée ou à la science-fiction, même s'il y a là un fait de société à prendre en considération. C'est le problème majeur pour l'avenir : redonner aux jeunes le goût du livre et de la lecture. Il faut le faire sans démagogie et avec imagination. Le rejet du livre est une des conséquences de l'ennui scolaire et d'une école trop souvent à l'écart de la vie.

Dernière remarque : l'influence de la télévision sur les choix de lecture vient au deuxième rang après les « conseils d'amis » ; il faudrait approfondir cette réponse, qui me paraît particulièrement intéressante ; il y a peut-être ici une certaine réserve à avouer que l'on est influencé par la télévision. Mais je trouve culturellement très positif que les conseils d'amis jouent un rôle aussi important : Vive le livre comme sujet de conversation ! Et puis, l'ami Pivot se consolera en se disant que les amis qui conseillent des livres sont ceux qui ont suivi ses propres conseils...

J.-L. Pidoux-Payot

Je m'arrêterai tout d'abord aux tableaux I et II. Que traduisent ces chiffres ? Probablement, la conséquence d'une situation économique générale plus difficile qu'en 1978 : une baisse du pouvoir d'achat. Il faut peut-être y voir aussi le signe d'une certaine désaffection du public en ce qui concerne la lecture. Je relève, en particulier, les chiffres correspondant aux moins de 25 ans : la richesse des collections de poche leur offre pourtant un accès à la lecture plus facile et plus diversifié qu'il y a dix ou vingt ans. Une jeunesse qui lit moins aujourd'hui, n'est-ce pas déjà l'annonce d'une société qui lira moins demain ? C'est peut-être déjà le signe que la démocratisation et les progrès de la lecture ne constituent pas, dans notre pays, un objectif prioritaire...

Le tableau IV confirme, s'il était nécessaire, une tendance qui inquiète tous les professionnels, l'érosion du réseau si dense de la librairie française, le glissement de la clientèle vers d'autres canaux de distribution : les grandes surfaces, le self-service, la vente par correspondance. L'Histoire, l'expérience de pays étrangers montrent que cela aboutit à un affaiblissement de la création, à une banalisation de l'édition, bref, à une régression sensible...

Notes, Questions et Activités

Le Sondage
Dans la langue parlée, on appelle les bandes dessinées les « B.D. », les romans policiers les « polars » et la science-fiction la « S.F. »

Citons quelques chiffres pour les albums de B.D. : *Tintin* est vendu à 4 millions d'exemplaires par an; on publie en moyenne 2 800 000 exemplaires de chaque titre d'*Astérix*; 25 millions d'exemplaires de *Lucky Luke* ont été vendus en trente ans.

Pour comprendre les connotations culturelles
Jacques Rigaud

P.d.g. : Président· directeur général.

RTL : Radio-Télé-Luxembourg, station de radio très écoutée en France.

Bernard Pivot : animateur d'une émission de télévision sur les livres, intitulée « Apostrophe », très appréciée par les téléspectateurs français.

J.-L. Pidoux-Payot

le syndicat national de l'édition : association professionelle des éditeurs, c'est-à-dire des personnes qui assurent la publication des livres.

les Editions Payot : nom d'une société qui publie des livres.

les collections de poche : collections de livres de petit format avec une couverture souple, vendus le moins cher possible.

Pour comprendre les mots
Jacques Rigaud

morose : triste.

pratique (f) : activité.

d'autant plus que : pour la raison que.

engouement (m) : passion.

relayer : succéder à.

sans démagogie : d'une manière subtile.

à l'écart de : séparé(e) de.

approfondir : examiner en détail.

J.-L. Pidoux-Payot

traduire : *ici,* exprimer.

De quoi s'agit-il ?

1. D'après le sondage, les Français lisent-ils de plus en plus ou de moins en moins ?

2. D'après le sondage, qu'est-ce que les Français préfèrent lire ? Leurs goûts ont-ils évolué depuis 1978 ?

3. Quelles sont les deux observations positives que Jacques Rigaud fait au sujet des jeunes et de la lecture ?

4. Pour Jacques Rigaud, le déclin de la lecture est-il un phénomène inquiétant ?

5. Quelles sont, d'après J.-L. Pidoux-Payot, les raisons de ce phénomène de déclin ?

Vers la communication orale

1. Comment peut-on expliquer que le nombre de lecteurs diminue ? Que pensez-vous des raisons suivantes : la télévision et le cinéma, le prix élevé des livres, le mauvais apprentissage de la lecture à l'école, un style de vie plus collectif, le manque de temps ?

2. Est-ce que les lecteurs et les lectrices appartenant à des générations différentes ont des goûts différents en ce qui concerne la lecture. Justifiez votre réponse. Par exemple, qu'est-ce que les jeunes aiment lire ?

3. A votre avis, faut-il essayer de redonner aux gens le goût de lire ? Si oui, comment ? Si non, pourquoi ?

Activités de groupe

Votre sondage

Personnages : a) des enquêteurs;   b) des personnes interviewées divisées en deux groupes.

Situation : Deux enquêteurs font un sondage sur la lecture. Chaque enquêteur pose les questions I, II et III du sondage aux membres de l'un des groupes. Les deux enquêteurs annoncent les résultats de leur sondage et on les compare aux résultats du sondage fait en France.

Une création collective

Personnages : les étudiant(e)s de la classe.

Situation : Vous avez décidé d'écrire un roman ensemble. Déterminez le genre de roman : un roman avec des éléments autobiographiques, un roman policier, un roman d'espionnage, un roman de science-fiction. Ensemble, inventez les personnages; situez le lieu de l'action et l'époque; imaginez l'intrigue.

Travail écrit

1. Quel est le personnage de roman ou de bande dessinée que vous préférez ? Décrivez-le.

2. Faites la description des lieux où se passe l'action de votre roman préféré.

3. Décrivez l'intrigue d'un roman que vous aimez particulièrement.

Ça schtroumpfe pour eux…

B.D., télé, jouets, pub, Amérique : quel schtroumpf pour les Schtroumpfs!

Leur succès est tel qu'aux éditions Dupuis on ne sait plus où donner de la schtroumpf. Inutile de traduire : tout le monde connaît désormais le langage schtroumpf, c'est une auberge espagnole où chacun apporte le mot qui lui convient. Il y a vingt-cinq ans, Pierre Culliford, dit Peyo, dessinateur bruxellois au magazine « Spirou », ne trouvait pas le mot « salière » : « Passe-moi la… schtroumpf », lança-t-il, lassé, à son collègue Frankin. En 1983, les petits elfes bleus sont des vedettes mondiales.

Leur nouvel album, « Les Schtroumpfs aux Jeux olympiques », est en rupture de stock permanente. Dans les magasins de jouets, les figurines des Schtroumpfs, de la blonde Schtroumpfette au vieux sage barbu, sont entassées près des caisses, pour gagner du temps.

Le feuilleton télévisé diffusé le samedi par Antenne 2 — avec chanson interprétée par Dorothée, s'il vous plaît — est un rendez-vous des 5 à 35 ans. Les plus jeunes affirment, comme Aurélie, 6 ans : « C'est bien, avec les Schtroumpfs, on peut inventer les mots qu'on veut. » Les jeunes cadres, eux, prennent une bouffée de nostalgie : dans « Spirou », en 1958, les deux héros moyenâgeux, Johan et Pirlouit, ont vu soudain courir entre leurs jambes les nains à bonnet blanc et petite queue bleue, dotés de pouvoirs surnaturels et de défauts typiquement humains.

« Je suis toujours le premier étonné de ce succès. Franchement, je croyais avoir simplement trouvé des personnages de complément. Et, aujourd'hui, je n'arrive plus à me débarrasser des Schtroumpfs ! » affirme Peyo. Il sera cette semaine l'une des vraies stars du Salon du livre avec ses 350 000 albums vendus en France en un an. Il revient juste des Etats-Unis, l'un des pays où ses Schtroumpfs ont le plus essaimé. Leur traduction est souvent amusante : ils sont devenus Smurfs dans les pays anglo-saxons (mais la petite fiancée un peu perverse est une « Smurfette »), Schumps en Allemagne (où le mot Strumpf veut dire « chaussette »), Puffi en Italie, Pitufos en Espagne, etc.

Pierre Culliford, dit Peyo, « père » des Schtroumpfs. Ses elfes bleus ont envahi le monde de la B.D.

« J'ai fait le contraire de ce que l'on recommande aux auteurs. J'ai créé un mot imprononçable, intraduisible et difficile à orthographier, dit Peyo. Les gens m'écrivent souvent pour me féliciter de mes Crumfs, vous

---

« Aujourd'hui, je n'arrive plus à me débarrasser des Schtroumpfs ! » affirme Peyo.

---

voyez ! »

Mais alors que le succès des albums restait, depuis vingt ans, dans les limites du raisonnable, deux inventions que le Grand Schtroumpf lui-même n'aurait pu concevoir sont tombées sur la forêt magique : la télévision et le merchandising. C'est d'abord le patron de la chaîne américaine N.b.c. qui, à force d'entendre sa fille lui parler en langage smurfien, décide d'en faire un dessin animé, en 1980. Aujourd'hui encore, « The Smurfs » sont en tête de l'audience des programmes pour enfants le samedi matin. Il y a le merchandising : 600 millions de dollars de chiffre d'affaires aux Etats-Unis en 1983, avec tout ce qui peut se smurfer, figurines, poupées, jouets, T-shirts, papeterie, vaisselle, etc.

En France, chez Belokapi, qui commercialise les licences schtroumpfs, on tente de compter les produits. En vain : cinq cents objets au moins sont à l'image des petits personnages bleus. Des campagnes publicitaires les prennent pour motif. Fabrice Plaquevent, responsable de la vente de l'image schtroumpf au secteur publicitaire, est ravi : « Pour la première fois, on peut s'adresser aux tout-petits et aux clients de 40 ans avec le même langage. Les fabricants de yaourts comme les grands magasins veulent utiliser le mot schtroumpf. »

Pendant ce temps, Peyo, qui touche les dividendes, veille au grain : « Si le merchandising me permet de très bien gagner ma vie, c'est aussi la conséquence d'un travail long et minitieux. Pas question, par exemple, de faire mâcher du chewing-gum à mes personnages, comme des Américains le voulaient. » Il est vrai que l'univers de la tribu bleue a de quoi étonner les habitués des « comics » américains. Pas l'ombre d'une violence, et des caractères qui rappellent ceux des sept nains de Walt Disney, avec le poète, le gourmand, le fort en thème, le gaffeur.

Le succès mondial des Schtroumpfs, c'est sûrement aussi cette quête d'une gentillesse sans retenue. Les caractères sont conformistes, la sagesse vient toujours de l'ancien, une seule femme sème la perturbation dans les petits cœurs bleus, et le méchant sorcier Gargamel est ridiculisé. Plus forts qu'Astérix, personnage trop européen, plus connus que Tintin, les Schtroumpfs en dessin animé sont déjà diffusés dans vingt pays. Le Japon s'attaque à leur traduction. C'est le triomphe planétaire d'une idéologie qui mélange magie, tendresse et farce. Le mot le plus précis pour la qualifier serait certainement la schtroumpfitude.

PHILIPPE AUBERT ■

Notes, Questions et Activités

Pour comprendre les connotations culturelles

les Editions Dupuis : nom d'une société qui publie des bandes dessinées.

On ne sait plus où donner de la schtroumpf (On ne sait plus où donner de la tête) : on a trop de choses à faire. Dans le langage schtroumpf, le mot « schtroumpf » peut remplacer n'importe quel mot dans la phrase. On doit trouver le mot usuel d'après le contexte.

une auberge espagnole : expression qui désigne un endroit où chacun apporte ce qu'il veut.

bruxellois : de la ville de Bruxelles, en Belgique.

Spirou : journal de bandes dessinées pour enfants qui racontent les aventures d'un petit garçon qui s'appelle Spirou.

Antenne 2 : nom d'une des trois chaînes d'Etat de la télévision française.

Astérix : célèbre héros d'une série de bandes dessinées qui racontent les aventures des Gaulois (habitants de la France) à l'époque de l'invasion romaine.

Tintin : nom du jeune héros d'une série de bandes dessinées très populaire.

Pour comprendre les mots

B.D.; télé; pub : abréviations, dans la langue parlée, de *bande dessinée, télévision, publicité.*

salière (f) : pot à sel.

lancer : *ici,* dire.

lassé : fatigué.

en rupture de stock : les albums se vendent si vite qu'on ne les trouve plus dans les magasins.

cadre (m ou f) : employé(e) qui occupe un poste de responsabilité.

caisse (f) : endroit où l'on paie.

prendre... nostalgie : retrouver avec plaisir l'ambiance de leur jeunesse.

moyenâgeux : de la période du Moyen-Age.

doté de : à qui on a donné.

de complément : supplémentaire.

se débarrasser : *ici,* se libérer.

essaimer : *ici,* s'installer, se multiplier.

orthographier : écrire correctement.

à force d'entendre : en entendant continuellement.

dessin (m) **animé** : film où les personnages sont dessinés.

yaourt (m) : aliment fait avec du lait.

veiller au grain : être prudent.

fort (m) **en thème** : très bon élève, érudit.

gaffeur (m) : personne qui fait ou dit exactement ce qu'il ne faut pas faire ou dire à un moment précis.

quête (f) : recherche.

sans retenue : total.

semer la perturbation dans : troubler, bouleverser.

planétaire : mondial.

De quoi s'agit-il ?

1. Où, quand et comment les Schtroumpfs sont-ils nés ?

2. Qu'est-ce qui révèle le succès des petits elfes bleus ?

3. Qu'est-ce qui est arrivé à leur nom dans d'autres pays ?

4. Pourquoi le succès du mot « Schtroumpf » est-il surprenant ?

5. Quelles conséquences la télévision et le merchandising ont-ils eues pour les Schtroumpfs ?

6. En quoi les Schtroumpfs sont-ils différents des héros de beaucoup de bandes dessinées américaines ?

7. Quelles sont les caractéristiques de la schtroumpfitude ?

Vers la communication orale

1. Pourquoi les bandes dessinées ont-elles aujourd'hui un public si nombreux ?

2. Quelles sont, à votre avis, les meilleures bandes dessinées ? Donnez vos raisons.

3. Aimez-vous les dessins animés ? Lesquels ?

Activités de groupe

« Passe-moi la... schtroumpf ! »
Avec des ami(e)s, imaginez des situations où vous vous parlerez en langue schtroumpf.

B.D. : « Nouvelles aventures des Schtroumpfs »
Tout le monde participe à la création d'un scénario avec des épisodes comiques, dramatiques et romantiques. Faites un dessin rapide et élaborez des dialogues de bande dessinée que vous mettez dans des bulles attachées à chaque personnage. Ensuite, jouez la scène.

Travail écrit

1. Quels mots peuvent remplacer *schtroumpfe* et *schtroumpf* dans « Ça *schtroumpfe* pour eux... » et « Quel *schtroumpf* pour les Schtroumpfs ! » ?

2. Remplacez les mots en italiques :

Les Schtroumpfs sont partout. Ces petits *schtroumpfs* bleus *schtroumpfés* d'un bonnet blanc ont *schtroumpfé* toute la planète. Ils *schtroumpfent* dans des maisons qui *schtroumpfent* à des champignons. Un jour un camion *schtroumpfe* vers l'aéroport de Paris des figurines de Schtroumpfs que l'on *schtroumpfe* au Japon. A midi, le chauffeur du camion s'arrête devant un *schtroumpf*. Il a faim et il va *schtroumpfer*. Quand il *reschtroumpfe*, une heure plus tard, *schtroumpfe* ! le camion est vide : les Schtroumpfs ont *schtroumpfé* ! Le chauffeur *schtroumpfe* les gendarmes qui font des *schtroumpfs* dans toute la région. Ils arrivent dans un petit *schtroumpf* de cent cinquante *schtroumpfs*. Là, ils *schtroumpfent des* Schtroumpfs *dans toutes les schtroumpfs* du village. Ils font *schtroumpfer* le camion et y remettent les Schtroumpfs. Le chauffeur continue son *schtroumpf* et les enfants *schtroumpfent* de tristesse.

Deux fois sur le métier

Quelle passion saisit Hollywood pour les remakes de nos films ? Notre charme est-il irrésistible ?

De notre envoyée spéciale à Los Angeles.

A tous les anciens combattants de la nouvelle vague, cinéphiles jaloux qui parleront de sacrilège à propos de la nouvelle version d'« A bout de souffle », Jim Mc Bride, metteur en scène du remake, répondra qu'il ne fait que « boucler la boucle, puisque Jean-Luc Godard, en 1959, s'était lui-même inspiré d'une série noire américaine, et que rien n'est tabou au cinéma, surtout si, comme moi, Jim Mc Bride, on est resté dix ans au chômage ». L'histoire de Jim traduit clairement la prudence actuelle de Hollywood.

Considéré dans les années 60 comme l'un des enfants terribles du cinéma underground new-yorkais, Mc Bride produit et réalise des longs métrages confidentiels. Acclamé par ses pairs, couvert de récompenses, il n'en demeure pas moins un cinéaste marginal. Dont le seul rêve est la Californie. Là, de scénarios avortés en projets refusés, il végète (en réalisant notamment un film porno). « Et puis un jour, raconte-t-il, alors que je me trouvais une fois de plus dans les bureaux d'un patron de studio, à bout d'idées, je lui ai proposé de refaire "A bout de souffle." Dès lors, tout s'est débloqué. »

L'affaire se traite d'autant plus facilement que Mc Bride a réussi à obtenir l'accord de Richard Gere (c'était avant le triomphe d' « Officier et gentleman »). « Quant à Godard, non seulement il a donné son accord, mais, quand je lui ai proposé de lire le nouveau script, il a refusé en me donnant carte blanche. »

Pour américaniser l'histoire, Mc Bride inverse les nationalités : le petit truand parisien devient californien, l'étudiante américaine, française. Une inconnue, Valérie Kaprisky, 19 ans, est choisie pour le rôle que tenait Jean Seberg. Quant au lieu de tournage, c'est un Los Angeles insolite qui est choisi, celui des garages du quartier des affaires, où les loubards donnent des « soirées parkings », et celui de Venice, dont les murs peints servent de toile de fond aux amours de Jesse et de Monica. Ces scènes resteront des documents : les fresques ont été emportées par les ouragans qui ont ravagé, cet hiver, les plages de la côte Ouest.

L'opération d'« A bout de souffle » ne serait qu'une péripétie dans la longue liste des remakes hollywoodiens si elle n'était l'illustration

Hier, « A bout de souffle » avec Jean Seberg et Jean-Paul Belmondo : un succès international de la nouvelle vague.

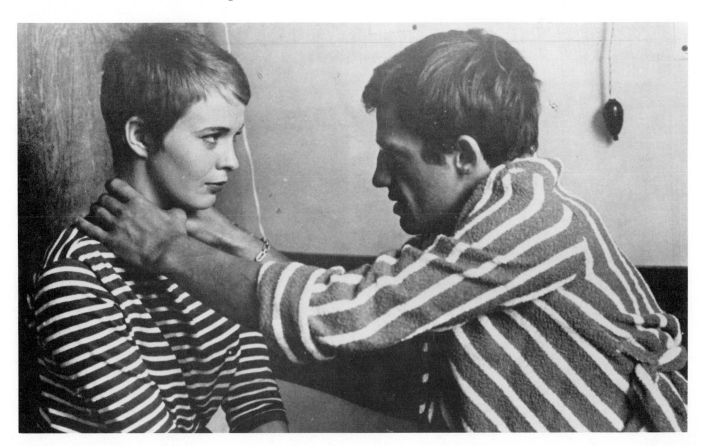

119

parfaite de l'intérêt — très particulier — que portent les studios à notre cinéma national.

Blake Edwards, qui, après les succès d'« Elle » et de « Victor Victoria » (remake, par parenthèse, d'un film allemand de 1933), a enfin obtenu toute liberté dans le choix de ses films et dans ses tournages, que fait-il ? Il se penche également sur les produits hexagonaux et s'adresse à François Truffaut pour obtenir les droits de son film « L'homme qui aimait les femmes ». « J'ai toujours été attiré par les sujets sur la séduction, s'excuse-t-il. Je n'ai pas pu résister à ce personnage de quadragénaire au vertigineux tableau de chasse. » Remake donc, mais à la Blake Edwards, moins littéraire et plus comique que l'original : son héros, incarné à la perfection par Burt Reynolds (« En lisant le scénario, il m'a dit : c'est mon autoportrait »), est obsédé par les jambes des femmes.

Quant à Stanley Donen, c'est, pour sa rentrée, une œuvre de Claude Berri qu'il choisit : « Un moment d'égarement », avec Michael Caine et Joe Bologna, dans lès rôles de Jean-Pierre Marielle et de Victor Lanoux. Seuls changements : le film a pour cadre le Brésil et pour titre « Rio ». A croire qu'un certain cinéma « bien de chez nous » est devenu, aux Etats-Unis, irrésistible. La réalité est un peu moins glorieuse.

« Cette attirance pour les produits français, essentiellement les comédies, s'explique de deux manières, dit Charles Schreger, président de Triumph Films, la société issue d'un accord Columbia-Gaumont, destinée à distribuer, notamment, les films européens aux Etats-Unis. D'une part, malgré des efforts de marketing colossaux, le lancement d'un film français en Amérique se heurte au refus d'un public qui n'est pas prêt à accepter des films doublés. Nous en avons fait la dure expérience avec "La Boum," de Claude Pinoteau : une sortie catastrophique malgré une étude de marché de 400 000 dollars. Il est donc évident qu'aujourd'hui, si un studio pense qu'une œuvre étrangère peut, par son sujet, toucher les spectateurs yankees, il essaiera de la refaire en anglais.

Un scénario étranger pour une bouchée de pain

Ajoutons à cette analyse qu'un scénario original à Hollywood coûte, de nos jours, entre un million et un million et demi de dollars. Et qu'il est rare de trouver dans les tiroirs des scénaristes un bon sujet de comédie. « Là encore, deux solutions, dit Franck Yablans, nouveau patron de M.g.m.-Artistes associés : soit puiser dans le patrimoine américain, comme Mel Brooks, qui termine une nouvelle version de "To be or not to be," d'Ernst Lubitsch, ou comme Howard Zieff, qui tourne "Unfaithfully Yours" d'après un film de Preston Sturgess de 1948. Soit acheter un scénario étranger, français par exemple, pour une bouchée de pain. »

En effet, qu'il s'agisse de « Rashomon », de Kurosawa, devenu en anglais « The Outrage », du « Pigeon », que retourne Louis Malle aux Etats-Unis, de « L'Incompris », de Comencini, que monte en ce moment Jerry Schatzberg, le prix moyen des droits ne dépasse pas les 200 000 dollars. « Et encore, dit un patron cynique, qui a préféré garder l'anonymat, nous payons pour avoir la paix. En fait, à côté de cinq remakes avoués et payés, nous en produisons vingt qui sont de purs plagiats. » Seule exception récente qui a déclenché une bataille de millions de dollars : le remake d'« Opération Tonnerre ».

Après avoir boudé pendant dix-huit ans le rôle qui le rendit célèbre, Sean Connery nous revient enfin en James Bond, dans ce film au titre facétieux « Never Say Never Again » (« Ne dites jamais jamais plus »). Nouvelle version d'« Opération Tonnerre », cette aventure est la seule de 007 qui ait échappé à l'empire d'Albert C. Broccoli, propriétaire de tous les autres romans. Le producteur du film, Kevin Mc Clory, qui avait travaillé avec l'écrivain Ian Fleming, a donc été condamné à la copie conforme. A quand une troisième mouture ? Tout est possible si « Never Say Never Again » est un succès.

CATHERINE LAPORTE ∎

Aujourd'hui, « Breathless » avec Valérie Kaprisky et Richard Gere.
Remanié pour les Américains, le film garde néanmoins des échos français.

Notes, Questions et Activités

Pour comprendre les connotations culturelles

deux fois sur le métier : allusion aux vers célèbres de *L'Art d'écrire* de Boileau, homme de lettres du XVIIᵉ siècle :

> « Vingt fois sur le métier remettez votre ouvrage;
> Polissez-le sans cesse et le repolissez;
> Ajoutez, quelquefois, et souvent effacez. »

Le mot « métier » signifie, ici, table de travail.

la nouvelle vague : par réaction contre le cinéma commercial, de jeunes réalisateurs comme Jean-Luc Godard, François Truffaut et Claude Chabrol ont tourné, vers la fin des années 50, des films à petit budget qui ont transformé le cinéma français.

« A bout de souffle » : un des premiers films de la nouvelle vague, tourné en 1959 par Jean-Luc Godard avec, comme acteurs principaux, Jean-Paul Belmondo et Jean Seberg qui joue le rôle d'une étudiante américaine à Paris.

Petit vocabulaire du cinéma

Tourner/réaliser un film : faire un film.

le tournage/la réalisation d'un film : action de filmer.

un réalisateur/un metteur en scène/un cinéaste : personne qui fait un film.

un scénario/un script : texte des scènes dont un film est composé.

un scénariste : personne qui écrit un scénario.

un long métrage/un court métrage : film de longue durée/film de courte durée.

un film doublé : film dont la voix originale des acteurs a été remplacée par la voix d'acteurs parlant une langue étrangère.

un film sous-titré : film auquel on a ajouté une traduction écrite des dialogues.

un remake : adaptation d'un ancien film.

le lancement : publicité pour attirer l'attention sur un nouveau film.

la sortie : première projection d'un film dans les salles de cinéma.

un(e) cinéphile : personne qui aime beaucoup le cinéma.

Pour comprendre les mots

prosaïque : banal.

ancien combattant (m) : combattant d'une guerre.

boucler la boucle : fermer le cercle.

série (f) **noire** : roman policier.

enfant (m) **terrible** : personne qui, dans un groupe, manifeste avec scandale son indépendance d'esprit.

confidentiel : *ici,* dont le public est très limité.

pair (m) : personne qui fait le même travail.

il n'en demeure pas moins : il reste cependant.

avorté : qui n'est pas terminé.

végéter : avoir une activité réduite.

dès lors : à partir de ce moment.

se débloquer : se remettre en marche, en action.

truand (m) : criminel.

loubards (m pl) : jeunes gens qui vivent en bande en dehors de la société.

toile (f) **de fond** : décor.

péripétie (f) : événement inattendu.

hexagonal : français (la France a une forme hexagonale).

quadragénaire (m ou f) : personne âgée de quarante ans.

au vertigineux tableau de chasse : avec une longue liste de conquêtes féminines.

égarement (m) : distraction.

« bien de chez nous » *fam.* : typiquement français.

puiser dans le patrimoine américain *fam.* : utiliser les films américains qui ont eu du succès.

pour une bouchée de pain *fam.* : pour presque rien.

avoir la paix *fam.* : ne pas avoir de difficultés.

plagiat (m) : copie non-autorisée.

déclencher : provoquer.

bouder : refuser.

facétieux : amusant.

copie (f) **conforme** : copie exacte.

mouture (f) : version.

De quoi s'agit-il ?

1. Quelles sont les deux réactions que provoque la nouvelle version d'« A bout de souffle » ?

2. Quelles transformations l'histoire a-t-elle subies dans la nouvelle version ?

3. Quel type de film français attire les réalisateurs américains ?

4. Pourquoi les Américains préfèrent-ils refaire certains films français plutôt que de les montrer en version doublée ?

5. Comment s'explique la préférence manifestée par Hollywood pour des remakes plutôt que pour des scénarios originaux ?

Vers la communication orale

1. Quel type de films préférez-vous : les films comiques, les films policiers, les films historiques, les films politiques, les films de science-fiction, les films d'aventure, les westerns ? Pourquoi ?

2. Quand vous allez choisir un film, quelles sont les raisons de votre choix : le sujet du film, la vedette ou les vedettes, le réalisateur, l'affiche, le titre, les critiques dans les journaux, ce que vos amis ont dit du film ?

3. Quel est votre film préféré ? Pourquoi ?

4. Quel est votre acteur préféré ? Quelle est votre actrice préférée ? Préférez-vous voir un film avec des acteurs célèbres ou peu connus ? Pourquoi ?

5. Préférez-vous voir les films étrangers en version doublée ou en version sous-titrée ? Justifiez votre réponse.

6. A votre avis, un remake peut-il être meilleur que le film original ? Donnez vos raisons et des exemples.

7. Avez-vous été impressionné(e) ou déçu(e) par les films qui sont des adaptations d'œuvres littéraires ? Donnez des exemples précis.

Activités de groupe

Qui est-ce ?
Une personne choisit son acteur préféré ou son actrice préférée. Les autres personnes lui posent des questions pour l'identifier.

Une conférence de presse
Personnages : a) des journalistes;   b) le metteur en scène et les vedettes d'un film.

Situation : Des journalistes interviewent le metteur en scène et les vedettes d'un film qui vient d'avoir un très grand succès. Ils les interrogent sur le sujet, les personnages, le tournage, le coût du film, le succès et les projets d'avenir.

Un remake
Personnages : un groupe d'ami(e)s.

Situation : Vous avez décidé de faire un remake d'un film français (ou étranger) célèbre. Vous choisissez des acteurs de votre pays pour jouer les différents rôles. Vous transposez l'action dans votre pays, dans la période actuelle.

Travail écrit

Vous êtes chargé(e) par le journal pour lequel vous travaillez, de faire la critique d'un film qui vient de sortir.

Chante-t-on assez français ?

Les Français voudraient bien entendre et fredonner plus de chansons françaises.

Alain Souchon, avec des textes bien français et de la musique moderne, représente la « nouvelle chanson française ».

Quelle opinion les Français ont-ils de la programmation musicale sur les quatre grandes stations (France Inter, Europe 1, R.T.L., R.M.C.) ? Pour le compte de la Sacem, la Sofres a interrogé un échantillon de 2 000 personnes. Voici les résultats de ce sondage.

Etes-vous satisfait de la place accordée par les radios aux différents genres ?

	Trop importante	Comme il faut	Pas assez importante	Ne sait pas
Chansons françaises	5	44	45	6
Chansons étrangères	54	33	6	7
Variétés orchestrées	8	48	33	11
Rock	42	37	11	10
Jazz	22	35	30	13
Classique	8	37	43	12

Seul le jazz parait avoir presque autant d'opposants (22 %) que de partisans (30 %). Les variétés orchestrées (33 contre 8) et le classique (43 contre 8) ne sont pas assez programmés, tandis que le rock occupe une place trop importante (42 contre 11). Enfin, une majorité d'auditeurs critiques constate la part « pas assez importante » laissée à la chanson française (45 contre 5) et, surtout, déplore la programmation « trop » étrangère (54 contre 6).

Et de la place accordée à la chanson française par votre station préférée ?

Auditeurs de :	Insuffisante	Suffisante	Sans opinion
● Europe 1	66	23	11
● R.T.L.	64	26	10
● R.M.C.	68	27	5
● France Inter	60	29	11
Total auditeurs	64	26	10

Près des deux tiers des auditeurs (64 %) estiment que la place faite à la chanson française est insuffisante à la radio. Ce sentiment majoritaire est partagé par toutes les catégories d'acheteurs de disques. Les amateurs de variétés orchestrées (72), de chanson populaire française (70), de chanson à texte et de nouvelle chanson française (67) sont, certes, plus nombreux à déplorer l'insuffisance de la programmation française, mais la majorité des acheteurs de disco (59), de pop français (57), de jazz (54) et de pop étranger (51) sont également de cet avis, dans de moindres proportions. Toutes les tranches d'âge : s'il n'est pas étonnant de constater que les plus de 35 ans déplorent dans leur grande majorité la programmation étrangère (65 contre 18), il est plus surprenant de découvrir que les 25-34 ans (61 contre 30), les 21-24 ans (53 contre 43) et même les 15-20 ans (52 contre 41) sont de cet avis.

Note et Activité

Stations

Parmi ces stations de radio, France-Inter est une radio d'Etat où il n'y a pas de publicité. Europe 1, R.T.L. (Radio-Télé-Luxembourg) et R.M.C. (Radio-Monte-Carlo) sont des radios « périphériques », c'est-à-dire qui ne sont pas sur le territoire français, mais on peut les écouter presque partout en France. Les radios « périphériques » sont financées par la publicité.

« Disc-jockey »

Vous allez présenter à la radio un programme musical d'une heure. Après avoir déterminé le public auquel vous voulez vous adresser et choisi la station et l'émission les plus appropriées, dites quel type de musique vous allez présenter. Quelle place allez-vous accorder à la musique de votre pays ? Comparez votre programme à ceux des autres membres du groupe.

Charlebois : l'adieu aux « ismes »

Plus sage, Charlebois. Mais, Dieu merci, toujours fou.

« J'suis rentré dans le système. Youpi. Amen. »

Charlebois, « qui aura 40 ans dans deux ans », nous parvint un jour sur les ailes de Québec Air, allumé comme une fusée. Il revient après trois ans de relative absence, du 10 au 16 janvier, ayant appris la révérence et cueillant un chrysanthème inattendu à la mémoire de Coquatrix : « Salut Bruno, je te revois/dans la fumée de ton cigare/Je sais qu'tu veilles sur moi ce soir/comme le fantôme de l'Olympia. »

Oui, toujours rock, Charlebois, mais moins baroque. Confiant, charmant : « Quand j'ai eu mes bébés (deux), je me suis mis à économiser ma vie pour quand je n'en aurai plus. » Avouant au creux d'un refrain : « J'ai rencontré la femme que j'aime et j'suis rentré dans le système. Youpi. Amen. » Ne croyant désormais « qu'en l'individu et en son imagination et n'étant plus groupable, par conséquent, dans aucun "isme" ».

Adieu, donc, militantisme, nationalisme, indépendantisme, soit. Et l'érotisme, alors ? Ou l'idéalisme ? Y aurait-il également renoncé ? N'exagérons rien. Charlebois, s'il est plus sage, n'en est pas moins fou, Dieu merci. Il continue, coquin d'cousin, à nous prodiguer d'excellents conseils : « Que la France ne perde pas toute son arrogance, elle risquerait de devenir la Suisse. » A composer d'excellentes musiques, musclées mais mélodiques, modernes mais nostalgiques. A offrir, seul ou en s'appuyant sur des paroliers mieux que complices (Dabadie, Plamondon), des chansons roboratives, expansives.

Je donne bien, dit-il, dans le comique ou dans le tragique ; avec moi, le joli passe difficilement... » Versant tragique, misons sur « News », une très touchante façon de raconter un chagrin d'amour, épreuve qu'il résume d'une phrase de Michaux : « Celui qui a une épingle dans l'œil se fout de la marine anglaise. » Versant comique, parions sur l'intrusion swin-gante de Charlebois dans la « Pape music » avec « Le Vatican, c'est fatigant/Mais Jean-Paul est un Tarzan ».

On sait que, malgré sa stature de bûcheron farceur et son visage taillé à coups de machette, Robert Charlebois a toujours attaché une vertu contestataire à sa tenue vestimentaire. On l'a vu, au cours des années, se présenter en débardeur de cuir, en queue-de-pie de jean, en blouson perfecto rose, en uniforme de hockey tricolore, en tenue de tennis. Il envoyait alors d'un coup de raquette rageur des smashes meurtriers vers la salle.

Si l'on ignore encore à quoi ressemblera le costume du Charlebois 83, on peut révéler que son spectacle comportera au moins une surprise... éclairante. Il n'y aura, en effet, aucun projecteur braqué sur la scène de l'Olympia, mais, renvoyant l'image du rocker-crooner et la nôtre, captant des lumières et les libérant, une armada de téléviseurs. Miroirs au présent pour le chanteur des temps changeants.

DANIÈLE HEYMANN ∎

Notes, Questions et Activités

Robert Charlebois (né en 1944) : chanteur québécois.

« Ismes » : mots abstraits qui se terminent par *-isme*, comme le militantisme, le nationalisme.

un chrysanthème : fleur que l'on met traditionnellement sur les tombes pour la Toussaint.

Bruno Coquatrix (1910–1979) : il a fondé en 1954 l'Olympia, célèbre music-hall de Paris. Les vedettes de la chanson donnent leurs concerts à l'Olympia.

coquin d'cousin : ce cousin espiègle. On appelle les Québécois « les cousins français ». Dans cette expression familière, le *e* de *de* n'est pas prononcé. Il est remplacé à l'écrit par une apostrophe.

Pour comprendre les mots

allumé comme une fusée : plein d'énergie.

baroque : extravagant.

au creux de : *ici,* au milieu de.

youpi *fam.* : exclamation de joie.

indépendantisme (m) : *ici,* mouvement en faveur du « Québec libre ».

prodiguer : donner en grand nombre.

musclé : *ici,* énergique.

parolier (m) : personne qui écrit les paroles d'une chanson.

roboratif : qui donne des forces.

donner bien dans : réussir dans.

versant (m) **tragique** : en ce qui concerne le tragique.

miser sur : *ici,* mettre ses espoirs dans.

épreuve (f) : période difficile.

se fout de *argot* : n'a aucun intérêt pour.

parier sur : *ici,* croire au succès de.

bûcheron (m) : personne qui abat les arbres dans la forêt.

farceur : qui aime faire des plaisanteries.

taillé à coups de machette : anguleux.

contestataire : d'opposition, de révolte.

débardeur (m) : tricot sans col ni manches.

queue de pie (f) : tenue de soirée.

jean (m) : *ici,* tissu de blue-jean.

tricolore : bleu, blanc, rouge.

rageur : en colère.

ignorer : ne pas savoir.

braqué sur : dirigé sur.

capter : attirer.

armada (f) : *ici,* très grand nombre.

De quoi s'agit-il ?

1. Qu'est-ce que nous apprenons sur la vie de Charlebois ?

2. Comment ses chansons ont-elles évolué ?

3. Quel type de chansons chante-t-il le mieux ?

4. Quelle importance accorde-t-il à son costume ?

5. Qu'est-ce qui jouera un rôle surprenant dans le concert qu'il va donner ?

Vers la communication orale

1. Préférez-vous écouter un disque ou une cassette chez vous ou aller au concert ? Pourquoi ?

2. Quel type de chansons préférez-vous ? Quels sont les chanteurs, les chanteuses et les groupes que vous aimez ?

3. Quand une chanson vous plaît, est-ce à cause du texte ou de la mélodie ?

4. Quels sont les thèmes des chansons que vous préférez ?

5. Quand les chanteurs donnent un concert, accordent-ils trop d'importance à leur costume et aux lumières ? Justifiez votre réponse.

Activités de groupe

Des chansons en français
Ecoutez des chansons de Charlebois ou d'un autre chanteur québécois ou français et discutez-les.

La chanson des « ismes »
Vous devez composer le texte d'une chanson sur les mots en « isme ». En petits groupes, vous choisissez un mot en « isme » et vous exprimez vos sentiments et vos réactions envers ce terme. Ensuite chaque groupe présente son couplet aux autres groupes. Finalement on compose tous ensemble un refrain de deux courtes phrases à chanter entre les couplets.

Travail écrit

1. Quelle image vos chansons favorites donnent-elles de la société ?

2. Adaptez, en français, les paroles d'une chanson étrangère.

Le patriarche du cirque

Le porteur d'une grande tradition :
Joseph Bouglione, 78 ans sous le chapiteau

Dans le monde français du cirque, on l'appelle avec respect le Patriarche, Mon Oncle ou, plus simplement encore, Monsieur Joseph. A 78 ans, Joseph Bouglione fait figure de mémoire vivante de la Belle Epoque. Les Amar, la célèbre famille des dompteurs kabyles, ont disparu et leur nom n'est plus qu'une enseigne. Pinder, fondé par une dynastie de banquistes anglais, a été repris par Jean Richard. Jérôme Médrano, le fils du clown Boum-Boum, est mort. Les Bouglione, eux, tiennent toujours la piste. Et ils en sont à la sixième génération.

Comme toutes les grandes sagas familiales, celle des Bouglione débute à la manière d'un roman populiste du XIXe siècle. Fils d'un marchand de drap piémontais, Scipion, le premier de la lignée, s'éprit en 1820 de Sonia, dite « la Maîtresse des fauves », belle dompteuse tsigane d'une petite ménagerie itinérante. Ils s'enfuient en Amérique, où le couple aura quatre fils — un chiffre d'or chez les Bouglione. Michel, l'aîné, pris du mal du pays paternel, décide à sa majorité de venir en Europe et embarque sur un vieux steamer avec tout son héritage : une dizaine de fauves. C'est alors que l'histoire s'emballe. A la faveur d'une tempête, les lions brisent leurs cages et montent sur les coursives. Au milieu des éclairs et des rafales de vent, Michel réussit à les ramener dans la cale : il sera dompteur, comme sa mère.

« Au lieu de suivre l'école, je préférais aller voir les animaux. »

Au Cirque d'Hiver, à Paris, trônant dans un bureau aux allures de roulotte avec ses fenêtres-hublots, Joseph le Patriarche, son stetson crème vissé sur la tête, raconte tout cela comme une leçon apprise. Vérité ou légende ? Veut-on des précisions ? Joseph sort son portefeuille et en extrait un bout de papier sur lequel sont inscrites les

Monsieur Joseph, bon pied, bon œil continue la légende du cirque Bouglione et veille au grain.

dates de naissance de son père et de son grand-père. Il vous prie de l'excuser : il ne sait pas très bien lire ni écrire. « Au lieu de suivre l'école, avoue-t-il, je préférais aller voir les animaux. »

L'histoire récente des Bouglione est, elle, plus facile à saisir. Au début du siècle, Sampion, le père de Joseph, exploite une petite ménagerie, une « fosse aux lions », qui se déplace au gré des fêtes et des foires. Mais le cirque, le vrai, n'apparaît qu'en 1924. Grâce à une très habile combinaison proche de la « méthode Barnum ». Un véritable mélange d'authentique spectacle et d'esbroufe publicitaire.

Le dompteur Marcel avait acquis, sans les voir, une série de lithographies anciennes. Il ne put les utiliser pour sa

ménagerie : il s'agissait du reliquat des affiches de la tournée triomphale du Cirque Buffalo Bill dans les années 10. Sampion les lui rachète, loue un vieux chapiteau percé, et part sur les routes présenter le « Wild West Show ». C'est une manière d'escroquerie : le colonel Cody, le vrai Buffalo Bill, était mort depuis sept ans. Mais le « plateau » est bon et chaque repésentation fera un triomphe. En 1928, installé à la porte Champerret, à Paris, le Cirque international des quatre frères Bouglione est né.

Sampion fils s'occupe de la cavalerie. Firmin, un ancien équilibriste, présente les fauves. A Alexandre, l'aîné — tradition oblige — échoient les tâches de gestion. Quant à Joseph, il fait évoluer les éléphants. Le succès est tel qu'en 1934 les Bouglione prennent la programmation du Cirque d'Hiver, le vieux Cirque Napoléon de Dejean, qu'ils rachètent et aménagent quelques années plus tard. Habiles businessmen, conscients que le cirque doit se renouveler pour survivre, ils y montent, à l'aide d'un metteur un scène venu de l'opérette, des pantomimes mi-cirque, mi-théâtre aux titres exotiques : « La Perle du Bengale », « La

Le mythe et la tradition font bon ménage.

Reine de la sierra », « Les Aventures de la princesse de Saba ». Le mythe coloré et la tradition du chapiteau feront bon ménage : le Cirque d'Hiver connaîtra ainsi sa plus belle période, et jouera tous les soirs à guichets fermés.

Comme tous les Bouglione, Joseph a tout fait : équilibriste, écuyer, dompteur, montreur d'éléphants et, bien sûr, après la mort de l'aîné, Alexandre, gestionnaire. Pourtant, sa fierté, ce sont les fauves, qu'il se refuse à appeler des « bêtes », et qu'il évoque avec des qualificatifs humains, comme s'ils faisaient partie, eux aussi, de la famille.

« On dit qu'il est facile d'être un bon dresseur et que les lions sont apprivoisés. Essayez d'entrer dans une cage et d'en ressortir vivant ! » Lui n'a jamais eu d'accident, sauf il y a quelques mois : pris d'un malaise, il se raccroche par mégarde aux barreaux d'une cage et une hyène, qu'il assure « avoir élevée au biberon », lui arrache un doigt. « On a bien essayé de le rechercher. Elle l'avait mangé ! » dit-il en riant.

Tous les jours, il vient faire un tour au Cirque d'Hiver.

Depuis bien longtemps, Joseph n'apparaît plus dans les spectacles. Pourtant, il ne se passe guère de jours sans qu'il vienne faire un tour au Cirque d'Hiver, inspectant les quartiers de viande destinés aux fauves, contrôlant avec Sampion, le troisième du nom et l'aîné de ses quatre fils, la comptabilité de l'entreprise, ou bien encore arpentant, de sa silhouette fière mais un peu cassée, les longs couloirs déserts où chaque pierre, chaque affiche lui rappelle le souvenir d'un incident, d'un visiteur de marque ou d'un grand artiste. Car il les a tous connus, les Fratellini, Maïss et Mimile, Zavatta, bien sûr, qui fut longtemps une vedette maison, et aussi le grand Grock, et les dompteurs Alfred Court, Guilbert Houcke et Dantès, et la troupe équestre des Caroli ou encore le surprenant équilibriste Pio Nock. Mais sa grande fierté, son jour de gloire, c'est quand les Bouglione juniors, ceux de la sixième génération, présentent leur propre spectacle.

Le stetson toujours vissé sur la tête, il est partout à la fois, retenant son souffle quand Joseph, son petit-fils, tente le saut périlleux arrière sur son fil, applaudissant en riant le numéro d'illusionniste de sa petite-fille Sandrine et de son petit-neveu Zézé, ou encore observant les évolutions des fauves, prêt à intervenir si quelque difficulté se présentait.

Alors, son visage s'empourpre, ses yeux s'animent. Le voilà brusquement aussi enthousiaste que les plus jeunes spectateurs : « Le cirque, dit-il, la voix gagnée par l'émotion, existera toujours tant qu'il y aura des enfants. » Et il ajoute : « Et puis, vous voyez bien, nous, les Bouglione, ne savons rien faire d'autre... »

PATRICE BOLLON ■

Notes, Questions et Activités

Pour comprendre les connotations culturelles

la Belle Epoque : nom donné à la période recouvrant les dernières années du XIXᵉ siècle.

kabyle : de la Kabylie, région montagneuse de l'Algérie.

piémontais : du Piémont, en Italie.

Phineas Taylor Barnum (1810–1891) : imprésario américain qui a créé le cirque « Barnum and Bailey's », qui offre au public « le plus grand spectacle du monde ».

Pour comprendre les mots

dompteur (m) : dresseur de fauves (lions, tigres).

enseigne (f) : *ici,* nom utilisé pour indiquer un établissement.

banquiste (m) : personne qui présente un spectacle de cirque.

reprendre : *ici,* racheter.

piste (f) : partie où a lieu le spectacle de cirque.

s'éprendre de : tomber amoureux de.

fauve (m) : animal sauvage.

ménagerie (f) : collection d'animaux de différentes espèces.

pris du mal du pays : ayant la nostalgie du pays.

à sa majorité : *ici,* quand il a vingt-et-un ans.

s'emballer : s'accélérer.

coursive (f) : couloir étroit à l'intérieur d'un navire.

cale (f) : partie au fond du navire.

trôner : occuper la place d'honneur.

aux allures de roulotte : ressemblant à une caravane.

stetson (m) : chapeau texan.

vissé : fixé.

au gré de : selon.

esbroufe (f) : bluff.

reliquat (m) : ce qui reste.

chapiteau (m) : tente de cirque.

percé : qui a des trous.

escroquerie (f) : tromperie.

plateau (m) : ensemble des artistes.

cavalerie (f) : *ici,* chevaux.

échoir : revenir.

gestion (f) : administration.

aménager : moderniser.

monter : *ici,* mettre en scène.

faire bon ménage : aller bien ensemble.

jouer : *ici,* donner un spectacle.

à guichets fermés : toutes les places ayant été vendues à l'avance.

écuyer (m) : personne qui monte à cheval dans un cirque.

apprivoiser : rendre docile.

pris d'un malaise : se sentant mal.

par mégarde : par inadvertance.

élever au biberon : *ici,* donner artificiellement du lait à la place de la mère.

faire un tour : se promener.

comptabilité (f) **de l'entreprise** : finances de la compagnie.

arpenter : marcher le long de.

cassé : *ici,* courbé.

périlleux : dangereux.

s'empourprer : devenir rouge.

De quoi s'agit-il ?

1. Quels sont les événements qui ont orienté les Bouglione vers le cirque ?

2. Comment le cirque international des frères Bouglione est-il né ?

3. Comment les rôles sont-ils répartis dans la famille ?

4. Quelles innovations les frères Bouglione introduisent-ils dans leurs spectacles ? Pourquoi? Quelles en sont les conséquences ?

5. Pourquoi Joseph n'appelle-t-il pas les fauves des « bêtes » ?

6. Que fait Joseph aujourd'hui ?

7. Selon lui, quel public le cirque attirera-t-il toujours ?

Vers la communication orale

1. Pourquoi appelle-t-on Joseph Bouglione le « Patriarche » ? Pouvez-vous citer d'autres exemples de patriarches et dire pourquoi ils méritent ce nom ?

2. Dans votre enfance, avez-vous assisté à un spectacle de cirque ? Si oui, indiquez où et quand et dites quel souvenir vous en avez. Certains numéros vous ont-ils particulièrement impressionné(e) ou déçu(e) ?

3. Pourquoi le cirque attire-t-il particulièrement les enfants ?

4. Quelles sont les qualités nécessaires aux artistes de cirque, notamment aux dompteurs, aux équilibristes, aux jongleurs, aux clowns, etc. ?

5. Comparez le cirque à d'autres formes de spectacle. Le cirque disparaîtra-t-il un jour ?

Activités de groupe

La vie d'artiste
Personnages : a) un(e) journaliste;   b) un équilibriste, une trapéziste, une dompteuse, un écuyer, un jongleur, etc.

Situation : Le (La) journaliste interroge les artistes du cirque sur leur métier. (Pourquoi l'ont-ils choisi ? Quelles en sont les difficultés ? Quelles satisfactions leur apporte-t-il ? etc.)

On monte un spectacle
Personnages : un groupe d'ami(e)s.

Situation : Vous allez monter à la télévision un spectacle populaire qui doit durer une heure. Quel genre de spectacle choisissez-vous ? Qui seront vos invité(e)s d'honneur ? Chaque personne est chargée de présenter au public l'un(e) des invité(e)s d'honneur.

Travail écrit

Imaginez les réactions d'un(e) enfant qui assiste pour la première fois à un spectacle de cirque. Décrivez les réactions de l'enfant devant les différents numéros.

Le changement

Le T.g.v. arrive à l'heure

Le dernier-né de la S.n.c.f. mène grand train !

En France, les trains sifflent toujours à l'heure. Octobre 1981 : les huit voitures orange, climatisées et silencieuses du Train à grande vitesse (T.g.v.) conduiront leurs 375 passagers de Paris à Lyon en 2 h 40, au lieu de 3 h 45 aujourd'hui, par le Mistral. Ce sera la première étape d'une fantastique révolution dans les transports par rail du sud-est de la France.

L'aventure commence en 1974 : la ligne Paris-Lyon est saturée. Le gouvernement, séduit par les performances du Tokaïdo au Japon, décide de construire une autoroute ferroviaire qui reliera, presque en ligne droite, Combs-la-Ville, à 29 km de Paris, à Sathonay, dans la banlieue de Lyon. Avec une gare-étape à Montchanin-Le Creusot. Au total, 415 km sur lesquels les T.g.v. roulent à 260 km-heure. La partie sud (Saint-Florentin-Lyon) sera ouverte en octobre prochain, le tronçon nord sera achevé en 1983.

A cette date, le voyageur parisien gagnera Lyon en deux heures, Chambéry en trois heures, Genève en 3 h 30 (au lieu de 5 h 44), Marseille en 4 h 50 (au lieu de 6 h 35 par le Mistral). Tout le réseau sud-est, de Dole à Montpellier, où circuleront les quatre-vingt-sept rames du T.g.v., profitera du temps gagné sur Paris-Lyon.

Coût de l'opération : 4,6 milliards de Francs pour l'infrastructure, 900 millions de Francs d'achat de matériel supplémentaires et 384 millions pour la nouvelle gare de Lyon-La Part-Dieu. Total : 5,8 milliards de Francs. Rentable, un tel investissement ? Très probablement. La S.n.c.f. espère gagner cinq millions de voyageurs sur son réseau sud-est dès 1982.

Deux autres grands projets de T.g.v. existent dans les cartons :

▶ Le T.g.v. atlantique. C'est une étude confidentielle de la S.n.c.f. réalisée en 1977. Une voie rapide de 200 km jusqu'à Châteaudun (Eure-et-Loir) éclaterait ensuite en deux branches, l'une en direction de Rennes et de Quimper, l'autre vers Tours et le Sud-Ouest.

▶ Le T.g.v. européen. Il a de chauds partisans, mais aucune étude sérieuse n'a encore été entreprise. Jean-Claude Guibal, délégué général de la Fédération nationale des industries ferroviaires, propose : « Pourquoi ne pas relier entre elles certaines métropoles européennes comme Paris, Bruxelles et Cologne par un T.g.v. qui réunirait les technologies de pointe de ces pays ? Une sorte d'Airbus ferroviaire ? » Ce projet serait subventionné par le Marché commun. Une idée qui fait doucement son chemin. ■

Notes, Questions et Activités

Pour comprendre les connotations culturelles

le Mistral : nom du train rapide qui relie Paris à Marseille.

le Tokaïdo : train extrêmement rapide qui relie Tokyo à Osaka.

Chambéry : ville située dans les Alpes.

Genève : ville de Suisse, proche de la frontière avec la France.

Dole : ville située à l'est de Dijon dans le département du Jura.

Montpellier : ville située à l'ouest de Marseille, dans le Midi.

la S.n.c.f. : Société nationale des chemins de fer français.

Rennes; Quimper : villes situées en Bretagne.

Tours : ville située sur la Loire.

Airbus : avion commercial à la construction duquel ont participé l'Allemagne, l'Angleterre, l'Espagne, la Hollande et la France.

Pour comprendre les mots

à l'heure : à l'heure prévue (ni en avance ni en retard).

siffler : *ici,* donner le signal du départ.

climatisé : avec l'air conditionné.

étape (f) : partie.

saturé : utilisé au maximum.

ferroviaire : pour les trains.

gare-étape (f) : *ici,* gare où le T.g.v. fait un arrêt très court.

rame (f) : train.

rentable : profitable.

de chauds partisans : personnes qui soutiennent activement une idée.

de pointe : avancé.

faire son chemin : avancer, progresser.

doucement : *ici,* peu à peu.

De quoi s'agit-il ?

1. Pourquoi a-t-on créé le T.g.v. ?

2. Qu'est-ce qu'il a fallu faire pour mettre le T.g.v. en service ?

3. Quels sont les avantages du T.g.v. sur les autres trains ?

4. Quelles conséquences le T.g.v. devrait-il avoir sur le choix des moyens de transport des Français ?

5. Quels autres T.g.v. sont prévus ?

Vers la communication orale

1. Vous êtes sur la place de la Concorde à Paris. Il est 14 heures. Vous devez être dans le centre de Lyon à 16 heures 30. Quels sont les avantages du T.g.v. sur l'avion bien que le trajet en avion ne dure qu'une heure ? (L'aéroport d'Orly se trouve à 40km au sud de Paris. L'aéroport de Satolas se trouve à 15km de Lyon.)

2. Imaginez une publicité pour le T.g.v. Comparez votre publicité à une publicité vue dans un magazine.

3. Dans le domaine des transports, quelles sont les réalisations qui vous semblent a) les plus spectaculaires;   b) les plus utiles ?

Activités de groupe

En voiture ou en train
Personnages : un groupe d'ami(e)s.

Situation : Vous allez partir faire du ski dans les Alpes avec des ami(e)s pendant trois jours. Avant le départ, discutez le moyen de transport à adopter : la voiture, le train, le car, l'avion. Chacun trouve des avantages à l'un et des inconvénients à l'autre. Finalement chacun utilise le moyen de transport de son choix. Le lendemain, dans le village alpin, certains sont « en forme », d'autres sont fatigués. Chacun raconte son voyage.

Des négociations minutieuses
Personnages : a) des représentants de la S.n.c.f.;   b) des personnes possédant des terres (champs, vignobles, forêts) à travers lesquelles la ligne du T.g.v. doit passer; c) des écologistes.

Situation : Chacun des participants au débat donne son avis sur le projet de construction de la ligne du T.g.v. : conséquences économiques, menaces sur l'environnement, risque financier, coût du projet, etc. Les représentants de la S.n.c.f. essaient de trouver des solutions pour épargner au maximum les domaines agricoles.

Travail écrit

Ecrivez un article sur les transports publics dans votre pays.

La puce et la souris

Le micro-ordinateur s'humanise :
A nouvelle génération de mini-ordinateurs,
nouveau vocabulaire... et nouveaux débouchés.

Dans le jargon spécialisé, le faire-part de naissance s'énonce ainsi : « Elle se nomme Lisa ; sa puce est très puissante ; et sa souris va faire un tabac ! » Le vocabulaire informatique a toujours fait grand usage des expressions potagères, puis animalières. Désormais, le pas est franchi : le micro-ordinateur s'humanise. Quatrième rejeton de la firme Apple (en

français, Pomme), Lisa aurait dû logiquement porter le nom prosaïque d'Apple IV. La firme américaine a préféré d'emblée la féminiser, pour mieux marquer la rupture : cette Lisa-là est bel et bien la première d'une nouvelle génération.

La puce de Lisa, c'est-à-dire son microprocesseur (un « 32 bits », pour les initiés), lui donne une puissance

jamais atteinte encore pour les ordinateurs personnels et la met au rang des grosses machines (que l'on appelle toujours, par euphémisme, mini). Sa mémoire (un million d'octets de mémoire centrale) pourrait contenir l'équivalent de deux exemplaires de L'Express ! Mais c'est surtout par son penchant à la libre communication que la machine se distingue. Il n'est plus besoin d'apprendre des codes fastidieux pour lui donner des instructions. Même plus besoin de taper sur le clavier. L'ordinateur obéit docilement à sa « souris », une petite boîte de télécommande grosse comme un paquet de cigarettes.

Il suffit de prendre l'animal dans la paume de la main et de le faire simplement rouler sur une table pour commander les mouvements d'un petit curseur sur l'écran de Lisa. On choisit ainsi l'un des symboles dessinés, qui représentent des accessoires de bureau : un fichier, un presse-papiers, une corbeille, une planche à dessin, une calculatrice, des feuilles blanches. Par sélections successives, on peut ouvrir des dossiers, classer des fichiers, les effacer, calculer des budgets, les visualiser sous forme de graphiques, couper, coller, composer, imprimer des documents... Le clavier sert uniquement à taper les textes et les données, comme s'il s'agissait d'une machine à écrire banale. On accède ainsi à six programmes en deux ou trois trottinements de souris.

Plus de codes fastidieux... L'ordinateur est enfin apprivoisé !

On connaissait en fait ces « animaux » informatiques depuis 1967. Mais, en raison de leur prix tout à fait dissuasif, ils étaient restés enfermés dans les laboratoires de recherche. C'est, dit-on, en 1979, lors d'une visite chez Xerox, que Steve Jobs, le président d'Apple, a été totalement séduit par le rongeur électronique. Il a engagé aussitôt les inventeurs de la machine. Il leur a fallu trois ans de travail, un investissement de 50 millions de dollars, de multiples tests pour annoncer la naissance de Lisa. « Elle est là pour au moins dix ans », dit Jean-Louise Gassé, directeur d'Apple-Europe. Comme dit un ingénieur facétieux, « l'industrie micro-informatique s'est trouvé un beau fromage ».

DOMINIQUE SIMONNET ■

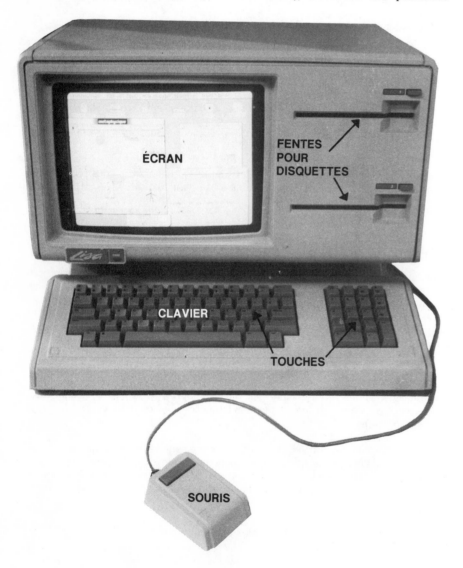

ÉCRAN

FENTES POUR DISQUETTES

CLAVIER

TOUCHES

SOURIS

Notes, Questions et Activités

De quoi s'agit-il ?

1. Quel est le sens usuel de « puce » et de « souris » ? Quel est le sens de ces mots dans le vocabulaire informatique ?

2. Pourquoi la société Apple a-t-elle donné un prénom féminin à son nouvel ordinateur ?

3. La puce est-elle une partie importante de l'ordinateur ? Dites pourquoi.

4. Pourquoi cette machine est-elle plus facile à utiliser que les machines précédentes ?

5. Qu'est-ce qui a retardé l'utilisation des « animaux » informatiques ?

Vers la communication orale

1. Dressez la liste des termes techniques relatifs aux micro-ordinateurs qui apparaissent dans ce texte.

2. Comment est-ce qu'on peut dialoguer avec l'ordinateur ?

3. Trouver des publicités pour des ordinateurs. Quels avantages y sont mis en valeur ? Pourquoi ?

Travail écrit   Une petite souris des champs rencontre la souris informatique. Décrivez leur rencontre et racontez ce qui se passe.

Les pionniers de Télétel

Télétel : un nouveau gadget pour les enfants et une preuve de statut social pour les parents.

Solidement arrimées au bord de la nuit, les petites maisons de Montebello, à Jouy-en-Josas, dans la région parisienne, s'apprêtent à passer une soirée tranquille. C'est l'heure où les plats mitonnent dans les cuisines, où les enfants terminent leurs devoirs... Les téléviseurs s'allument un à un. Mais, chez les H..., on délaisse les trois chaînes, on se branche sur Télétel.

Leur fils, le petit Xavier, se précipite. Le maniement du clavier, relié au poste de télé, n'a aucun secret pour ses 10 ans. La connexion commence par un appel téléphonique. Quelques instants plus tard, un sommaire apparaît sur l'écran. Xavier opte pour l'horaire des chemins de fer : choisissant une destination fictive, il

voyage avec ses doigts sur les touches et avec ses yeux sur l'écran. Soudain, celui-ci s'obscurcit. La communication vient d'être interrompue. « Ça coupe toujours ! », s'exclame Xavier, furieux.

La famille H... est branchée sur le futur, en compagnie de 2 200 autres foyers des Yvelines. Ces habitants de Vélizy, de Versailles, des Loges et de Jouy-en-Josas sont les premiers Français à vivre à l'heure de la télématique, le rejeton surdoué né du mariage de l'ordinateur et des télécommunications ou, plutôt, d'un ménage à trois : télévision, téléphone et ordinateur.

En 1978, un rapport, signé Simon Nora et Alain Minc, prédit l'informatisation de la société française. On

entrevoit le basculement dans un monde nouveau. La France, récemment sortie du sous-développement téléphonique, est précipitée dans la révolution télématique. Dans l'Administration, un homme incarne cette politique : Gérard Théry, patron de la toute-puissante Direction générale des télécommunications, la D.g.t.

A son instigation, les projets se multiplient, avec, à la clef, l'ambition de gagner une formidable bataille industrielle mondiale. Mais sa stratégie lui vaut de nombreuses critiques. Certains, même, voient se profiler le spectre de Big Brother derrière les petits écrans intelligents prêts à envahir la vie quotidienne. Pourtant, Gérard Théry fonce et met en place les fondements de la télématique française.

Cette première réalisation « grand public » était en gestation depuis 1978. Louis Mexandeau, ministre socialiste des Postes, des télécommunications et de la télédiffusion (P.t.t.), baptise Télétel en juillet 1981 et le système, première expérience de télématique domestique, entre en service.

De quoi s'agit-il ? Grâce à un système appelé Vidéotex, l'utilisateur interroge des banques de données informatisées à l'aide d'un petit terminal branché sur le réseau téléphonique. Les informations viennent s'inscrire sur son téléviseur grâce à un décodeur. Pratiquement, à raison de 55 centimes par tranche de cinq minutes, l'heureux élu de Vélizy peut aujourd'hui questionner quelque cent cinquante services. L'éventail va des renseignements administratifs à la vente par correspondance, des cours de la Bourse à la consultation de son compte bancaire, des horaires d'Air France au cocktail des jeux, de l'édition spéciale du « Parisien libéré » aux programmes de « Pariscope ».

Depuis six mois, cette tranquille banlieue parisienne est devenue un laboratoire où la D.g.t. observe les réactions des 7 000 cobayes humains confrontés à ce nouveau média. Discrètement, en attendant de connaître les intentions du pouvoir.

A Montebello, la famille H... se déclare plutôt déçue. Pour Jean-Pierre, le mari, Télétel n'a pas dépassé le stade du gadget qu'on montre aux amis, le soir à l'apéritif, un beau jouet qui tombe toujours en panne. « C'est trop lent, se plaint Catherine, sa femme. On a plus vite fait de demander un horaire par téléphone à la gare. J'adore feuilleter les livres de cuisine, mais il ne m'est jamais venu à l'idée de consulter une recette sur l'écran. » Le voisin des H... a été plus curieux. Il a essayé systématiquement tous les services de

Télétel, « pour voir ». Lui non plus n'est pas « convaincu ». Mais, si l'on s'avisait de lui retirer Télétel, il écrirait à la D.g.t. une lettre de deux pages sur ses bienfaits... et les raisons de le conserver !

La contradiction n'est qu'apparente. Car la possession de cet appendice télématique, même s'il reste sous-employé, voire méprisé, distingue du commun. N'était-on pas fier, autrefois, de posséder un des premiers téléphones ? Même si, à l'autre bout de la ligne, il n'y avait guère d'abonnés ?

Les sociologues distinguent trois phases dans l'attitude des usagers de Télétel : la familiarisation avec l'outil, l'exploration des services et l'utilisation rationnelle. Mais ils n'ont pas prévu les réactions de déception des aventuriers de la télématique. Elles naissent de la lenteur du système, de certaines prestations trop publicitaires. En réalité, Télétel offre des services là où il n'y a pas de vrais besoins.

Au bout de six mois, on sait qu'un abonné appelle en moyenne Télétel deux fois par semaine, pendant quinze minutes chaque fois. Les familles avec enfants constituent les meilleurs clients : au royaume de la télématique, les jeunes sont rois ! Pour eux, il n'existe ni obstacle technique ni blocage psychologique. Un seul frein à leur activisme : le holà des parents devant l'augmentation des notes du téléphone.

Les moins de 15 ans ne sont pas les seuls « fans ». Jean-Louis Bouillat, un dynamique professeur de musique, avoue qu'il « dialogue » chaque jour entre une heure et trois heures avec Télétel. En tête de son hit-parade personnel, on trouve la Messagerie, un service qui permet de correspondre avec d'autres « branchés ». C'est, de fait, l'office le plus convivial. Grâce à lui se sont créés 150 groupes cultivant des intérêts communs : par exemple, des groupes de musiciens, d'historiens, d'amateurs de chats, de joueurs, de mamans. Une fillette de 10 ans a mis sur pied le groupe des enfants.

Les « télétélistes » les plus actifs ont également fondé une association pour faire entendre la voix des usagers dans le débat sur la télématique. De leur côté, les entreprises qui fournissent des services tirent les premiers enseignements : si les informations pratiques « passent » bien, la publicité trop agressive est immédiatement rejetée. La presse, elle, connaît un franc succès. Jef, le Journal électronique français, émanation de quatre-vingts quotidiens, reçoit près de 20 % des appels.

SYLVIE O'DY ■

Notes, Questions et Activités

Pour comprendre les connotations culturelles

Yvelines : département de la région parisienne.

les trois chaînes d'Etat de la télévision française : TF1 (Télévision française 1), A2 (Antenne 2), FR3 (France-régions 3).

la France, récemment sortie du sous-développement téléphonique : en 1982, les trois quarts des Français sont équipés du téléphone, contre un quart en 1975.

la Direction générale des Télécommunications, la D.g.t. : organisme qui fait partie du ministère des Postes, des télécommunications et de la télédiffusion (P.t.t.).

Big Brother : personnification du pouvoir politique dans le roman de George Orwell, *1984*.

la Bourse : endroit où l'on négocie les valeurs mobilières.

Air France : principale compagnie aérienne française.

Le Parisien Libéré : journal quotidien d'informations générales.

Pariscope : petit magazine qui donne des informations sur les spectacles, les activités culturelles et les restaurants de Paris.

Pour comprendre les mots

arrimé : fixé.

s'apprêter à : se préparer à.

mitonner : mijoter, cuire lentement.

se brancher sur : mettre en marche; choisir.

s'obscurcir : devenir sombre.

couper : *ici*, s'arrêter.

rejeton (m) : enfant.

surdoué : aux capacités extraordinaires.

ménage (m) **à trois** : *ici*, réunion de trois éléments.

informatisation (f) : expansion de l'informatique.

basculement (m) : passage brutal.

à la clef : comme objectif profitable.

se profiler : apparaître.

foncer : avancer sans peur des difficultés.

fondement (m) : base.

en gestation : en train d'être créé(e).

informatisé : qui a été introduit dans l'ordinateur.

branché sur : relié à.

réseau (m) **téléphonique** : téléphone.

tranche (f) : période.

élu (m) : *ici*, personne choisie pour participer à l'expérience.

éventail (m) : diversité des services.

cours : cote de valeur.

cobaye (m) : sujet d'expérience.

déçu : pas très satisfait.

stade (m) : niveau.

feuilleter : tourner les pages en les regardant rapidement.

bienfait (m) : avantage.

voire : même.

méprisé : négligé.

abonné (m) : personne qui a le téléphone.

prestation (f) : service donné.

frein (m) : restriction.

holà ! (m) : réaction vive, interdiction.

note (f) : facture.

office (m) : fonction.

quotidien (m) : journal qui paraît tous les jours.

De quoi s'agit-il ?

1. Comment établit-on la liaison avec Télétel ?

2. Qu'est-ce que Xavier fait avec Télétel ?

3. Quels sont les trois éléments principaux de la télématique ?

4. Quels sont les services offerts par Télétel ? Lesquels sont les plus appréciés ?

5. Quelles sont les trois phases que distinguent les sociologues dans l'attitude des usagers de Télétel ?

6. Qui sont les « fans » de Télétel ?

Vers la communication orale

1. Parmi ces équipements de la nouvelle technologie (robots familiaux, vidéodisques, téléviseurs cablés, visiophones), quels sont ceux qui sont, pour vous, les plus importants ? Pourquoi ?

2. Qu'est-ce qui faciliterait le plus votre vie : télécommander vos achats, télépayer vos factures ou télédialoguer avec vos ami(e)s ? Pourquoi ?

3. Selon vous, l'informatique va-t-elle simplifier la vie et enrichir les rapports humains ou, au contraire, va-t-elle isoler l'individu dans son milieu technologique et familial ?

Activités de groupe

Etes-vous « télétiste »
Personnages : des habitants de Vélizy.

Situation : Une discussion animée se déroule entre des personnes qui ont trouvé très utiles les différents services de Télétel et des personnes qui sont contre l'invasion de la vie familiale par la nouvelle technologie et qui voient le spectre de « Big Brother » se profiler derrière les écrans.

Dans la salle de rédaction
Personnages : trois groupes de journalistes.

Situation : Les groupes de journalistes travaillent l'un pour la presse, le deuxième pour le journal télévisé et le troisième pour le journal électronique. Un événement important vient d'avoir lieu. Chaque groupe présente l'information à sa façon.

Travail écrit

La télématique vous semble-t-elle un objet de luxe ou une nécessité ? Donnez vos raisons.

L'informatique est-elle civilisatrice ?

Elle nous apporte des instruments fascinants et fait figure de magicienne, mais que valent les connaissances qu'elle nous fournit ?

Historien de la philosophie, pédagogue, chercheur, François Châtelet a traversé les principaux courants de la pensée contemporaine. Le philosophe a confié à Sylvie O'Dy ce qu'il pensait de la révolution informatique : sans doute un savoir-faire, sûrement pas une connaissance.

L'Express : *Pensez-vous que l'informatique permettra un élargissement du savoir humain ?*

François Châtelet : L'informatique mettra à la disposition d'un toujours plus grand nombre de gens toujours plus d'informations avec un moindre effort. Est-ce un élargissement du savoir humain ? En tant que philosophe, je me suis toujours défié de la forme « savoir ». Je crois que la philosophie consiste beaucoup plus dans le désir, l'amour et le plaisir des connaissances que dans la volonté de construire un savoir exhaustif.

— Que reprochez-vous à la forme « savoir » ?

— C'est une notion héritée surtout de la pensée chrétienne, monothéiste, présupposant qu'existe une vérité dont l'énoncé peut tenir entre la première et la dernière page d'un livre. Ou qui pourrait tenir, aujourd'hui, entre l'entrée et la sortie d'une banque de données. Les connaissances, elles, sont des énoncés moléculaires qui produisent des effets locaux d'intelligibilité et qui ne prétendent pas nécessairement à l'exhaustivité, à la pérennité. Par expérience d'historien des idées, je me méfie des savoirs, comme je me méfie de toutes les volontés de totalisation. Je crois que ce n'est pas un hasard si, entre totalisation des savoirs et totalitarisme politique, il y a des liens.

— Vous pensez donc que l'informatique peut favoriser cette montée de la forme « savoir » ?

— L'informatique fournit les instruments. Ici, je dois signaler que je me sens peu sûr de moi. En effet, chaque fois qu'il y a eu des mutations technologiques, les intellectuels ont eu un réflexe « corporatiste » : ils ont eu peur d'être lésés. Je ne voudrais pas tomber dans le ridicule de ceux qui ont dénoncé l'imprimerie en disant qu'avec elle c'en était fini de la pensée. Je précise donc ma position : je crains que l'empire de l'informatique ne nuise à la pensée ; je n'annonce pas une apocalypse inéluctable.

— L'informatique, c'est sûr, met à la disposition de tous un très grand nombre d'informations, qui peuvent être extrêmement utiles.

— Oui, mais une information, c'est une donnée brute, très différente d'une connaissance. Dans la connaissance, il y a une formulation qui exprime un contenu et qui le modifie en y introduisant l'intelligibilité. Quand on me dit qu'on a compté le nombre de fois où Descartes a écrit « Je pense » dans les « Méditations », je me demande à quoi sert cette information. Car elle n'a de sens que référée à un ensemble de connaissances, portant, entre autres choses, sur l'« esprit du temps », sur d'autres textes du même auteur, sur les acceptions précises du mot *cogitatio*, etc. Elle n'est donc qu'une vérification... et une vérification *faible*.

— Pour vous, la révolution informatique n'implique pas un bouleversement des processus de la pensée ?

— Révolution informatique ? L'acharnement mis à nous annoncer à chaque instant que l'on est à un tournant de l'Histoire me pousse à me demander si l'Histoire n'est pas un vélodrome ! Quand Gutenberg a créé son imprimerie, il n'a jamais pensé qu'il avait inventé une machine à écrire les livres. Aujourd'hui, certains laissent entendre que, grâce à des machines électroniques et à quelques programmeurs particulièrement ingénieux, la pensée se ferait toute seule. C'est grave de penser que les banques de données pourraient être l'équivalent de la pensée.

— Les enfants, qui vont vivre avec l'ordinateur dès l'école, seront pourtant différents des petits écoliers d'autrefois...

— Naguère, on faisait du latin et du grec, puis on a estimé qu'il n'était plus nécessaire que les élèves sachent lire le grec ou le latin dans le texte, mais on a conservé un temps cet enseignement parce qu'on le considérait comme une gymnastique intellectuelle extrême-

François Châtelet : « Est-ce grave, le temps perdu ? »

139

ment formatrice. Puis on a dit que c'était vraiment du temps perdu, et que la meilleure gymnastique intellectuelle venait des mathématiques. Aujourd'hui, grâce à l'introduction des machines à calculer, celles-ci se réduisent à des résultats, et la gymnastique, c'est-à-dire le calcul, va bientôt être exclue : qu'est-ce qui reste, dans la tête des gosses ? A mon avis, dans le fait de faire une multiplication, s'il y a de la peine, il y a aussi de la jubilation. Si on se contente des résultats sans se préoccuper de l'activité qui y conduit, on va vers une existence triste !

— *L'ordinateur risque de supprimer une partie importante du travail qui relève d'un certain type de recherches un peu fastidieuses.*

— Je crois à la patience, je crois qu'il faut cheminer, « mariner » dans quelque chose. Toute cette période de « marinage », si l'ordinateur le fait pour moi, je doute que cela ait des effets bénéfiques. On me dit que, grâce à l'ordinateur, je pourrais obtenir une référence en moins de cinq minutes...

— *Ce serait une économie de temps !*

— Bien sûr, mais aujourd'hui, quand je cherche une référence, j'utilise les moyens du bord ; je feuillette un livre où je trouve des choses différentes, je m'imprègne d'un style, d'une vision du monde. Cette référence devient un prétexte pour flirter avec le livre... Je ne trouve toujours pas. Alors, je téléphone à un ami. Nous allons parler d'une foule de choses qui feront peut-être apparaître cette référence comme complètement inutile. Est-ce grave, le temps perdu ? Non, je l'ai intégré, et, d'une certaine manière, cette recherche inutile me sera fructueuse.

— *On peut imaginer des livres ou des films fabriqués de toutes pièces à partir de données sorties d'un ordinateur. Cela existe déjà.*

— Les scénarios écrits à partir de données d'ordinateur ont abouti à des films qui peuvent être d'excellents divertissements, mais dont il ne reste rien. Ce sont des films sans pensée, qui ne font que répercuter l'image que la société a d'elle-même. Ce que l'on attend d'une œuvre, au contraire, c'est qu'elle établisse des rapports entre des choses dont on n'aurait jamais pensé qu'elles puissent être mises en rapport.

— *L'ordinateur ne l'interdit pas...*

— Non, mais la connaissance ne s'accroît que par des transgressions. Or l'ordinateur ne donne jamais que la normalité. Les synthèses que l'on en tire relèvent sans doute de l'ordre des savoir-faire. Mais sûrement pas des connaissances, de celles qui apportent la nouveauté. ∎

Notes, Questions et Activités

Pour comprendre les connotations culturelles

René Descartes (1596-1650) : philosophe et mathématicien français, auteur du *Discours de la méthode* qui établit la méthode de l'analyse logique (le cartésianisme). L'affirmation « Je pense, donc je suis » illustre cette méthode.

Gutenberg (1394-1468) : imprimeur allemand qui a inventé l'imprimerie.

Pour comprendre les mots

traverser : passer par.

courant (m) : mouvement.

confier : dire.

savoir (m) **humain** : ce que les hommes savent.

se défier de : ne pas avoir confiance en.

exhaustif : complet.

reprocher qqch. à : avoir qqch. contre.

énoncé (m) : formulation.

banque (f) **de données** : ensemble d'informations sur un sujet, centralisées et traitées par ordinateur.

prétendre à : aspirer à.

pérennité (f) : durée éternelle.

se méfier de : mettre en doute.

hasard (m) : coïncidence.

lien (m) : rapport, relation.

mutation (f) : changement.

lésé : désavantagé.

c'en était fini de : c'était la fin de.

nuire : faire du mal; (*ne*, ici, n'a pas de sens négatif).

inéluctable : inévitable.

acception (f) : sens.

cogitatio (mot latin) : pensée.

acharnement (m) : détermination, persistance.

vélodrome (m) : piste pour les courses de bicyclette.

naguère : autrefois.

formateur : éducateur.

gosse (m) *fam.* : enfant.

peine (f) : difficulté.

jubilation (f) : grande joie.

relever de : dépendre de.

fastidieux : ennuyeux.

mariner : en cuisine, laisser longtemps de la viande dans une sauce aromatisée avant de la faire cuire.

moyens (m pl) **du bord** : ressources simples facilement disponibles.

feuilleter : tourner les pages en les regardant rapidement.

s'imprégner : se laisser pénétrer.

répercuter : renvoyer.

s'accroître : augmenter.

tirer : faire.

De quoi s'agit-il ?

1. Quelle distinction François Châtelet fait-il entre l'informatique et la philosophie ?

2. Quelle différence établit-il entre « un savoir » et « des connaissances » ?

3. Pourquoi fait-il une comparaison entre la révolution informatique et la naissance de l'imprimerie ? Qu'est-ce que cette comparaison révèle ?

4. Quels sont, selon la journaliste, les différents avantages de l'informatique ? Qu'est-ce que François Châtelet lui répond ?

5. Quelles sont, selon François Châtelet, les limites des œuvres écrites à partir des données d'ordinateur ?

Vers la communication orale

1. Quelles conséquences la « révolution informatique » a-t-elle eues sur votre vie ?

2. L'ordinateur a-t-il modifié vos loisirs ? Comment ?

3. La créativité joue-t-elle un rôle important dans les jeux et la littérature électroniques ? Dites pourquoi.

4. A votre avis, quelle est l'influence de l'informatique sur l'évolution de la pensée ?

5. Quels sont, selon vous, les avantages et les risques des changements technologiques ?

Activités de groupe

Des écrivains électroniques
Personnages : un groupe d'ami(e)s passionné(e)s de littérature électronique.

Situation : Vous décidez de créer un livre ou un film à partir de données d'ordinateur. Quelles données allez-vous introduire dans l'ordinateur ? Quels résultats espérez-vous ?

Le passé et l'avenir
Personnages : a) Gutenberg et des savants de son époque; b) des spécialistes de l'informatique et des savants contemporains.

Situation : Ces personnes se rencontrent, comparent les conséquences révolutionnaires de leur invention et évaluent son importance pour la civilisation.

Travail écrit

1. Rédigez à la troisième personne un compte rendu de l'interview de François Châtelet.

2. On dit souvent que nous sommes aujourd'hui dans une période de transition entre deux cultures : la culture littéraire et la culture électronique. Qu'en pensez-vous ?

Les Français jugent leur Histoire

Quelles traces le passé a-t-il laissées dans le cœur et la mémoire des Français ?

La France est banale, son histoire ne l'est pas. De Gaulle l'avait compris. Cette « idée de la France », qu'il avait dressée comme un étendard, c'était d'abord un appel à la personnalité historique contre le melting-pot contemporain. Un appel insolite dont les Français conservent la nostalgie.

La France de De Gaulle devait épouser l'Histoire, celle de Pompidou et de Giscard d'Estaing épouser son temps. Mais les Français n'aiment pas vivre dans une société anonyme, fût-elle prospère. Vieil adversaire du Général, François Mitterrand ne l'avait pas oublié. Le jour même de son intronisation, il courait au Panthéon, rose au poing, chercher la consécration souveraine de l'Histoire.

Un record historique

En France, il est toujours bon d'ajouter la référence historique aux mécanismes institutionnels. Ce n'est guère étonnant dans un pays qui s'est offert en deux cents ans deux empires, trois royaumes, cinq républiques, sans compter le Consulat, le régime de Vichy et quelques Constitutions avortées... un record.

Que l'Histoire tienne une place privilégiée dans notre pays, c'est le premier enseignement du sondage L'Express-Gallup-Faits et Opinions : 67 % des Français se déclarent « passionnés » ou « intéressés » par elle. Un engouement qui se retrouve dans tous les domaines : les ventes de livres historiques ont augmenté de 30 % en 1982, les visites dans les musées ont doublé en dix ans, les films et émissions en costumes séduisent de plus en plus, des entreprises demandent à des historiens de rédiger leur saga, et les recherches généalogiques sont la dernière marotte à la mode. Offrez du passé aux Français, ils sont toujours preneurs.

Il y a encore cinquante ans, cette Histoire divisait nos compatriotes entre « blancs » et « bleus » ; aujourd'hui, aidés par les historiens, ils l'acceptent dans sa totalité, c'est la deuxième leçon du sondage. En 1983, la Révolution apparaît comme le mythe fondateur de la conscience nationale : 70 % des Français pensent qu'il s'agit d'un événement positif à long terme, et les deux tiers d'entre eux entendent le faire savoir, en 1989, par la célébration du bicentenaire. Si l'appréciation générale paraît définitive, celle des « hommes de la Liberté » reste sujette à révision.

C'est la grande surprise de notre enquête: jugeant les personnages de la Révolution, les Français — comme de vrais Américains — plébiscitent La Fayette. 43 % d'opinions favorables au marquis, pour 6 % de défavorables : un score sans pareil. Certes, l'indéracinable Bonaparte trouve 39 % de partisans, mais aussi 21 % d'opposants — l'épopée napoléonienne n'a pas fini de diviser la France. Pour les autres protagonistes, les résultats sont médiocres ou franchement détestables. Louis XVI et Danton sont condamnés, mais non sans appel. Tandis que Marat et Robespierre comptent encore deux fois plus d'ennemis que d'amis. La Terreur ne passe plus... sauf pour son archange Saint-Just, qui paraît sympathique à 21 % des personnes interrogées et antipathique à 10 % seulement. Les jurés devront mieux étudier le dossier pour éviter ces sentences contradictoires.

Qu'un aristocrate chic, libéral et réformiste l'emporte dans toutes les classes d'âge et toutes les familles politiques sur le futur empereur et les vedettes du Comité de salut public est une nouveauté lourde de signification. Manifestement, La Fayette est autant apprécié pour ce qu'il représente que pour ce qu'il exclut. A travers lui, les Français saluent le héros de l'indépendance américaine, un cham-

Allégorie de la République française.

pion des droits de l'homme, un symbole de l'unité nationale et de la liberté, mais aussi un ennemi de la violence et de l'intolérance. Cette sanction du sang versé ternit l'image d'un Danton, que l'on aurait pu croire plus populaire que La Fayette. Plus généralement, le consensus national se fait sur l'an I de la Révolution et non sur les débordements de la période jacobine. En cela, les Français rejoignent, dans leur jugement, les étrangers, qui ont toujours eu 89 comme référence de la Révolution française et non 93.

JANICK JOSSIN ∎

La Révolution de 1789

Pensez-vous que célébrer le bicentenaire de la Révolution française de 1789 soit...

...très important.......... 22 %
...assez important 41
...pas important 34
Sans réponse 3

La Fayette.   *Robespierre.*

Parmi ces personnages de la période de la Révolution française, quels sont ceux qui vous inspirent plutôt de la sympathie ? Et quels sont ceux qui vous sont plutôt antipathiques ?

	Sym-pathiques	Anti-pathiques	Sans réponse
Danton	21 %	26 %	53 %
Robespierre	19	40	49*
Marat	8	21	71
La Fayette..................	43	6	51
Mirabeau	17	8	75
Saint-Just...................	21	10	69
Louis XVI	15	23	62
Bonaparte...................	39	21	40

La période récente

Quels sont, parmi les suivants, les deux événements les plus importants de l'histoire de France dans les quarante dernières années :

La Libération .... 51 %
L'armistice de 1940 31
Le retour du général de Gaulle au pouvoir en 1958 29
La fin de la guerre d'Algérie............................. 26
Les événements de Mai 68 21
La création du Marché commun 14
Mai 1981 (élection de F. Mitterrand)..................... 14
Dien Bien Phu 4*

Le général de Gaulle.

Selon vous, la fin du XXᵉ siècle restera-t-elle dans l'histoire de France comme une époque...

...de progrès............. 48 % ...autres réponses
...de déclin 30   spontanées 3
...d'immobilisme....... 15 Sans réponse 4

*Total supérieur à 100 : réponses multiples possibles.

Le passé

Détail d'un vase grec.

Imaginez qu'il soit possible de voyager dans le temps et que l'on vous propose de prendre un mois de vacances dans l'une des époques suivantes. Quelle époque choisiriez-vous ?

Antiquité
   gréco-romaine........ 21 %
Moyen Age 15
Renaissance.............. 17
XVIIᵉ siècle 3

XVIIIᵉ siècle 6
Iᵉʳ Empire 6
XIXᵉ siècle 13
Aucune de ces
   époques 16
Sans réponse 3

Que recherchez-vous dans l'Histoire ? (Question posée à ceux qui ont déclaré être passionnés ou intéressés.)

Un approfondissement de vos connaissances .... 51 %
Une meilleure compréhension du présent 41
Une distraction 18*

La prise de la Bastille.

Il y a beaucoup de façons de s'intéresser à l'Histoire. Parmi les occasions suivantes, y en a-t-il que vous saisissez le plus souvent possible quand elles se présentent ?

Visiter des sites ou lieux historiques .... 51 %
Voir à la télévision une émission
    à caractère historique 46
Lire un livre d'Histoire,
    une biographie, des mémoires 34
Visiter un musée 32
Aller au cinéma voir un film à caractère historique 23
Lire une revue spécialisée d'Histoire 20
Ecouter à la radio une émission historique.................. 17*
Rien de tout cela 9

Sondage réalisé pour L'Express par Gallup-Faits et Opinions, du 1er au 4 juillet 1983, auprès d'un échantillonnage de 1 010 personnes âgées de 18 ans et plus représentatif de la population française. Méthode des quotas.

L'attrait de l'Histoire

Pour vous, qu'y a-t-il de plus intéressant dans l'Histoire ?

Les explorations et les découvertes................................ 42 %
L'histoire des grandes civilisations............................... 41
Les grands mouvements d'idées 30
La vie des grands personnages 24
L'histoire des arts (musique, peinture, etc.)................... 23
Les chroniques de la vie quotidienne............................ 19
La vie des régions et leur histoire................................. 19
L'histoire militaire (grandes batailles, guerres)............. 15
La « petite Histoire » (mœurs,
    amours célèbres, mode, etc.)................................ 15
Les grandes énigmes... 14
L'histoire des religions 13*

Ne s'intéresse pas à cela 10

Le front à Verdun.

Certaines personnes s'intéressent beaucoup à l'Histoire, d'autres ne s'y intéressent pas du tout. Vous, diriez-vous de l'Histoire...

...qu'elle vous passionne .... 15 % } 67 %
...qu'elle vous intéresse 52
...qu'elle vous laisse indifférent...... 25 } 31
...qu'elle vous ennuie...................... 6
Sans réponse 2

Total supérieur à 100 : réponses multiples possibles.

Notes, Questions et Activités

Pour comprendre les connotations culturelles

le général Charles de Gaulle : président de la République de 1958 à 1969. On l'appelle également « le Général ».

Georges Pompidou : président de la République de 1969 à 1974.

Valéry Giscard d'Estaing : président de la République de 1974 à 1981.

François Mitterrand : président de la République depuis 1981.

le melting-pot : mot emprunté à l'anglais, que l'on utilise habituellement pour désigner la façon dont les immigrés ont été assimilés dans la société américaine et ont perdu leurs caractéristiques nationales.

le Panthéon : à Paris, monument où reposent les cendres de « grands hommes » comme Rousseau, Voltaire, Victor Hugo, Emile Zola, Jean Jaurès (fondateur du parti socialiste français) et Jean Moulin (héros de la Résistance).

la rose au poing : la rose tenue à la main est l'emblème du parti socialiste français.

les « blancs » : nom donné aux royalistes qui avaient le drapeau blanc pour emblème.

les « bleus » : nom donné aux soldats républicains qui portaient un uniforme bleu.

le marquis de La Fayette (1757–1834) : général et homme politique français qui a participé à la guerre d'Indépendance américaine et ensuite à la Révolution française.

Napoléon Bonaparte (1769–1821) : général, Consul et ensuite Empereur des Français. Il est mort en exil dans l'île de Sainte-Hélène.

Louis XVI (1745–1793) : dernier roi de l'Ancien Régime. Il a été guillotiné par les Révolutionnaires.

Danton (1759–1794); **Marat** (1743–1793); **Robespierre** (1758–1794); **Saint-Just** (1767–1794) : chefs de la Révolution française. Marat et Robespierre ont décidé l'exécution de nombreux adversaires de la Révolution. Robespierre, membre du Comité du salut public, était l'instigateur de la Terreur, période pendant laquelle Georges Danton a été guillotiné. Saint-Just était le théoricien du gouvernement révolutionnaire.

1793 : année de l'exécution de Louis XVI et du commencement de la période appelée « La Terreur ».

Tableau historique

Depuis la Révolution française, il y a eu de nombreux changements de régime :

Première République	1792–1799
Consulat (Napoléon Bonaparte)	1799–1804
Premier Empire (Napoléon 1er)	1804–1814
Restauration monarchique :	
Louis XVIII	1814–1824
Charles X	1824–1830
Louis-Philippe	1830–1848
Deuxième République	1848–1852
Second Empire (Napoléon III)	1852–1870
Troisième République	1870–1940
Etat Français (gouvernement de Vichy)	1940–1944
Gouvernement provisoire	1944–1946
Quatrième République	1946–1958
Cinquième République	1958

Pour comprendre les mots

dresser : lever

étendard (m) : drapeau.

insolite : inhabituel.

fût-elle : même si elle est.

intronisation (f) : *ici*, investiture officielle comme président de la République.

mécanisme (m) **institutionnel** : fonctionnement des institutions de la République, illustré ici par l'investiture d'un nouveau président.

avorté : *ici*, qui n'est pas entré en application.

engouement (m) : passion.

séduire : attirer, plaire.

marotte (f) *fam.* : habitude favorite.

être preneur : être prêt à accepter l'offre.

entendre : *ici,* avoir l'intention de.

reste... révision : peut changer.

plébisciter : voter en faveur de.

indéracinable : *ici,* qui est toujours populaire.

non sans appel : *ici,* pas d'une manière absolue.

ne passe plus : n'est plus acceptée.

archange (m) : symbole de la pureté et de l'idéalisme.

juré (m) : *ici,* personne qui répond au sondage et juge ainsi les personnages de l'Histoire.

sentence (f) : jugement.

l'emporter sur : *ici,* être plus populaire.

lourde de signification : qui révèle beaucoup.

cette sanction... versé : cette désapprobation de sa participation aux exécutions.

ternir : *ici,* affaiblir.

débordement (m) : excès.

De quoi s'agit-il ?

1. Pourquoi dit-on que l'histoire de la France n'est pas banale ?

2. Selon le journaliste, quelle attitude le général de Gaulle et François Mitterrand ont-ils en commun ?

3. Quels sont les exemples cités pour montrer que les Français s'intéressent beaucoup au passé ?

4. Comment l'attitude des Français envers la Révolution a-t-elle évolué dans la période récente ?

5. Qu'est-ce qui est surprenant dans le classement qui indique la popularité des personnages de la Révolution ?

6. Comment peut-on expliquer cette préférence pour le marquis de La Fayette ? Donnez des exemples précis.

Vers la communication orale

1. Préférez-vous lire un livre d'histoire, regarder une émission historique à la télévision ou voir un film historique au cinéma ? Pourquoi ?

2. Quels sont les personnages historiques les plus importants de votre pays ?

3. Quels sont les sites historiques que vous aimeriez visiter ?

4. A votre avis, l'étude de l'histoire peut-elle nous aider à mieux comprendre le présent ?

5. Qu'est-ce qui peut provoquer un changement d'attitudes envers un événement historique ?

Activités de groupe

Sondage sur des événements historiques
Préparez un sondage similaire sur l'histoire de votre pays :
    a. sur un événement historique commémoré chaque année;
    b. sur les événements les plus importants de l'histoire de votre pays depuis le début du vingtième siècle.

Ensuite, commentez les différentes attitudes envers ces événements.

L'attrait de l'Histoire
On répond aux questions du sondage sur l'attrait de l'Histoire. Ensuite, chacun donne les raisons de ses préférences à l'aide d'exemples précis.

Travail écrit

Commentez les réponses données par les Français dans le sondage sur l'attrait de l'Histoire.

Le français tel qu'on le parle

*Entre le français écrit, corseté
par l'Académie, et le français parlé,
qui s'abandonne et se désarticule,
où va la langue française ?
Sophie Lannes l'a demandé à un grammairien,
le recteur Gérald Antoine,
professeur à Paris III et président du Centre
d'information et de documentation jeunesse.
Le recteur Antoine n'a rien d'un censeur
rigide et chagrin. Mais il constate que
nombre d'enfants arrivent en 6ᵉ
sans savoir lire, s'étonne de l'indigence
du vocabulaire de leurs aînés, et s'inquiète
de voir tant de contemporains incapables
de construire une phrase cohérente.
Et s'il lui semble qu'une réaction salutaire
est en train de s'amorcer, il conclut
par une mise en garde : « Il n'y a pas de pensée
hors des mots qui l'expriment... »*

L'Express : *« Le français est usé, usé comme un vieux livre de cuisine »*, chante Julien Clerc. Qu'en pense le grammairien ?

Recteur Gérald Antoine : Le français est une langue d'usage, c'est bien vrai, ce qui ne veut pas dire que le français soit usagé ! Le français ne serait usé que le jour où le peuple français lui-même serait usé jusqu'à la corde. « Nous autres civilisations nous savons maintenant que nous sommes mortelles... » S'il n'y a plus personne pour porter ce que Barrès appelait la pensée française, il n'y aura plus de langue française. Mais il ne faut jamais désespérer d'une langue tant qu'il y a des hommes et des femmes pour la parler.

— *Il y a bien, quand même, dans notre langue des parties usagées ou menacées ?*

— Lorsque l'on est historien de la langue, on s'aperçoit que, de moment en moment — et cela remonte au XVIᵉ siècle — chaque génération s'est lamentée : « Le français est maltraité, le français va mourir. » Il y a aujourd'hui, je le reconnais, des portions plus menacées que d'autres... Lesquelles ? A entendre certains, le français serait menacé dans la pureté de son vocabulaire par l'invasion de l'anglais. Voilà qui n'emporte pas ma conviction : nous en sommes au moins à la troisième vague d'anglicismes. Chacune a naturellement apporté des scories — il n'y a qu'à balayer la plage — mais chacune a aussi enrichi le français. La première, à l'époque de la Restauration, a apporté, avec le règne de Lord Brummell, une formidable vague d'anglicismes : c'est le temps des dandys, des happy few, du comfortable, du fashionable.

— *Que l'on trouve dans les Mémoires de Berlioz, chez Stendhal, chez Balzac, qui a même écrit un « Traité du fashionable »...*

— Et du « shopping », que l'on trouve dans « César Birotteau » ! La deuxième vague survient à l'époque de l'Entente cordiale et du Jockey Club. Elle introduit turf, steeple-chase, bluff, caddie, challenge, smart, staff, puzzle, etc. Enfin, la troisième, celle qui nous atteint depuis la dernière guerre, depuis que l'anglais tend à devenir une langue de communication universelle. Je constate simplement que les réactions à l'invasion de l'anglais sont très différentes en Allemagne de l'Ouest et chez nous. En Allemagne, on accepte tout ce qui peut être utile ; chez nous, on rechigne, on craint, on tremble, et l'on se défend avec une terreur frileuse contre la perfide Albion, qui serait en train de nous coloniser linguistiquement !

— *Le français vous semble plus menacé de l'intérieur par les Français eux-mêmes que par les produits d'importation ?*

— Oui, naturellement, et par deux voies contraires. D'un côté, l'inflation : par exemple, « solutionner » doublant « résoudre », ou « valable » doublant « remarquable » ; de l'autre, la disette, imputable à la peur de créer des mots nouveaux pour désigner des réalités nouvelles. D'où, précisément, les excès d'anglicismes non digérés. Mais le vocabulaire m'apparaît pourtant moins menacé que la morphologie et la syntaxe. Le passé simple est mort, privant notre langue de l'opposition sémantique entre passé simple et passé composé.

— *On n'écrirait plus : « Il voyagea. Il connut la mélancolie des paquebots... Il revint, il fréquenta le monde... ».*

— Merveilleux final de « L'Education sentimentale », que vous avez raison d'évoquer avec sa chaîne de passés simples qui creusent la distance à l'infini ! Mais j'aimerais citer, à l'appui de ma remarque sur les oppositions temporelles, cette autre phrase qui vient peu après : « Elle le saisit par les mains, l'attira doucement vers la fenêtre et elle le considérait tout en répétant... »

Ecart tout à fait impossible aujourd'hui. Et pourtant, quelle valeur entre les passés appliqués au geste, au mouvement, et l'imparfait de la contemplation immobile. En voilà de la syntaxe expressive !

En voie de disparition

Mais un autre phénomène me frappe : l'inversion est en train de disparaître. Dans le métro, on vous demande : « Vous descendez ? » ou même : « Descendez ? ». On ne dit plus : « Pourquoi as-tu fait ça ? », mais : « Pourquoi tu as fait ça ? ».

— *Et plus graves encore sont les menaces qui pèsent sur la syntaxe ?*

— Vous vous rappelez les bornes que Hugo fixait à ses audaces. D'un côté, c'était la fière proclamation : « J'ai mis

Le français de la nouvelle génération : la syntaxe fait place à l'image. Les niveaux de langue disparaissent. Les phrases se télescopent et « la parole est coincée dans des bulles ».

un bonnet rouge au vieux dictionnaire », mais de l'autre : « Guerre à la rhétorique et paix à la syntaxe. » Tel fut le mot d'ordre de la révolution romantique : ne touchons pas à la syntaxe, qui est la structure, l'âme de la langue. Cette règle-là a été détraquée, depuis, par les surréalistes et leurs héritiers, mais il s'agissait de recherche artistique. Aujourd'hui, nous vivons tous en état de guerre permanent contre la syntaxe. Nos discours sont faits de morceaux de phrases qui se télescopent les uns les autres, de ruptures d'attelage. C'est-à-dire d'un magma, d'un conglomérat langagier où il n'y a plus ni queue ni tête.

Conversations « à bâtons rompus »

— *La langue n'est pas usée, elle est brisée ?*
— N'importe quelle conversation, si bien nommée « à bâtons rompus », fournit de ces échantillons de syntaxe brisée. J'écoutais, l'autre jour, un étudiant faire un exposé sur son mémoire de maîtrise. En une demi-heure, il a dû articuler une cinquantaine de « bon », autant de « quoi », de « bref » et de « hein », plus une vingtaine de « sans problème ». Qu'est-ce qui, là, me paraît grave ? Non pas tant le désordre, le décousu, les ruptures du discours oral : ils sont dans sa nature. Mais sa pauvreté monotone et le fait que, de plus en plus, ce type d'énoncé passe dans l'écrit.
— *Parler comme un livre était autrefois le symbole de la perfection.*

Aujourd'hui, on écrirait plutôt comme on parle ?
— L'écrit est un état de langue en voie d'extinction. Nos pères écrivaient tous leurs rapports, toutes leurs lettres. Je le faisais moi-même à mes débuts dans l'enseignement. Puis le téléphone a étendu son empire, puis le dictaphone, la cadence des obligations s'est accélérée. On n'écrit plus rien. On dicte... Ce pseudo-écrit qu'est la fixation, plus ou moins hâtivement remaniée, d'une coulée orale, ce n'est plus un manuscrit, c'est un tapuscrit. Voilà un mot — je ne l'ai pas inventé — qui mériterait de passer dans la langue ! Ce que nous fabriquons, c'est un hybride : au départ, de la langue parlée ; à l'arrivée, de la langue écrite. Révolution ou évolution, nous vivons une situation qui n'a pas de précédent dans les siècles antérieurs.
— *Avec quelles conséquences ?*
— Un effacement des nuances. Des siècles durant, le prix du français a été la recherche obstinée, opiniâtre du mot propre et, chez l'écrivain, de l'inattendu, d'une irremplaçable justesse. « L'écrivain, disait Valéry, est un agent d'écarts. » Aujourd'hui, vous dictez, vous n'allez pas empoisonner votre secrétaire à coups de repentirs. L'improvisation, sauf hasard très heureux, ne donne rien de bon. Au train où nous allons, nous n'aurons bientôt plus le loisir de formuler des phrases pensées, nuancées, fines, travaillées : le temps nous est ôté, alors c'est l'à-peu-près qui l'emporte. Phénomène paradoxal et très intéressant, la deuxième révolution industrielle nous ramène à la

langue orale, celle qui dominait avant l'invention de l'imprimerie. C'est, en quelque sorte, un retour aux sources.
— *Comment en est-on arrivé là ?*
— Entre quantité de raisons, j'en retiendrai deux : d'une part, une folle dispersion de la pédagogie, écartelée entre des ambitions trop nombreuses, au détriment de l'essentiel, qui demeure : savoir lire, écrire et compter. D'autre part, la submersion de l'écriture par l'image. L'image l'emporte de plus en plus sur le signe. Je me souviens de cette publicité pour Kodak qui m'a donné un choc, il y a quelques années, dans la gare centrale de New York. Une immense affiche représentant une jolie fille, haleine fraîche et dents blanches, assise dans une prairie, avec ce slogan : « Si sa beauté passe les mots, prenez une photo ! » Etonnez-vous, après cela, de la misère linguistique des amoureux d'aujourd'hui ! Incapables de dire, d'écrire, ils se consolent en prenant une photo. Voilà assurément le signe — jouons sur les mots — d'une démission devant la fonction linguistique. Le mot désigne, explique ou suggère, mais l'image, elle, frappe le regard : « Le poids des mots », comme dit un autre slogan, « mais le choc des photos... »

Une syntaxe du nerf

— *L'image, c'est aussi la bande dessinée...*
— Et Dieu sait si les linguistes s'y intéressent ! La règle de la B.D. est de donner toute sa valeur au symbole visuel : la parole est coincée dans des bulles, elle est cernée, elle n'a pas le droit de s'étendre, c'est l'image seule qui a droit à l'expansion. Limitée dans son espace, la parole l'est aussi dans sa

structure : priorité aux phrases nominales, le moins de verbes donc de syntaxe possible, avantage aux mots traduisant des sensations fortes, brutales, rapides, des impressions immédiates. Aucune place pour la nuance, le détail, l'organisation logique de la pensée. C'est l'affectif qui est sollicité. Doublement, même, car le langage encadré se fait lui-même image. Et l'on pourrait refaire la même démonstration avec la publicité : recherche du mot provocateur du désir, c'est-à-dire encore, de l'affectivité. On en appelle non pas à la raison, mais à la pulsion. Et, là encore, une technique qui a pour objet de « désyntaxiser » la langue, d'arriver à une syntaxe du nerf et non plus de la raison. Il s'agit de créer, en somme, un langage de tentation.

Un langage, une manière de penser

— *Encore faut-il communiquer. Et tout est là, selon vous ?*
— Ce qui me frappe aujourd'hui, c'est que les jeunes n'ont absolument plus conscience des niveaux de langage. Il y a des conditions d'emploi du langage, selon les circonstances : on ne s'exprime pas de la même façon en famille, dans l'exercice de sa profession, à une tribune ou lorsqu'on écrit. Il existe ainsi tout un clavier expressif — littéraire, surveillé, commun, familier, populaire — qui fait totalement défaut aux nouvelles générations. Nos fils ont un registre monocorde qu'ils appliquent à toutes les situations et face à tous les interlocuteurs. Et, là encore, c'est un appauvrissement qui m'inquiète. « Rien n'est plus essentiel à une société, disait Roland Barthes, que le classement de ses langages. »
— *Quelles peuvent être les conséquences de cette banalisation, de cette standardisation du langage ?*
— On me faisait remarquer, l'autre jour, que tous les jeunes responsables qui sortent de l'Ena, quelles que soient leurs opinions politiques, usaient du même langage. Et que, ayant le même langage, ils auraient, au bout du compte, la même manière de penser. C'est strictement vrai. Mais le langage n'est pas premier. Il n'est que le reflet, avec un temps de décalage, d'un état de société. La standardisation est le lot de la civilisation contemporaine, et le langage n'y est pour rien. Il exprime des sentiments, des raisonnements. Si ceux-ci sont détériorés, c'est parce qu'ils sont pris dans un état de civilisation dangereux qui va vers là banalisation à outrance. Nous sommes des êtres banalisés. Nous vivons dans un monde de codes, de signes universels :

feux rouges, feux verts...
— *Avec quel effet sur les structures mentales des individus ? Le manque de communication par le langage peut-il les affecter ?*
— Il n'y a pas de pensée hors des mots qui l'expriment. « Le langage n'est pas contenu dans la conscience, il la contient. » Cette phrase de Joé Bousquet exprime pour moi une vérité essentielle. Si vous stérilisez le langage d'un individu, son univers de mots,

vous désertifiez son univers mental. Si nous maintenons nos enfants dans le seul monde des images, hors du monde de l'écriture et de la lecture, nous les privons non seulement de mots, mais, par là même, de la capacité de penser. Un langage détérioré dans sa syntaxe, réduit, restreint, simplifié dans son vocabulaire devient en lui-même dangereux, car il invite ceux qui le reçoivent en héritage à un rétrécissement de conscience. ∎

Notes, Questions et Activités

Pour comprendre les connotations culturelles

l'Académie française : fondée par le cardinal Richelieu en 1634. Dans le *Dictionnaire de la langue française,* les Académiciens adoptent une attitude conservatrice envers la langue.

le recteur : pour l'administration de l'enseignement, la France est divisée en vingt-trois Académies. Le chef d'une Académie s'appelle le « recteur ».

Paris III : les universités parisiennes portent des numéros. L'université de Paris III, située près du Quartier latin, est aussi appelée la « Sorbonne nouvelle ».

La 6ᵉ : la classe de 6ᵉ, première année de l'enseignement secondaire.

Julien Clerc (né en 1947) : chanteur français.

« Nous autres civilisations... mortelles » : célèbre phrase de l'écrivain Paul Valéry (1871-1945).

Maurice Barrès (1862-1923) : écrivain français.

la Restauration (1814-1830) : nom donné à la période où les rois Louis XVIII et Charles X ont exercé le pouvoir.

Hector Berlioz (1803-1869) : compositeur français.

Stendhal (1783-1842) : écrivain français.

Honoré de Balzac (1799-1850) : écrivain français.

César Birotteau (1837) : roman de Balzac.

l'Entente cordiale : alliance signée en 1904 entre la France et l'Angleterre pour maintenir les bons rapports entre les deux pays.

la perfide Albion : expression utilisée par les Français pour exprimer leur méfiance de l'Angleterre.

L'Education sentimentale (1869) : roman de Gustave Flaubert.

Victor Hugo (1802-1885) : écrivain français.

Roland Barthes (1915-1982) : universitaire français connu pour ses analyses sémiologiques.

l'Ena : l'Ecole nationale d'administration. Cette grande Ecole forme les hauts fonctionnaires de l'Etat.

Joé Bousquet (1897-1950) : écrivain français.

Pour comprendre les mots

corseté : enfermé dans des limites.

se désarticuler : perdre sa structure.

chagrin : pessimiste.

indigence (f) : grande pauvreté.

salutaire : bon.

s'amorcer : commencer.

mise (f) **en garde** : avertissement.

langue (f) **d'usage** : langue que l'on utilise dans la vie quotidienne.

usagé : usé.

usé jusqu'à la corde : complètement usé.

quand même : cependant.

n'emporte pas ma conviction : ne me convainc pas.

scorie (f) : élément, trace.

atteindre : *ici*, toucher.

rechigner *fam.* : faire avec mauvaise humeur.

frileux : *ici*, qui rend malade.

doubler : *ici*, faire double emploi avec.

disette (f) : pauvreté.

imputable à : qui peut être attribué(e) à.

non digérés : qui n'ont pas été acceptés tout à fait.

privant notre langue de : éliminant de notre langue.

creuser à l'infini : souligner fortement.

à l'appui de : pour justifier.

écart (m) : différence, distance.

borne (f) : limite.

« j'ai mis... dictionnaire » : je vais libérer les mots.

détraqué *fam.* : *ici*, boulversé, cassé.

se téléscoper : entrer en collision.

rupture (f) **d'attelage** : absence de continuité (dans la structure).

magma (m) : masse confuse.

à bâtons rompus : où l'on parle de différentes choses sans ordre.

mémoire (m) **de maîtrise** : petite thèse que l'on présente pour obtenir la maîtrise (diplôme universitaire).

décousu (m) : absence de liaison.

énoncé (m) : phrase.

en voie d'extinction : sur le point de disparaître.

remanié : révisé.

coulée (f) : production.

tapuscrit (m) : texte tapé à la machine.

effacement (m) : disparition.

justesse (f) : exactitude.

à coups de repentirs : *ici*, en faisant beaucoup de changements.

à-peu-près (m) : imprécision.

l'emporter : gagner.

écartelé : partagé.

si sa beauté... mots : si l'on ne peut pas trouver des mots pour exprimer sa beauté.

B.D. (f) : bande dessinée.

coincé : encerclé.

cerné : entouré, enfermé.

s'étendre : se développer.

encadré : entouré d'un cadre, encerclé.

en appeler à : faire appel à.

pulsion (f) : réaction instinctive.

du nerf : de la réaction spontanée.

tribune (f) : lieu élevé d'où parlent les orateurs, les personnes qui s'adressent à un public.

clavier (m) : *ici*, série de choix.

faire défaut : manquer.

responsable (m ou f) : personne qui occupe un poste de responsabilité.

décalage (m) : différence.

lot (m) : destin.

à outrance : excessif.

désertifier : rendre vide.

nous les privons de : nous leur enlevons.

rétrécissement (m) : réduction.

De quoi s'agit-il ?

1. Selon le recteur Antoine, l'anglais constitue-t-il une menace pour la langue française ? Pourquoi ?

2. Quelles sont les véritables menaces qui pèsent sur la langue française ? Qu'est-ce qui est le plus menacé, le vocabulaire ou la syntaxe ? Pourquoi ?

3. Qu'est-ce qui influence le plus aujourd'hui l'évolution de la langue écrite ?

4. Pourquoi l'image est-elle en train de remplacer les mots ?

5. Quelles sont les caractéristiques de la langue des bandes dessinées ? Pourquoi ?

6. Quelles seraient les conséquences de la standardisation du langage ?

7. Le recteur Antoine est-il optimiste ou pessimiste en ce qui concerne l'évolution de la langue française ?

Vers la communication orale

1. Des mots français sont-ils utilisés dans votre langue ? Est-ce que ces mots appartiennent à des domaines précis (l'art, la musique, la cuisine, etc.) ?

2. Etes-vous pour ou contre l'utilisation de mots étrangers dans une langue ? Pourquoi ?

3. Y a-t-il une évolution dans votre langue maternelle vers la standardisation ?

4. A votre avis, qui a raison ? Les grammairiens ou les usagers de la langue ?

5. Utilisez-vous différents niveaux de langue ? Dans quelles situations ? Donnez des exemples.

6. Etes-vous d'accord avec le recteur Antoine sur les liens entre la pensée et le langage ? Justifiez votre réponse.

Activités de groupe

La langue de la publicité
Une personne décrit une publicité sans la montrer. Ensuite, tout le monde regarde cette publicité et on commente l'importance des mots par rapport à l'image.

La langue de la B.D.
On choisit une bande dessinée et on cherche des exemples qui illustrent l'analyse faite par le recteur Antoine.

Différents niveaux de langue
On compare les dialogues d'une bande dessinée à ceux d'une pièce de théâtre ou d'un film. Quels sont les points communs et les différences ?

Travail écrit

1. Résumez les idées exprimées par le recteur Antoine sur l'évolution actuelle du français.

2. « La langue a deux fonctions : elle est d'abord un instrument de communication, elle est aussi le support de l'expression d'une culture. » Que pensez-vous de cette définition de la langue ?